KB237621

대한민국 디지털 트렌드

| 김용섭 지음 |

한국경제신문

도태될 것인가, 살아남을 것인가

디지털 시대에는 하루아침에 성공신화를 창조할 수도 있고, 하루아침에 실업자로 전락할 수도 있다. 그렇다면 실업자로 전락하는 사람과 성공신화를 창조하는 사람의 차이는 뭘까? 성공하는 사람에겐 뭔가 특별한 것이 있는 걸까? 그렇다. 그들에겐 트렌드를 읽어내는 눈이 있다. 남들보다 한 발 앞설 수 있는 그들의 특별함은, 남들보다 먼저 멀리 볼 수 있는 눈에서 비롯된 것이다.

디지털의 변화가 미치는 영향은 더 이상 남의 얘기가 아니다. 하루아침에 성공신화를 쓸지, 아니면 실패의 넋두리를 늘어놓을지 모르는 게 바로 디지털 시대다. 우리는 항상 "도태될 것인가, 아니면 살아남을 것인가?" 혹은 "뒤따라갈 것인가, 아니면 앞서갈 것인가?"라는 상황에 직면하고 있다. 이 상황에서 적어도 앞서가진 못해도 도태되어선 안 된다.

지금도 디지털을 기술적으로만 이해하는 사람이 많다. 디지털 시대의 영원한 소비자로만 머물 거라면 상관없다. 디지털로 성공한 사람들을 부러워하는 것으로 만족할 거라면 상관없다. 하지만 디지털이라는 축복 받은 도구에서 새로운 가치를 이끌어내 인생을 주도하려 한다면, 디지털에서 새로운 기회를 창출해 성공시대를 열어나가려 한다면, 디지털 트렌드에 대한 이해는 필수 조건이다.

어릴 적 동화 속에서 본 마법의 수정구슬은 무척 탐나는 물건이었다. 먼 곳도 보고, 미래도 보고, 과거도 보고, 뭐든 원하는 것이면 다 볼 수 있는 마법의 수정구슬이야말로 최고의 보물이다. 물론 현실에서 마법의 수정구슬 같은 게 있을 리 만무하지만, 트렌드를 읽는 눈이라면 적어도 수정구슬 반 토막 정도를 얻는 것에 비할 수 있지 않을까? 그래서 우리는 각종 예측 자료에 눈과 귀를 집중한다. 미래를 어렴풋하게나마 내다볼 수 있는 기회가 되기 때문이다.

디지털 트렌드 속에는 디지털 시대에 살아남는 길이 숨어 있다. 누구나 장미빛 희망 속에 맞이한 디지털 시대지만, 결코 누구에게나 장미빛 현실을 안겨주진 않는다. 당신은 장미빛 오늘과 내일을 위한 무기를 숨겨두었는가? 이 책에서 제시하는 디지털 트렌드가 바로 당신의 무기가 될 것이다.

2006년 1월

차례

CHAPTER 1

세대변화 트렌드

완전히 새로운 세계가 시작된다

CHAPTER 2

권력이동 트렌드

힘센 자가 강한 자가 아니다

CHAPTER 3

문화이동 트렌드

짧고 단순한 게 좋다

CHAPTER 4

휴머니즘 트렌드

인간을 향하는 디지털

CHAPTER 5

경계해야 할 트렌드

화려한 디지털의 어두운 이면

디지털의 3번 타자를 맞이하라!

이제 디지털은 기술만이 아니라 문화, 사회, 경제, 정치 등 모든 분야에서 필수적인 구성요소로 다가오고 있다. 더 이상 디지털을 기술로만 인식하고 이해해서는 곤란하다. 원래 새로운 것은 기술과 기능으로 먼저 다가오고, 그 다음에 경제와 산업으로, 그 후엔 문화와 사회로 다가온다. 디지털도 1980년대와 1990년대를 거치면서 기술로 먼저 우리에게 다가왔고, 1990년대 후반부터 2000년대 초반까지 경제와 산업으로 다가왔으며, 이제는 본격적으로 문화와 사회로 다가오고 있는 시기다.

기술이 디지털의 1번 타자였다면 산업과 경제는 2번 타자, 문화와 사회는 바로 3번 타자다. 야구에서 가장 정교하고 파워풀한 타자가 바로 3번 타자가 아니던가. 우리의 미래를 지배할 디지털은 곧 문화이자 사회다. 디지털 시대의 사회문화 트렌드를 읽어내지 못한다면 금세 위기에 봉착할 것이다. 눈 뜬 장님이나 다를 바 없는 상태로 빛의 속도로 내달리는 디지털 시대를 버텨낼 재간이 있다고 생각하는가? 아니면 아직 디지털 트렌드를 읽어낼 필요성을 못 느끼고 있는가?

당신이 처한 위기는 더 이상 먼 미래가 아니라 눈앞에 당면한 일이다. 지금 당장 자신을 디지털 사회문화 속으로 던져 넣지 않으면 당신의 미래는 어둡다는 것을 직시해야 한다. 그런 면에서 대한민국의 국민들은 축복받은 민족이다. 지금 한국은 디지털과 관련하여 전 세계에서 가장 흥미로운 벤치마킹 대상으로 평가되고 있기 때문이다.

한국의 디지털 산업이나 디지털 문화, 디지털 사회환경은 매력적인 참고자료가 되고 있으며, 디지털 미래를 궁금해하는 이들에게 한국은 타임머신을 타지 않고서도 미래를 다녀온 듯한 느낌을 주는 나라가 되었다. 세계적인 디지털 리더들이 한국을 방문하고 놀라는 이유를 오히려 한국에 사는 우리는 잘 모른다. 우리에겐 너무 익숙하고 보편화된 디지털 환경이지만, 아직 다른 나라에서는 그렇지 못하다. 그들은 우리와 동시대를 함께 살고는 있지만, 한국을 자신의 미래상이라 여긴다.

그렇기 때문에 가장 선진적인 디지털 선도국가인 한국의 디지털 트렌드 코드를 파악하는 것은 전 세계 모든 국가의 디지털 진화를 설명하는 열쇠가 될 것이다.

이 책에서는 디지털 사회의 근간을 이루는 주요 트렌드 코드 33가지를 소개하고 있다. 디지털 사회의 트렌드를 이해한다는 것은 미래에 대한 기회를 창출할 수 있다는 것이고 동시에 최고의 경쟁력을 얻는 것과 같다.

오늘을 제대로 보는 눈을 가진 자가 결국 미래도 먼저 읽어내게 마련이다. 이제 디지털 트렌드를 읽어내는 것은 선택이 아니라 필수다. 필자가 살핀 디지털 사회의 트렌드 코드가 오늘과 내일을 대비하는 유용한 텍스트가 되길 바란다.

세대변화 트렌드

완전히 새로운 세계가 시작된다

DIGITAL TREND

퍼놀로지 1
재미있어야 뜬다

영상세대에서 인터넷 세대로 바뀌면서 생활의 모든 면에서 끊임없이 즐거움을 추구하게 됐다. 이전의 '잘 먹고 잘 살기 위해서'라는 목표도 '즐겁게 살기 위해서'라는 목표로 변화됐다. 이 때문에 기능적인 요소에 '재미'라는 요소를 추가해 소비자를 공략하는 상품이 인기를 끌고 있으며, 상품 디자인이나 마케팅에서는 기능과 재미를 합친 퍼놀로지 현상이 나타나고 있다.

용기있는 자가 미인을 얻는 시대에서 재미있는 자가 미인을 얻는 시대로 바뀌었다. 그만큼 '유머'의 힘이 강력한 시대가 됐다. 실제로 정치인이나 기업 CEO들은 센스 있는 유머를 구사하기 위해 노력을 기울인다. 재미있는 정치인이나 기업 CEO가 더 높은 지지를 받고 더 많은 호감을 얻기 때문이다.

실제로 선거에서도 유머 있고 재치 있는 후보가 사람들에게 깊게 각인되어 유리한 결과를 얻는다. 민주노동당의 노회찬 의원은 그런 트렌드 혜택을 가장 많이 받은 정치인이라 할 수 있다. 노회찬 의원은 많은 유행어를 만들어낸 덕분에 정치에 무관심한 사람들에게도 자신의 이름을 각인시켰다.

재미를 중시하는 시대가 됐다는 것은, 반대로 사회가 얼마나 재미없는지를 반증하는 것이기도 하다. 사회가 재미없고 살기 힘겨우니까 재미라는 문화가 확대되고 재미와 관련된 산업이 커진 것이다. 인터넷에서 가장 많이 접속하는 서비스는 재미를 기반으로 하는 오락성 콘텐츠다. 한국이 온라인 게임 산업의 강국이 된 것도 다 이유가 있다. 재미를 추구하는 디지털 세대들에게 온라인 게임은 아주 훌륭한 오락거리이기 때문이다. 인터넷에서 난무하는 각종 연예오락 콘텐츠도 재미를 추구하는 데서 기인한다. 이러다 보니 진지한 정보보다는 재미를 기반으로 하는 가벼운 정보만 넘쳐 나고 있다.

그러다 보니 재미로 하는 가벼운 행동이 간혹 사회적 문제로 발전하기도 한다. 온라인 게임 문화에 젖은 청소년이 게임처럼 재미 삼아 절도를 하고, 신생아학대 사진을 재미 삼아 찍어서 미니홈페이지에 올리기도 한다. 재미 삼아 해킹도 하고, 재미 삼아 스토킹도 하고, 재미 삼아 인신공격도 하고 유언비어도 유포한다. 모두 재미만이 능사인 시대가 초래한 폐해다.

엔터테인먼트가 고부가가치산업이라는 것은 예전부터 인식된 사실이지만 디지털 시대가 되면서 그 의미는 더욱 부각되고 있다. 디지털 시대의 사람들은 생활의 모든 면에서 끊임없이 즐거움을 추구한다. 디지털 시대가 주는 경제적 부를 통해 사람들은 이전보다 훨씬 안정되고 편안한 생활을 영위하고 있으며, 이전의 '잘 먹고 잘 살기 위해서'라는 목표는 '즐겁게 살기 위해서'로 변화하고 있다. 이는 엔터테인먼트 산업의 고성장을 의미하는 동시에 모든 서비스와 상품도 엔터테인먼트적인 재미나 감동을 포함하는 문화로 변화하고 있다는 것을 의미한다. 이 때문에 문화산업을 선도하거나 창의적인 기술과 아이템으로 시장에 진입한 기업의 가치를 높이 평가하고 있다.

많은 미래학자도 문화산업의 가능성을 긍정적으로 평가한다. 〈월스트리트 저널〉에 따르면 '산업별 가치 증가를 비교한 결과 엔터테인먼트 산업은 일상적인 소비자 서비스 분야 다음으로 기업가치가 크게 증가했다'고 한다. 이제 세계 각국은 문화산업과 엔터테인먼트를 디지털 경제의 핵으로 인식하고 투자하고 있다.

디지털 세대는 대부분 영상세대에서 인터넷 세대로 전환했다. 그들은 멀티미디어와 인터넷 문화에 익숙하다. 그들이 가진 문화적 속성에서 가장 부각되는 키워드는 엔터테인먼트다. 무엇이든 엔터테인먼트의 '테인먼트'를 붙일 정도로 재미있는 요소를 요구한다.

교육도 좀더 재미있고 흥미롭게 진행해 교육효과를 높여야 한다. 정보 또한 어려운 것을 쉽고 재미있게 전달할 필요가 있다. 하지만 재미만 있고 교육효과는 없는 에듀테인먼트, 정보는 없고 재미만 있는 인포테인먼트처럼 주객이 전도돼선 곤란하다.

적당한 소금은 맛을 더하지만 과한 소금은 건강을 해친다. 엔터테인먼트 만능주의는 과도한 소금과 같다. 재미는 하나의 요소이지 전부가 될 순 없다. 소금으로 요리를 할 수 없듯이 다양한 맛의 조화도 필요하고 건강도 생각해야 한다. 따라서 엔터테인먼트 만능주의를 맹신하는 것은 위험하다.

한류도 마찬가지다. 일순간에 불어온 한류에 열광하며 흥분하는 것만이 능사가 아니다. 지금 당장 재미에만 만족하는 콘텐츠로는 한류의 흐름을 오래 이어갈 수 없다. 한류를 단지 엔터테인먼트 차원

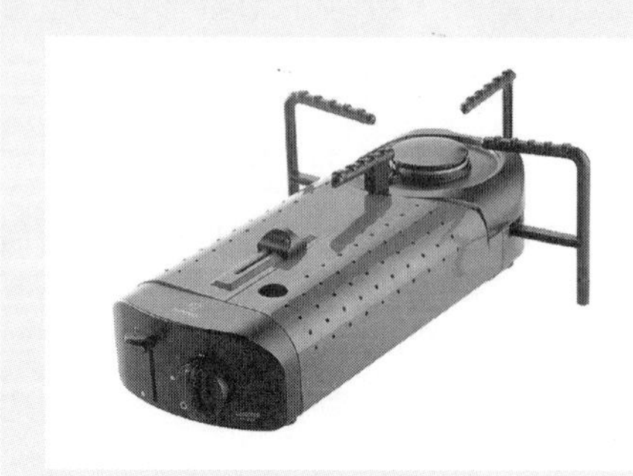

랍스터 버너
출처 : www.innodesign.com

에서 그칠 게 아니라 문화 전반으로, 산업으로 확산해야 한다.

소비자가 요구하는 기능(technology) 위에 시선을 사로잡기 위한 '재미(fun)'라는 요소를 첨가해 소비자를 공략하는 상품이 최근 많이 출시되고 있다. 이와 같이 기능과 재미를 합친 것을 '퍼놀로지(funology : fun+technology)'라고 한다. 퍼놀로지는 마케팅 트렌드다. 무수히 쏟아지는 신상품 중에서 소비자의 눈에 띄려면 독특해야 한다. 기능이나 기술이야 웬만큼 특화된 것이 아니고서는 대개 보편화돼 있다. 그러니 내세울 것은 기능이나 기술보다 그것을 포장하는 새로운 경험이나 재미다.

상품 디자인에서도 퍼놀로지가 드러나고 상품의 마케팅 방법에서도 퍼놀로지가 드러난다. 그래서 상품을 만드는 기획 과정에서부터 광고, 포장, 전시, 제품 속성 등 모든 부문에서 재미있는 요소를 만들고자 노력한다.

퍼놀리지는 패션, 인테리어, 디지털 기기 등 대부분의 소비재에 적용되고 있다. 퍼놀로지 상품을 몇 가지 소개하면 다음과 같다.

오노 화장지
출처 : www.withcouple.com

이노 디자인의 바닷가재 모양을 닮은 랍스터 버너는 랍스터처럼 집게다리와 빨간 몸통을 연상케 하는 모양으로 만든 퍼놀로지 상품이다. 이 상품은 실용성과 안정성을 갖춰 세계적 디자인대회인 '아이디어(IDEA)'에서 상을 수상하기도 했다.

2002년 솔트레이크시티 동계올림픽의 쇼트트랙 결승전에서 할리우드 액션으로 금메달을 딴 아폴로 안톤 오노의 얼굴이 프린팅된 화장지도 있었다. 반칙으로 한국의 금메달을 뺏은 것도 괘씸한데 잇단 망언을 일삼고 있는 오노를 화장지에 그려 넣은 발상이 사람들에게 스트레스 해소의 도구가 된 것이다.

일본의 솔리드얼라이언스는 일본 전통음식인 초밥에 USB 메모리를 결합해 USB 스시를 만들었다. USB 메모리를 주로 생산하고 있는 이 회사는 이 밖에도 오리 모양의 USB, 손가락 모양의 USB 등 다양한 퍼놀로지 상품을 선보이고 있다.

재미는 디자인에서도 중요한 키워드다. 무엇보다 창의적인 아이디어가 필요한 디자인계에서는 재미를 디자인의 중요한 요소로 활

초밥 모양 USB 메모리
출처 : www.solidalliance.com

용하고 있다. 〈서울신문〉은 2005년 '패션-인테리어 퍼놀로지 바람'이라는 기사를 통해 디자인 관련 상품에서의 퍼놀로지 사례를 몇 가지 소개하고 있다.

영국에서 올해의 디자이너로 꼽힌 폴 콕시지는 램프 받침에 전구와 선을 그려 넣고 펜으로 선을 잇거나 지우개로 지우면 전등이 켜졌다 꺼지는 재미있는 제품을 개발해 주목을 받았다. 미국의 인형 브랜드 '마이트윈'은 눈 색깔부터 속눈썹 색깔까지 원하는 대로 선택할 수 있는 인형과 자신과 똑같은 인형을 만들어주는 것으로 큰 인기를 얻고 있다.

이탈리아에서 열린 2005년 밀라노 가구박람회에서도 퍼놀로지 무드가 흘렀다. 주방용품으로 유명한 알레시는 디자이너 알렉산드로 멘디니의 대표작인 여자 모양 와인오프너 안나 시리즈와 커플을 이루는 남자 모양의 알렉산드로 시리즈를 선보였다. 이 밖에도 머그컵을 엎어놓은 의자와 녹차 티백 같은 쿠션, 그림 퍼즐판을 엎어놓은 테이블 등 다양한 퍼놀로지 디자인이 등장했다.

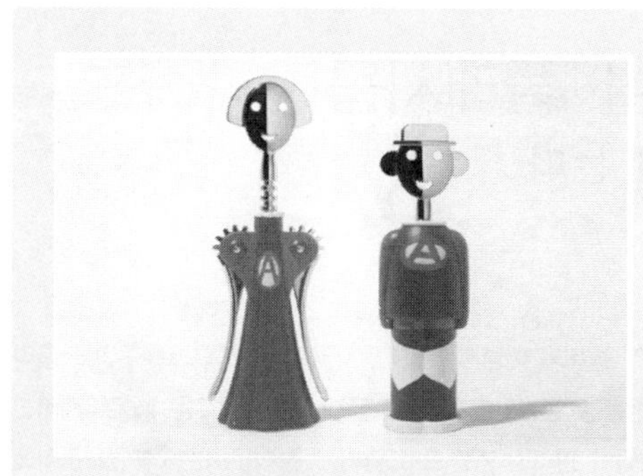

안나와 산드로 와인오프너
출처 : www.alessi.com

한편 미국 하버드대에서는 '놀이의 황제(Fun Czar)'라고 불리는 이색 보직을 가진 지원을 고용했다. 캠퍼스 안에서의 사교생활이 부족하다는 학생들의 불만이 쏟아지자 그동안 너무 진지해서 따분한 학교의 이미지를 개선하기 위해 놀이문화를 담당할 직원을 선발한 것이다. 이는 재미를 추구하는 트렌드가 대학에서 긍정적인 기능으로 확대된 퍼놀로지의 사례라 할 수 있다.

어쩌면 국내의 대학에서도 놀이문화를 담당할 교직원을 채용할 날이 조만간 올지 모르겠다. 술문화 위주인 대학생 놀이문화를 바꾸기 위해서라도 대학사회가 퍼놀로지에 대해 긍정적인 관심을 가져야 한다. 이는 대학뿐 아니라 정부도 마찬가지다. 딱딱한 공무원을 재미있게 변화시켜 국민에게 즐거운 서비스를 제공할 수 있도록 퍼놀로지를 적용해야 한다.

재미가 없으면 외면당한다는 것이 디지털 시대의 보편적 진리다. 디지털 시대에 외면당하지 않기 위해서는 기업도, 정부도, 대학도 재미를 추구하기 위해 노력해야 할 것이다.

<h1>2 개새·낚시질·플래시몹</h1>

네티즌은 이렇게 논다

문화는 놀이에서부터 시작된다. 합성사진 놀이의 대명사 '개새', 자극적인 제목으로 주의를 끌려는 '낚시질', 짧은 시간 동안 황당한 행동을 한 뒤 흩어지는 '플래시몹', 새로운 커뮤니케이션 도구가 된 '패러디 문화' 등 디지털 세대가 인터넷 기반으로 즐기는 놀이문화는 디지털 문화에 큰 영향을 미치고 있다.

인터넷이 등장하면서 네티즌 사이에 새로운 놀이문화들이 속속 생겨났다. 그리고 그 놀이문화는 사람들 사이에서 가장 쉽고 빠르게 전파되는 디지털 문화가 됐다. 설령 그들의 놀이가 악의적이고 사회적 피해를 준다 해도 그들에겐 그냥 놀이일 뿐이다.

네티즌은 이러한 놀이문화로 인해 가상과 실재의 정체성 혼란을 겪으며, 자신을 제어하지 못하는 상황에 빠지기도 한다. 이런 상황을 무조건 비난하는 건 현명한 대안이 아니다. 각종 중독과 문제를 파악해 사회적 치료를 선행해야 한다. 그들 개인의 잘잘못이라기보다 디지털 문화와 디지털 사회가 성장하는 과도기적 현상이기 때문이다.

놀이문화가 사회적 해를 끼치는 부정적 영향만 있는 건 아니다.

촛불시위와 응원문화도 그들에겐 놀이의 일부다. 정치적 의미보다 그런 행위 자체에 목적을 두기 때문이다.

그들의 놀이는 디지털 문화를 형성하는 주축이 됐다. 따라서 이들의 놀이문화에 어울리지 못하면 이들의 문화적 정체성을 이해할 수 없다. 아날로그 세대의 시각에서 볼 때 이들의 놀이문화는 낯설기도 하고 이해하기도 어렵다. 하지만 디지털 문화의 주도권은 이미 그들에게 있고, 그들의 놀이문화가 디지털 문화를 이끄는 원동력임을 감안할 때 네티즌의 놀이문화를 이해하는 것은 매우 중요하다. 왜냐하면 그들의 놀이문화를 통해 현재 디지털 문화의 흐름을 읽을 수 있고, 앞으로의 디지털 문화를 예측할 수 있기 때문이다.

나영체와 근영체

네티즌의 놀이 중에서 영화배우나 연기자 등 유명인의 이름을 따서 말하는 말장난놀이가 있다. 예를 들어 '영화 함께 보셨나영?'과 같이 영화배우 이나영의 이름을 딴 나영체, '그렇게 생각할 수도 있겠근영'과 같이 영화배우 문근영의 이름을 딴 근영체, 또 '너무 이쁜 건 아니신지' '다시 살 찐 건 아니신지'와 같이 가수 신지의 이름을 딴 '신지체', '우리는 꿈을 보았을 태희야'와 같이 김태희의 이름을 딴 '태희체' 등이다.

말장난은 언어적 유희라고 할 수 있는데, 이들은 인기있는 유명인을 언어적 유희 속으로 끌어들인다. 다양한 이름으로 새로운 문체를 만들어내려면 창의력도 필요하다. 유명인의 이름 외에도 동일한 끝말로 통일시키면 하나의 문체가 된다. '집에 있소만' '재미없소만' 과 같은 '소만체' 를 비롯하여 '뭐하삼?' '그랬삼?' 과 같은 '삼체' 등이 대표적이다.

촛불시위와 응원문화

네티즌을 중심으로 확산된 촛불시위는 과거의 정치적 집회나 시위와는 사뭇 다르다. 정치가 아닌 문화적으로 접근하여 놀이처럼 가볍게 참여한다. 촛불시위는 2002년 월드컵 때 길거리 응원문화를 만든 원동력에서 근거한다. 두 가지가 서로 다른 것 같지만 많은 사람이 모여 공동의 관심사를 표현하고 함께 공유하는 차원에서는 동일하다.

촛불시위는 하나의 연대문화이자 디지털 세대의 놀이다. 소모적인 놀이는 아니지만 어울리는 즐거움을 공유할 수 있다는 점에서 놀이라 할 수 있다.

사진합성놀이

이미지 시대에 살다 보니 이미지를 매개로 하는 놀이문화가 많다. 대표적인 것이 사진합성이다. 많은 사람이 디지털카메라를 가지고 있고, 이미지를 편집할 줄 알다 보니 사진을 이용한 합성놀이는 디지털 세대에게 금세 보편화됐다.

이미지만 합성하지만 그 속에는 이미지를 표현하는 텍스트가 녹아 있다. 예를 들어 개와 새 사진을 합성해 현실에서 존재하지 않는 가상의 동물 '개새' 를 만들어냈는데, 이는 시각적인 엽기문화와 함께 욕을 은유적으로 표현하고 있다. 이미지로 의사소통을 하는 세대

개와 새를 합성한 개새
출처 : 네이버 토크광장

답게 합성놀이도 단순한 이미지 조합을 넘어선다. 대표적인 것이 딸녀, 음용타, 싱하형, 개죽이 등이다.

패러디 문화

패러디 문화는 1998년 〈딴지일보〉라는 패러디 매체가 등장한 이래 상당히 보편화됐다. 사회적으로 어떤 이슈가 생겼을 때 네티즌들은 패러디라는 형식을 빌려서 자신의 의견을 재미있고 쉽게 전달한다. 이 또한 네티즌들이 의사소통하는 방법 가운데 하나다.

물론 이러한 패러디 문화가 악의적이거나 프라이버시를 침해할 때도 있다. 특히 정치인과 관련한 패러디에 대해 그런 논란이 끊이지 않았다. 그러나 네티즌들의 본질은 특정 정치인이나 정치세력을 매도하려는 것이 아니라 자신들의 의견을 피력하려는 데 있다. 때에 따라 다소 격앙된 표현을 하기도 하지만 그것이 표현의 자유를 침해할 만큼 문제가 있는 것은 아니다.

네티즌들은 정치적 이슈를 다루기 위해 시사 패러디를 하는 게

'문근영'을 수능시험지에 패러디한
근영탐구영역
출처 : www.dcinside.com

드라마 '대장금'을 패러디한 월간 궁녀
출처 : imbc 애호대장금 클럽

아니라 표현의 한 수단으로 패러디를 택한 것뿐이다. 인기 드라마 〈대장금〉이 한창 이슈가 됐을 때 대장금 패러디가 인터넷을 뒤덮었던 것처럼 네티즌은 이야깃거리가 있을 때 그 대상을 표현하는 수단으로 패러디라는 방법을 선택한다. 즉, 어떤 악의적인 의도나 정치적 이해관계 때문에 시사 패러디를 하는 것이 아니다.

낚시질문화

인터넷에 보면 낚시질놀이문화라는 게 있다. 자극적인 제목의 글을 올리거나 허위사실을 사실인 양 꾸며서 글을 올려 시선을 집중시킨다. 그리고 그 이야기가 확대 재생산되는 것을 보며 즐거워한다.

이런 낚시질에 일반 네티즌뿐 아니라 인터넷 매체들이 낚이기도 한다. 낚시질놀이로 올려진 허위사실을 인용하여 기사화했다가 낭패를 보는 경우다.

어느 네티즌은 아예 신문기사처럼 꾸며서 허위사실을 유포하기도 한다. 사람들의 반응을 보며 즐거워하는 것치고는 그 반향이 너무 가혹하다. 허위사실 유포에 따른 피해자도 생기고 산업적으로 손실이 발생하기도 한다.

그럼에도 불구하고 낚시질놀이를 즐기는 네티즌들은 그것을 하나의 놀이문화라고 가볍게 말한다. 이 놀이문화는 네티즌들의 주목받고자 하는 욕구가 사라지지 않는 한 앞으로도 계속 늘어날 것이다.

놀이문화가 변질되면 범죄가 되기도 한다. 금융기관의 웹사이트나 거기서 보내온 메일로 위장하여 개인의 인증번호나 신용카드번호, 계좌정보 등을 빼내 이를 불법적으로 이용하는 사기수법을 '피싱(phishing)'이라고 한다. '개인정보(private data)'와 '낚시(fishing)'를 합성한 조어(造語)라는 설과 그 어원은 'fishing'이지만 위장의 수법이 '세련되다(sophisticated)'라는 데서 철자를 'phishing'으로 쓰게 됐다는 설도 있다. 여기서는 '낚시질(fishing)'이라는 의미로 사용되고 있다.

댓글문화

댓글은 덧글, 답글, 리플 등 다양한 이름으로 불린다. 원래 댓글의 목적은 본 글에 대한 의견을 게시하는 데 있다. 그러나 네티즌은 본원적 목적으로서의 댓글에 충실하기보다 댓글공간을 놀이공간으로 이용한다. 따라서 댓글문화는 네티즌들의 커뮤니케이션 도구이자 동시에 놀이도구라고 할 수 있다.

댓글에서 하는 등수놀이, 드라군 출동놀이 등 본래 글과 상관없는 댓글을 통해 시비를 거는 것도 자신의 욕구를 표출하는 하나의 놀이적 접근이다. 문제는 욕설, 인신공격 등 댓글문화의 폐해가 상당히 크다는 점이다.

플래시몹

플래시몹(flash mob)이란 이메일이나 휴대폰으로 연락을 취해 약속장소에 모인 후 아주 짧은 시간 황당한 행동을 한 뒤 순식간에 흩어지는 불특정 다수의 군중행위를 말한다. 플래시몹 행위가 가진 집단적 군중심리와 유희적 오락으로서의 일시적 집단행동은 온라인 네트워크에 익숙한 세대들에게서 볼 수 있다. 그들은 온라인에서 게임을 하듯 오프라인에서도 가벼운 마음으로 플래시몹을 한다.

플래시몹에 여러 가지 의미를 부여하기도 하지만, 궁극적으로 플래시몹은 하나의 놀이문화다. 불특정 다수와 일시적으로 연대해 즐기면서 사람들의 시선을 사로잡는 놀이다.

　문화는 놀이에서부터 시작된다. 가장 쉽게 다가갈 수 있는 문화가 바로 놀이이기 때문이다. 디지털 세대들이 인터넷으로 즐기는 놀이문화가 디지털 문화에 큰 영향을 미치고 있음은 분명하다. 도를 넘는 네티즌의 놀이문화 때문에 우려하는 사람들도 있지만 놀이문화 자체는 이들을 이해하는 가장 쉽고 유용한 근거가 된다.

3 주목받고 싶은 욕구
내 홈피의 조회수를 높여라

네티즌 사이에서 조회수는 자신의 인기를 가늠하는 척도로 인식된다. 이 때문에 거짓정보로 사람들을 유인하거나 타인을 비방하기도 한다. 겸손이 미덕이던 우리 사회에서 자신을 적극적으로 드러내는 문화가 조성된 것은 바람직하지만 이를 개인의 브랜드 가치를 향상시키는 방향으로 발전시켜 나갈 필요가 있다.

네티즌의 에너지는 시선을 끌고자 하는 욕구, 주목받고자 하는 욕구에서 생겨난다. 그리고 이는 자기 과시적 욕구와도 연결된다. 이익이 발생하는 것도 아닌데 네티즌들은 시선을 끌고 주목을 받기 위해 시간과 노력을 기울인다. 심지어 어떤 사람은 일상생활에 지장을 줄 정도로 몰입하기도 한다. 물론 이 에너지는 자기계발의 동기부여 역할을 한다는 긍정적인 면도 있다.

네티즌들은 자신의 아이덴티티와 대외적 가치를 평가받는 기준으로 타인의 시선과 주목도를 꼽기도 한다. 사실 인터넷, 특히 미니홈피를 비롯한 1인 미디어는 남들로부터 주목을 받는 환경과 기회를 제공한다.

이런 환경 속에서 디지털 세대는 자신을 포장하는 데 주력한다.

그런데 문제는 그 노력이 간혹 다른 방향으로 빠진다는 데 있다. 자신을 돋보이기 위해 스스로 노력하고 투자하는 사람이 있는 반면 타인을 비방하거나 깎아내려 자신을 돋보이게 하려는 사람이 있기 때문이다. 자기계발과 관련한 산업이 커지는 것도 자기 과시적 경향과 연관이 있다.

디지털 네이티브들은 대부분 형제 없이 혼자 자랐기 때문에 주목받는 것에 더욱 익숙하다. 주목받는 것이 그들에겐 활력소다. 하지만 때때로 주목받기 위해 수단과 방법을 가리지 않아 문제가 되기도 한다.

디지털 네이티브들은 연예인을 지망하거나 연예인과 동일하게 포지셔닝하려는 경향이 강하다. 인터넷 얼짱 열풍이 이런 경향을 더욱 확산시켰다. 인터넷은 누구나 연예인처럼 관심을 받고 싶어하는 욕구를 증폭시키고 있다. 그들은 자신을 드러내기 위해 몸을 이용하기도 한다.

이처럼 시선을 끌고자 하는 욕구 때문에 외모지상주의가 확대 재생산된다고 할 수 있다. 자신을 적극적으로 드러내고 남들의 시선을 받고자 하는 욕구에서 외모는 중요한 수단이 된다. 이미 스스로 자신을 찍는 셀프카메라는 보편화된 문화다. 이는 이미지 소비시대가 되면서 얼짱과 몸짱 신드롬이 확산된 점, 디지털카메라가 널리 보급된 점과도 연관이 있다.

남들보다 뛰어난 외모가 곧 자신을 드러내는 수단이다 보니 성형수술이나 다이어트 등 몸매관리에 보다 적극적이다. 이러한 현상은 외모가 개인 간의 우열을 가늠한다는 생각으로 외모에 지나치게 집착하는 외모지상주의, 즉 루키즘의 영향 때문이다. 이러한 루키즘은 이미지 소비시대라는 사회환경과 맞물려 향후에도 지속될 것이다.

셀프카메라를 찍을 때 얼짱 각도라는 것이 있다. 실제보다 얼굴이 갸름해 보이고 얼굴의 장점을 부각시키는 각도로, 이런 방법으로 잘 나온 사진은 자신감을 얻고 타인에게 자신을 과시하는 수단이 된다. 셀프카메라는 얼굴뿐 아니라 누드에도 관대하다. 디지털카메라로 자신의 누드를 찍는 사람들이 의외로 많다. 자신의 몸을 드러내고 과시하고자 하는 욕구 자체가 문제가 되는 건 아니다. 다만 그 욕구가 외모지상주의를 점점 더 확대 재생산한다는 데 있다.

"시선을 끌고, 주목만 받을 수 있다면 무엇이든 한다." 상식적으로 이해하기는 어렵지만 네티즌들 사이에서는 일반적으로 통하는 명제다. 일부 네티즌은 다른 사람의 시선을 끌기 위해 수단과 방법을 가리지 않는다. 그 순간만은 도덕성이나 사회적 규범의 기준을 잊기 때문이다.

대표적인 사례가 바로 미니홈페이지 조회수다. 누구나 가지고 있는 미니홈페이지이기에 조회수로 서로를 비교하고 인기를 가늠한다. 따라서 자신의 인기를 높이려고, 자신을 좀더 돋보이게 하려고 미니홈페이지 조회수를 늘리려는 욕구가 강하다.

더불어 조회수 강박증도 있다. 미니홈페이지 천만 시대를 넘어선 지금 디지털 세대들은 대부분 미니홈페이지나 블로그를 가지고 있다. 개인 홈페이지의 조회수가 친구들 사이에선 비교 기준이 되기 때문에 대개 조회수에 대한 적잖은 부담을 가지고 있다. 조회수가 뭐 그리 중요하냐고 생각할 수도 있지만, 그것은 아날로그 세대의 관점이다. 디지털 세대, 특히 디지털 네이티브들에게 조회수의 의미는 단순한 숫자 그 이상이다. 개인 홈페이지의 조회수와 함께 자신의 게시물을 퍼간 스크랩 수, 1촌이나 이웃으로 연결된 사람 수 등도 자신을 과시하는 수단이 된다.

급격한 디지털화는 그에 걸맞은 기준을 머릿속에 정립하기도 전에 새로운 기준을 쏟아냈다. 디지털로 인한 이 같은 괴리는, 기존의 질서가 무너지고 가치 기준이 급격하게 흔들리는 과도기적 현상을 초래했다.

디지털 세대 중 일부는 재미나 자기과시를 위해 도덕적 가치 정도는 쉽게 무시하기도 한다.

2005년 5월에는 산부인과 간호조무사가 신생아를 학대한 사진을 인터넷에 올려 심각한 사회문제가 됐다. 이는 사진을 올린 간호조무사만의 문제가 아니었다. 수많은 간호학과 실습생과 의료인이 그 사진을 펌해갔지만 사건이 확대되기 전까지 의료인으로서의 도덕성 문제는 대두되지 않았다. 일종의 도덕불감증이기도 하다.

그들은 단지 신생아를 하나의 대상물로 인식하고 자신의 미니홈페이지를 채우는 재미있는 콘텐츠로 여겼을 뿐이다. 그런 콘텐츠로 자신의 미니홈페이지가 풍성해지고 홈페이지 방문자들이 즐거워할 것이라고 기대를 하는 것이다.

미니홈페이지 조회수를 늘리려는 시도는 연예인 X파일 사건에서도 드러났다. 수많은 네티즌이 자신의 미니홈페이지 조회수를 늘리려고 포털사이트의 각종 댓글에 미니홈페이지 주소와 함께 연예인 X파일이 있다는 글을 올리기 시작했다.

지하철에서 애완견을 데리고 탄 20대 여성이 애완견의 변을 치우지 않고 내린 사진이 인터넷에 올려지면서 화제가 된 개똥녀 사건에서도 개똥녀의 신분을 노출하는 글들이 미니홈페이지의 조회수를 늘리는 도구가 되기도 했다. 그 외에도 사회적으로 큰 이슈가 발생할 때마다 네티즌들은 자신의 미니홈페이지와 그 이슈를 연계시켜 조회수를 늘리려는 시도를 계속 하고 있다.

거짓정보로 사람들을 유인하는 경우도 많다. 자신의 미니홈페이지에 사람들이 원하는 정보가 있다고 댓글에 글을 올림으로써 수많은 방문자를 유도하지만, 정작 해당 미니홈페이지에 가보면 그 정보는 없는 경우가 허다하다.

이는 자기를 과시하기 위해 거짓말을 일삼는 양치기 소년과 비슷하다. 사람들에게 주목을 받고자 타인에게 위협을 주는 거짓말을 일삼는 양치기 소년에게도 거짓말은 하나의 놀이다. 그는 자신의 행위를 잘못이라고 생각하는 게 아니라 하나의 재미있는 놀이로 인식한다. 이러한 경향이 요즘 디지털 세대에서도 드러나고 있다. 자신의 거짓말에 놀아나는 사람들을 보면서 희열을 느끼는 것이다.

미니홈페이지 조회수를 통한 자기 과시는 이뿐 아니다. 2005년 7월 런던 테러 사건이 발생한 후에 국내에서 알카에다 팬클럽이 등장하거나, 독도 문제를 비롯한 일본의 망언이 계속될 때마다 친일 카페가 등장하는 것은 주목을 받고자 하는 일부 네티즌의 몰지각한 행동에 기인한다. 자신이 만든 카페나 미니홈페이지에 많은 사람이 몰려오고, 그에 따른 반응을 보는 것만으로 자족감을 느끼는 것이다.

재미 삼아 절도를 했다는 청소년, 또는 게임 아바타를 훔치거나 해킹을 해서 상대에게 피해를 준 네티즌들이 경찰서에 와서 보이는 태도는 놀라울 정도다. 그들은 자신의 행동이 범죄라거나 도덕적·사회적 기준에 어긋나는 잘못된 행동이라고 생각하지 않는다. 다만 재미를 위해서, 호기심 때문에 한 가벼운 행동이라고 주장한다. 그들에겐 죄의식이나 죄책감이 없다. 이들도 마찬가지로 단지 주목받기 위해서, 자기를 과시하기 위해서 한 행동이지 그것이 사회적인 문제가 된다거나 도덕적 가치를 저버리는 행동이라고 인식하지 않는다.

자신을 적극적으로 드러내는 행동의 이면에는 자기 PR을 통해 개인 브랜드 가치를 향상시킨다는 긍정적인 면이 있는 반면 자신을 드러내기 위해 타인에 대한 공격적인 행동이나 사회적 일탈행위도 불사하는 부정적인 면도 있다.

자기 과시적 경향이 공격적으로 드러나거나 사회적 일탈행위로 나타나는 것은 크게 경계해야 한다. 자기 과시적 트렌드가 갖는 양면성의 간극은 문화적 과도기에 크게 드러날 수밖에 없다.

4 내 손 안의 세상
그들의 손끝을 주목하라

디지털 시대에는 손을 잘 활용해야 한다. 휴대폰, MP3, 디지털카메라 등 디지털 기기들은 하나같이 한 손에 들어가는 크기다. 또한 손가락에서 권력이 나온다고 할 정도로 인터넷은 여론 형성에 큰 영향을 미치게 됐다. 디지털 시대로 전환하면서 입이 아닌 손가락이 커뮤니케이션 도구인 시대로 바뀐 것이다.

디지털 시대에는 손의 영향력이 매우 크다. 'digital'에서 'digit'이 손가락을 의미하듯, 지금은 손가락으로 모든 것이 이뤄지는 디지털 세상이다. 휴대폰, DMB, PDA처럼 손 안에서 통신과 미디어가 결합되고 있으며, 디지털라이프의 핵심 기능 역시 손 안에서 모두 이뤄지고 있다.

모바일 산업은 점점 커지고 있으며, DMB나 와이브로(wibro)를 비롯한 새로운 모바일 기술도 속속 등장하고 있다. 모바일 세대는 점점 확산되고, 모바일과 직접 연동되는 유비쿼터스 기술도 점점 대중화되고 있다.

대한민국이 디지털에 강할 수밖에 없는 이유 중의 하나도 한국인의 손재주에 있는 만큼, 디지털 시대에는 손을 잘 활용해야 할 필요성이 그 어느 때보다 커지고 있다.

과연 디지털 사회에서, 아니 디지털 코리아에서 손의 영향력은 어디까지일까?

"젓가락을 사용하는 민족이 세상을 지배한다." 이는 필자가 한 얘기가 아니다. 미래학자 앨빈 토플러는 일찍이 "젓가락을 사용하는 민족이 세계를 지배할 것"이라고 예언했다. 젓가락을 사용하는 민족은 주로 아시아권에 있다. 그 중에서 중국, 일본, 한국이 80%를 차지한다.

세 나라 중 규모가 가장 작은 한국이 디지털 세상에서만큼은 가장 큰 영향력을 발휘하고 있다. 그 이유 가운데 하나는, 한국인은 젓가락도 보통 젓가락이 아닌 쇠젓가락을 사용하고 있기 때문이다.

젓가락 사용이 두뇌발달에 좋다는 사실은 이미 외국 과학계에서 입증된 바 있다. 젓가락질을 하면 64개의 근육과 30여 개의 관절을 동시에 사용하기 때문에 대뇌에 영향을 준다. 성인에게는 치매 예방 효과도 있다. 포크는 젓가락에 비해 근육 사용량이 절반도 안 된다.

손재주는 집중력과 두뇌계발에 효과적이기 때문에 손재주가 뛰어난 사람이 머리도 좋다.

2005년 4월 서초구청은 '젓가락 왕 선발대회'라는 특이한 대회를 개최했다. 황우석 박사가 〈뉴욕 타임스〉와의 인터뷰에서 한국인의 손재주 비결은 쇠젓가락 사용 때문이라고 공을 돌린 이래, 전국적으로 젓가락질 장려운동이 확산되고 있다.

쌀을 주식으로 하는 아시아권에서는 주로 젓가락문화가 발달했는데, 그 중에서도 유일하게 쇠젓가락을 사용하는 한국인들은 다른 나라 사람들에 비해 예전부터 손재주가 뛰어난 민족이라는 얘길 듣곤 했다. 그러나 요즘 젊은 세대 중에는 젓가락질이 서툰 사람이 많다. 그래서 디지털 시대에 다시 젓가락질 장려운동이 부흥하고 있는 것이다. 젓가락 사용이 디지털 시대를 이끌어갈 원천적인 힘을 만들어낸다고 할 순 없지만, 분명 우리 고유의 젓가락문화가 미친 긍정적인 힘은 크다.

지금은 '손 안에서 이뤄지는 디지털 세상' 이라는 광고 카피처럼 손 안에서 이뤄질 수 있는 도구들의 전성시대다. 휴대폰은 우리의 생활을 놀랄 만큼 변화시켰고, 이제 DMB도 우리의 생활을 바꿀 도구로 부각하고 있다. MP3플레이어와 PDA, 디지털카메라 등 우리의 손에는 이미 수많은 디지털 기기들이 있다.

앞으로 나올 디지털 기기들은 하나같이 손에 들어갈 정도의 크기, 즉 이동성을 강조한다. 앞으로는 뇌에서 명령을 내리면 바로 동작되는 기기들이 나와 손가락도 필요없는 시대가 올 것이다. 하지만 그 전까지는 손가락이 가장 보편적인 제어 수단이다. 손가락으로 기기를 제어하고 손가락으로 정보를 입력하기 때문이다.

휴대폰이 없는 사람이 없을 정도로 우리는 1인 1폰 시대를 살고 있다. 심지어 초등학생들도 휴대폰을 들고 다닐 정도다. 단순히 전화를 걸기 위한 도구였던 휴대폰은 이젠 문자 메시지를 비롯해 모바일 인터넷, 금융거래, 주식거래, 교통정보, 게임, 방송시청, MP3 음악 감상, 사진 촬영, 동영상 촬영, 비트박스, GPS 위치추적, 모바일 텔레매틱스 등 못하는 게 없을 만큼 다양한 기능을 지닌 만능기계가 됐다.

손 안에서 이뤄지는 디지털 세상의 또 다른 대표적인 도구는 바로 디지털카메라다. 디지털카메라는 전 국민을 사진의 매력에 빠지게 만들었고, 그 덕분에 사진으로 커뮤니케이션하고 사진으로 기록하고 사진으로 학습하는 이미지 홍수시대를 맞게 됐다. 디지털카메라가 손 안에 들어갈 정도로 작지 않았다면 이런 현상이 급작스럽게 확대되진 않았을 것이다. 디지털카메라는 정보생산과 표현이라는 측면에서 좀더 능동적이고 적극적이다. 누구나 디지털카메라 하나만 있으면 이미지 정보를 생산할 수 있고, 그것을 바로 인터넷에 올려 다른 사람들에게 유포시킬 수 있는 환경이 됐다.

한때 엄지족이라 불리기도 했던 모바일 세대는 손 안에 들어가는 단말기로 정보이용과 커뮤니케이션을 비롯해 다양한 기능을 구현하고 있다. 그들에게 손가락 사용 능력은 대단히 중요한 의미를 가진다. 시간이 곧 돈인 시대에서 속도는 매우 중요하다. 모바일 세대 사이에서는 손가락 사용 능력이 뛰어난 사람이 커뮤니케이션 능력도 뛰어날 수밖에 없다. 휴대폰으로 1분에 수백 타를 치는 10대를 보면 놀라움을 금치 못한다. 더 놀라운 것은 이렇게 손가락 타수가 빠른 것이 한국에서는 아주 보편적이라는 사실이다. 이렇듯 손의 영향력을 가진 한국의 모바일 세대는 모바일 기기를 자유롭게 사용하는 것은 물론, 손에서 나오는 여론의 힘과 권력을 제대로 이해하고 있다.

인류 역사에서 가장 보편적인 커뮤니케이션 도구는 말에서 시작됐다. 인류가 진화하면서 무게중심은 말에서 글로 옮겨졌는데, 그 이후 다시 글에서 말로, 다시 디지털 시대를 맞아 말에서 글로 무게 중심이 옮겨진 셈이다.

가장 명확하고 냉정하고 건조한 의사전달수단은 글이다. 말에는 감정이 실리지만, 글에서는 그것을 걷어내고 의사만 전달할 수 있다. 바쁜 디지털 시대에는 군더더기가 사라진 본론만 핵심적으로 전달하는 게 보편화될 수밖에 없다. 게다가 다양한 디지털 도구들이 글을 좀더 자유롭고 쉽게 전달할 수 있도록 만들어주고 있다. 이들의 글은 말을 글로 옮긴 구어체 중심이다. 따라서 디지털 시대에 확산될 문자 커뮤니케이션에서 구어체 트렌드는 유효할 것이다.

우리는 주위에서, 대화할 사람이 바로 옆에 있어도 문자를 보내 대화하는 10대들을 흔히 볼 수 있다. 하루종일 입으로는 말 몇 마디 안 하는 경우도 많다. 굳이 입을 쓰지 않아도 충분히 원활하게 의사소통을 할 수 있는 환경에 살고 있기 때문이다. 그들은 전화해서 말로 얘기하기보다 문자로 간단하게 전달하는 일방향성 대화문화에 더 익숙하다. 그래서 이들을 말이 없는 세대라고도 한다. 디지털 문화 속에서 태어나고 자란 이들은 말이 아닌 글로 소통하는 데 익숙해져 있기 때문이다.

실제로 이동통신사의 자료에 따르면 2005년 6월 한 달간 KTF의 문자 메시지 발신건수는 20억 8,615만 건으로, 음성통화 발신건수 20억 4,669만 건보다 많았다. 이는 문자 메시지 발신건수가 음성통화 발신건수를 처음으로 추월한 시점이다.

음성통화 위주의 이동전화문화가 서서히 문자통화로 바뀌다가 이젠 음성통화를 문자통화가 추월했다. 이는 1020세대뿐 아니라 중·장년층에게도 문자 메시지 문화가 확산되면서 일어난 현상이다. 문자통화는 동시에 얘기를 주고받는 게 아니라 일방적으로 내 얘기만 전달한다. 이러한 일방적 소통문화는, 겉으로 보기에는 커뮤니케이션이 활발하게 이뤄지고 있으나 실제로 상호 간의 커뮤니케이션 소통은 원활하지 못한 결과를 낳기도 한다.

물론 의사소통의 무게중심이 말이 아닌 글로 옮겨진다고 해서 사회적 소통에 문제가 발생하는 건 아니다. 문자 커뮤니케이션 문화에 맞는 교류의 문화가 자연스럽게 이어지기 때문이다.

손가락은 키보드를 치는 수단, 즉 커뮤니케이션을 위한 텍스트를 생산하는 수단이다. 펜으로 글을 쓰는 광경은 이제 보기 힘들다. 손가락으로 키보드를 치는 게 익숙해지면서 펜으로 오래 쓰는 걸 점점 불편해하게 됐다. 과거에는 펜이 총칼보다 강했다면, 요즘은 손가락이 총칼보다 강한 시대가 된 것이다.

2002년 대통령 선거나 2004년 국회의원 선거에서도 네티즌의 손가락 힘은 컸다. 2002년 대선에서 노무현 대통령을 당선시킨 일등 공신 중의 하나인 노사모는 인터넷을 기반으로 활동했고, 2004년 총선에서는 대통령 탄핵 역풍을 일으키며 여당에 힘을 실어준 네티즌들에 의해 열린우리당이 과반수 의석을 차지했다.

네티즌이 여론을 형성하고, 그 여론은 매스미디어에도 영향력을 행사한다. 네티즌의 댓글이 새로운 정책을 만들어내기도 하고 잘못된 정책을 끄집어내기도 한다. 이 때문에 국회의원들은 인터넷 표심을 잡기 위해 다양한 전략을 구사하기도 한다. 정치인의 힘은 자신을 지지하는 네티즌의 수와도 직결된다.

이른바 디지털 시대의 직접민주주의 환경에서 손가락의 힘은 대단하다. 그래서 이를 두고 손가락정치, 댓글정치라고도 한다. 이른바 댓글정치의 장점은 참여민주주의가 가능하다는 점과 여론이 빠르게 전달된다는 점, 정치인과의 쌍방향 커뮤니케이션이 가능하다는 점이다. 하지만 이러한 장점을 상쇄할 만한 단점들이 있다는 것이 문제다.

온라인에서 입소문의 힘은 정치적인 영향력을 발휘한다. 이는 대선과 총선에서 힘을 드러낸 바 있다. 또한 각종 기업의 마케팅에서도 힘을 발휘한다. 디지털 시대에는 손가락의 영향력만큼이나 입소문의 영향력도 막강하다. 엄밀히 따지면 손가락의 힘이 곧 입소문의 힘인 것이다.

말하기문화도 바뀌었다. 손가락이 커뮤니케이션의 주요 수단이 되면서 대인 간 커뮤니케이션에서도 말보다 짧은 글이 선호되고 있다. 문자 메시지나 이메일을 통해 일방적으로 자신의 의사를 전달하는 것이 훨씬 편하고 쉬워진 것이다. 이 때문에 실시간으로 사람과 대면하는 쌍방향 커뮤니케이션에 취약하기도 하다.

손가락의 힘이 소수에 집중되는 것도 우려할 일이다. 모든 네티즌이 자발적으로 참여하는 게 아니기 때문에 특정 집단과 특정 세력이 의도적으로 여론을 생산하기도 한다. 실제로 특정 정당의 게시판도 소수 집단이 장악하는 경우가 있다. 그러다 보니 자신에게 유리한 댓글을 만들어내려고 아르바이트를 고용하기도 하고, 사조직과 같은 소수 집단을 양성하기도 한다.

이처럼 네티즌 여론은 정치적인 공작에 악의적으로 이용될 수도 있어 댓글정치의 한계가 지적되기도 한다. 무엇보다 개인적인 인신공격이나 프라이버시 침해로 이어질 수도 있다. 따라서 손가락이 가지는 힘에 대응하는 견제장치나 사회적 안정망을 마련할 필요가 있다.

5 과거와의 결별
버리거나 또는 바꾸거나

디지털 시대에는 기존 질서와의 결별이 속속 이뤄지고 있다. 딩크족, 통크족이 부상하면서 전통적인 가족제도가 무너지고 있으며, 인터넷의 확산으로 직장 개념이 점차 사라지고 있다. 또한 민족이나 국가는 하나의 도구로 전락하여 민족주의나 국수주의도 힘을 잃을 것으로 예상된다.

새로운 시대에 낡은 도덕성을 고집하다 보면 괴리가 생긴다. 익숙한 것이 모두 과거가 되고, 그 과거에 연연하다 보면 새로운 시대와 정면 충돌하기 때문이다. 이제 익숙한 과거를 버리거나 바꾸어야 한다. 과거와의 결별은 과거와 단절한다는 의미가 아니라 과거의 문제를 냉철하게 분석하고 그에 따른 새로운 대안을 도출하는 과정을 의미한다. 즉, 새로운 시대의 디지털 환경에 조응하기 위해 낡은 틀을 버리는 것이다.

디지털 시대는 이른바 종말의 시대다. 기존의 질서, 기존의 가치 기준과 속속 결별하고 있기 때문이다. 디지털 시대에는 가족제도의 종말, 섹스의 종말, 직장의 종말 등 수많은 종말을 맞이한다. 종말이라는 말이 다소 격하지만, 이는 그 실체 자체가 사라진다는 의미가 아니라 과거의 틀과 기준이 다른 수준으로 진화한다는 의미로 인식해야 한다. 과거의 토대 위에서 새로운 시대에 맞는 변화를 받아들이는 것이다.

종말의 시대를 살아가는 현명한 방법은 과거에 대한 미련과 집착을 버리고 새로운 환경을 빨리 받아들이는 것이다. 디지털 시대에는 기술뿐 아니라 사회·문화적으로도 수많은 변화가 일어나고 있으므로 그 변화의 흐름을 자연스럽게 받아들여야 한다.

디지털 사회의 특징은 우선 과거 '가족의 해체'가 '가족의 재구성'이라는 새로운 가족관으로 변화한다는 것이다. 가족의 해체는 아날로그 시대 말기와 디지털 시대 초기가 충돌하는 과도기 현상이다. 디지털 시대가 가속화되면 기존과 같은 가족의 해체는 잦아질 것이다. 이는 다시 과거의 가족제도로 회귀한다는 의미가 아니라 가족의 기준과 패러다임이 바뀐다는 의미다. 가족제도의 다양성으로 새로운 가족제도가 안정될 것이므로 급격한 해체현상은 사라질 것이다. 즉, 디지털 시대에 맞는 가족제도로 전화되어 그 속에서 새로운 가족제도의 다양성이 안정적으로 정착될 것이다.

아날로그 시대에는 일과 가정 중에서 일에 더 비중을 뒀다. 하지만 디지털 시대에는 일보다 가정에 더 비중을 두는 사람들이 증가한다. 이는 개인주의 팽배와도 맥을 같이하고, 사회적 관계보다 개인적 관계를 더 중요시하는 것과도 맥을 같이한다. 디지털 기술환경이 일을 덜 포기하고도 가정에 더 충실할 수 있는 기반을 만들어주고 있는 것으로 해석할 수 있다. 아날로그 시대에는 일이냐 가정이냐를 이분법적으로 선택할 수밖에 없었다. 그러나 디지털 시대에는 어느 하나를 굳이 포기하지 않아도 되는 환경이어서 상대적으로 가정에 더 충실할 수 있다. 재택근무나 홈오피스가 이런 환경을 만들어주는 한 예다.

가족제도의 변화에서 가장 큰 것은 결혼관의 변화다. 결혼이 필수이던 시대에서 선택인 시대로 바뀌었다. 1인가구의 비율이 점점 높아지고 관행적인 결혼문화도 점점 사라지고 있다. 결혼관과 함께 출산과 양육관도 바뀌었다. 우리나라의 출산율이 세계 최저 수준인 1.15명이라는 사실이 말해주듯이, 결혼이 곧 출산으로 이어지던 시대는 지났다. 결혼을 선택하는 비율이 이전 시대에 비해 급격히 줄어든 데다, 결혼 후에도 아이를 낳지 않는 딩크(Double Income No Kids : DINK)족의 비율은 급격히 늘어났다. 딩크족과 함께 노년에 노부부끼리 재미있게 살겠다는 통크(Two Only No Kids : TONK)족도 늘어나고 있는 추세다. 더 이상 자식세대를 위해 희생하지 않고 자신의 삶을 즐기겠다는 사고가 확산되고 있는 것이다.

기존에는 결혼의 조건으로 가장 많이 대두된 것이 이른바 소득(재력)과 학력, 신장(키)이 높아야 한다는 3고(高)였다. 이는 우리나라뿐 아니라 일본도 마찬가지였다. 그런데 최근 일본의 후생성이 미혼여성을 대상으로 조사한 결과에 따르면, 신랑감의 조건으로 편안하고(Comfortable), 가치관과 말이 통하며(Communicative), 가사를 잘 도울 것(Cooperative), 즉 3C를 꼽았다고 한다. 성별보다는 경쟁력이 우선하는 사회에서 더 이상 여성들은 전통적인 결혼관을 받아들일 수 없게 됐다. 이는 여성들의 적극적인 사회참여와 자기능력계발로 인한 결과다.

디지털 시대의 새로운 결혼관은 평등부부다. 가정을 이루는 요소가 아닌, 파트너 관계를 추구한다. 남편과 아내로 구분하는 구도에서 서로 동등한 파트너로서의 구도가 디지털 시대에 각광받는다.

기존 결혼제도에 대한 극단적 대안이 독신주의라면, 평등부부는 보완적 대안이다. 디지털 시대는 남녀의 성적인 역할분리를 지양하며 경제력이나 집안배경, 학력 등 전통적 결혼관에서 중요하게 생각하던 조건 대신 전문성과 사회적 역할이라는 조건을 더욱 강조하고 있다.

디지털 사회의 또 다른 특징은 섹스의 종말이다. 이 말은 생물학적 성 구분의 종말이라는 의미이기도 하고 가상섹스가 실제 섹스의 종말을 가져올 수 있다는 의미이기도 하다.

사회적으로 남성과 여성의 성적 정체성 구분에서 생물학적 구분인 섹스(sex)라는 개념보다 사회적이고 문화적 구분인 젠더(gender)라는 개념이 좀더 지지받고 있다.

그동안 남녀는 대비되고 상반되는, 혹은 종속과 기득권으로 구분된 존재였다. 하지만 디지털 공간에서는 성의 구분 자체가 무의미한 중성적 디지털 문화가 양산되고 있다. 초기 사이버 공간에서의 성정체성은 현실 공간과 전혀 다르지 않았다. 이젠 사이버 섹스 분야를 제외하고는 성 정체성 자체가 특별한 의미가 없다. 성 정체성에서부터 자유롭다는 것은 남녀에 대한 편견이나 차별에서 벗어날 수 있다는 것을 뜻한다.

디지털 문화에서 성적 정체성은 중성적 경향을 지향한다고 할 수 있다. 남녀 성의 이분법적인 구분이나 대비구도가 아니다. 사회적인 역할에서는 굳이 생물학적인 성별을 묻는 것 자체가 의미없어질지도 모른다.

생물학적 성이라는 의미 외에 성행위의 의미인 섹스도 종말을 맞이할까? SF 영화에서 그리는 미래사회의 모습에서 공통적으로 다루는 소재 중의 하나가 바로 사이버섹스다. 인터넷이 확산되고 콘텐츠 산업이 발전한 근간에는 포르노를 비롯한 섹스 산업이 자리잡고 있다고 해도 과언이 아니다. 그만큼 섹스는 개인적으로나 사회적으로나 상당히 중요한 키워드다.

가장 원초적인 것이 바로 섹스에 대한 인간의 욕구다. 이에 따른 매춘산업은 수천 년의 역사를 거치면서도 여전히 굳건히 자리잡고 있어 인류의 가장 오래된 산업 중의 하나로 기록된다. 과연 디지털 시대의 매춘산업은 어떻게 될까? 인류역사와 함께 공존했다는 그 질긴 매춘의 생명력이 디지털 시대라고 별반 다르진 않을 것이라는 주장도 있다. 하지만 사이버섹스가 매춘산업의 기반을 무너뜨릴 것이라는 주장 또한 거세다.

디지털 사회에서는 과거 '9시 출근 6시 퇴근'이라는 일률적이고 종속적인 형태의 직장 개념이 바뀔 것이다. 이제 우리 사회는 생산성과 효율성을 강조하는 합리적 직장문화를 받아들일 시기가 됐다. 일반적으로 알고 있는 직장의 개념이 앞으로도 지속된다면 분명 그 직장은 위기를 맞을 것이다.

정보화의 확산, 인터넷의 발전은 공간개념의 직장을 해체시키기에 충분한 이유가 된다. 아울러 개인화된 가치와 삶의 질에 대한 관심이 지대해지고 있는 최근의 트렌드를 볼 때 공간개념의 직장은 종말을 맞이할 것이다. 물론 이것은 직장의 폐쇄를 의미하는 것이 아니라 직장의 문화와 조직의 운영 시스템, 조직관리의 방법에 대한 혁명이 필요하다는 의미다.

시대의 변화에 따라 노동자들은 충성과 안정 대신 자유와 도전을 선호하고 있다. 이미 엘리트 지식노동자들 사이에서는 좀더 큰 가치를 창출하기 위해 탈직장을 시도하거나 준비하는 경우가 서서히 증가하고 있다. 탈직장의 대열에 들어서기 위해서는 자신의 분야에서 그 어느 누구보다도 경쟁력과 자신감이 있어야 한다. 인적 네트워크와 비전, 그리고 이를 충실히 실천으로 옮길 철저한 계획도 필수적이다. 한편 자유로운 업무방식이 보장되는 조건으로 자신의 연봉을 낮추는 방식을 제안하기도 한다.

이젠 직장에 충성하며 직장의 가치를 상승시키고 그 대가로 돈과 지위를 보장받던 시대는 지났다. 기존의 기업조직문화의 옹호론자나 전통적인 경제학자들 사이에서는 아직도 이러한 탈직장화가 일부 극소수가 누리는 문화현상 정도로 인식하고 있다. 지금 당장 탈직장화가 일반화되지는 않겠지만 향후 10년 내에는 탈직장화가 일반적으로 자리잡을 가능성이 높다.

지난 10년간의 디지털화가 새로운 산업의 기회를 만들었다면, 향후 10년간의 디지털화는 산업구조와 조직을 재편할 것이다. 현재 지식노동과 정보산업 분야에 종사할 인력이 급증하고 있다는 사실을 감안한다면 전방위적인 탈직장화는 단지 현상에 그치지 않고 하나의 고용문화, 노동문화로 일반화될 것이다.

지식노동자는 직장이라는 시스템이 아니라 자신의 창의력과 지식생산력에 근거해서 부가가치를 높이고 있다. 직장과 자신의 가치를 동일시하고 자신의 가치가 직장을 통해서 상승된다고 생각하던 전통적인 직장관은 사라지고 있다.

이로 인해 글로벌 기업을 비롯한 세계 유수기업들은 우수인재를 잡아두기 위해서 파격적인 정책과 지원을 아끼지 않는다. 물질로만 평가하던 노동의 가치에서 벗어나 개인의 발전을 배려하고 새로운 지식으로 무장할 수 있도록 교육을 지원하는 것은 물론 업무를 수행하기 위한 탄력적인 근무시간도 속속 도입하고 있다.

이제 평생고용의 전통적 직장관에 얽매어 불투명한 미래를 불안해하며 지낼 것인지 다시 한 번 진지하게 생각해봐야 한다. 다시 말해 직장의 종말시대에 과감히 탈직장의 행렬에 동참할 수 있도록 자신의 능력을 관리하고 자신만의 경쟁력과 차별성을 갖춰야 하는 시기임을 인식해야 한다.

이 밖의 민족주의나 국수주의의 종말도 예견된다. 디지털 세대에게 민족이나 국가는 하나의 도구이자 틀일 뿐이다. 디지털 세대는 그것이 가지고 있는 절대성을 받아들이지 않는다. 전 세계가 이미 하나의 네트워크이자 생활기반인 지금, 민족주의와 국수주의를 고수하기에는 무리가 따른다. 물론 아직까지 아날로그 세대 중에 민족주의와 국수주의를 주창하기도 하지만 디지털 세대에겐 설득력이 떨어진다.

아울러 소유의 종말도 예견된다. 특히 정보의 경우 물질적 가치보다 활용적 가치에 순위를 둔다. 디지털 세대에게 지나친 소유욕은 활동반경에 대한 제약으로 다가온다. 즉, 소유 자체의 종말이 아니라 아날로그식 소유문화의 종말이다.

종교도 기존의 종교적 틀에서 벗어나는 식의 급격한 변화가 예상 된다. 또한 문화적 가치나 사회적 가치에서도 다양한 결별이 이뤄질 것이다. 기술변화에 따른 구세대 기기와의 결별 역시 전방위적으로 이뤄질 것이다.

물론 익숙한 것과 결별한다는 것이 그리 쉽지는 않다. 오히려 급 변하는 디지털 물결 속에서 과거로 되돌아가려는 현상이 일시적으로 증가할 수도 있다. 추억이라는 이름으로 과거와 관련된 틈새산업 이 유행하고 있는 것은, 새로운 디지털 사회문화를 받아들이는 흐름 에 대한 일시적 저항이자 반작용이다.

대개 아날로그 세대들에게서 이런 현상이 두드러진다. 하지만 결 국 과거는 문화적 측면에서만 단기적으로 유지될 뿐 사회적으로는 결별과 단절로 이어질 것이다. 익숙한 과거와 결별한다는 것이 개인 적으로 결코 쉬운 선택은 아니겠지만, 사회적으로 보면 필연적인 선 택일 수밖에 없음을 받아들여야 할 것이다.

6 낮아지는 진입장벽
기회인가, 레드오션의 시작인가

디지털이 발달함에 따라 사회의 진입장벽이 낮아지고 있다. 쇼핑몰 운영 등을 통해 누구나 쉽게 사업가가 될 수 있으며, 길거리 캐스팅이나 인터넷 얼짱을 통해 연예계 진출도 쉬워졌다. 한 분야의 마니아라면 전문가로 대접받을 수도 있다. 하지만 진입장벽이 무너짐에 따라 자신의 경쟁력을 높여나가는 노력 역시 필수적이다.

디지털 시대는 수많은 진입장벽을 무너뜨리고 있다. 디지털의 힘이 기득권을 가진 이들의 높은 진입장벽을 낮추기 때문이다. 그 덕분에 외형적으로는 치열한 무한경쟁시대가 가속화되고 있다.

진입장벽이 사라진다고 성공의 가능성이 높아지는 것은 아니다. 오히려 성공확률이 희박한 사람들도 낮은 진입장벽을 무기삼아 들어갔다가 실패하는 경우도 많아 사회적 시행착오 비용은 늘어난다. 하지만 진입장벽이 도전 자체를 가로막던 시대는 사라져 기회가 균등하게 확산되는 측면에서 긍정적이다. 그리고 먼저 진입한 이들을 더욱 노력하게 만든다는 측면에서도 긍정적이다.

진입장벽이 무너진 대표적인 분야는 미디어, 비즈니스, 정치권, 연예계, 국가 간 취업시장 등이다. 이들 진입장벽은 대개 인터넷의 힘, 디지털의 힘으로 무너지고 있다. 그로 인해 무한경쟁과 무한기회의 시대가 열리고 있다.

진입장벽이 사라지면 경쟁이 치열해지기 때문에 흔히 말하는 레드오션이 되기 쉽다. 서로 치고받는 격전 속에서 살아남은 자도 출혈이 생길 수밖에 없는 구조가 되므로 진입장벽이 사라진다는 것만으로 희망에 들뜰 필요는 전혀 없다. 진입장벽이란 바꿔 말하면 내가 이뤄놓은 영역에 남들이 쉽게 들어오지 못하게 하는 것이다. 자신만의 차별화된 전략이나 특화된 무기가 바로 남들에게는 진입장벽으로 작용한다. 사회적인 진입장벽이 사라지는 추세에서 자신만의 진입장벽을 만들어내지 못한다면 무한경쟁사회에서 살아남을 수 없을 것이다.

인터넷이 등장하면서 신문과 방송 등 전통적인 미디어가 가지고 있던 강한 장벽 역시 무너지고 있다. 인터넷 신문과 인터넷 방송이 전통적 미디어의 영향력에 도전하고 있는 것이다. 대표적인 인터넷 신문인 〈오마이뉴스〉는 기존 신문의 아성에 강력한 도전자가 된 지 오래다. 포털사이트도 미디어 영향력을 확대하고 있다.

신문과 방송은 설립에 필요한 정해진 기준이 있다. 방송은 전파라는 한정된 자원을 사용하는 것이기에 더욱 진입장벽이 높다. 그렇기 때문에 예전에는 누구나 쉽게 미디어 사업을 할 수 없었다. 그러나 인터넷이 새로운 미디어 기반이 되면서 상황은 달라졌다. 심지어 개인마저도 미디어의 주인이 되는 시대가 됐다. 이른바 1인 미디어인 미니홈페이지나 블로그 열풍이 미디어 시장의 새로운 경쟁자가 되고 있는 것이다.

디지털 시대에는 누구나 사업가가 될 수 있기 때문에 조그마한 온라인 쇼핑몰을 운영하거나 인터넷으로 사업을 벌이는 사람들이 급증하고 있다. 옥션의 판매회원은 전체 회원수의 10% 정도인 60만 명이다. 그 외 다른 경매 사이트와 개인 온라인 쇼핑몰까지 합하면 온라인 쇼핑사업을 하는 사람은 대략 100만 명 정도로 추정된다.

주5일제 근무가 정착되면서 투잡이 성행하자 주말에 온라인 쇼핑몰을 운영하는 사례도 증가하고 있다. 오프라인의 자영업 비율도 우리나라가 세계 최고 수준이다. 낮은 진입장벽 덕분에 많은 사람들이 뛰어들지만, 결국 치열한 경쟁구도에서 살아남는 자는 소수다.

한두 명이 모여서 만든 벤처가 수년 만에 수백, 수천억 원의 매출을 거두는 회사로 성장하기도 한다. 지금 코스닥에 있는 상당수의 벤처는 이에 해당한다. 하지만 그 뒤에는 몇십 배 많은 실패자가 있었다는 사실을 알아야 한다. 한국의 수많은 벤처 성공신화는 벤처 창업에 뛰어드는 사람들을 꾸준히 양산해냈다. 이는 한국뿐 아니다. 실리콘밸리에서 촉발된 벤처 성공신화는 비즈니스 접근의 한 방법으로 이미 전 세계에 보편화됐다.

그만큼 사업하기에 수월한 환경이 조성되고 있다는 말인데, 이는 점점 경쟁이 치열한 시장이 조성됨을 의미하고, 치열한 경쟁 속에서 도태되고 실패하는 사례도 점점 늘어남을 의미한다. 진입장벽이 사라지는 대신 치열한 경쟁을 맞게 된 셈이다. 따라서 레드오션이 아닌 블루오션을 찾아가는 노력이 절실히 필요하다.

정치권에서도 진입장벽이 낮아지고 있다. 과거 계파를 중심으로 한 강고한 수직구조가 힘을 잃고 있다. 네티즌을 결집하여 표를 얻으면 조직의 힘 없이 개인의 힘만으로 선거에서 이길 수 있다. 인터넷 정치시대는 돈 덜 드는 선거와 돈 덜 드는 정치시대를 열었다. 정치권에서 조직적 틀이라는 진입장벽과 돈이라는 진입장벽 두 가지의 장벽이 낮아지고 있는 것은 분명하다.

연예계에서도 진입장벽이 낮아지고 있다. 길거리 캐스팅이 보편화됐으며, 인터넷 얼짱이나 몸짱을 통해 연예계에 진출한 사례도 급증하고 있다. 음반사를 거치지 않고 자신의 음악을 MP3로 만들어 네티즌들에게 먼저 알리는 방법으로 연예계에 진출하는 경우도 있다. 매체의 수가 급증하면 매체마다 다룰 콘텐츠 수요가 급증했고, 그에 따라 필요한 엔터테이너가 많아진 것도 진입장볍이 낮아진 배경 가운데 하나다.

그러나 진입장벽이 무너졌다고 그것이 진입 후 성공을 의미하는 건 아니다. 실제로 더 많은 수의 연예인 진출자가 생기고 있지만, 결국 시장에서 살아남는 숫자는 비슷하다. 즉, 진입은 좀더 쉬워졌지만 진입 후의 생존경쟁은 더 치열해진 셈이다.

누구나 노력하면 전문가가 될 수 있을 만큼 전문가에 대한 진입장벽도 낮아졌다. 과거에는 교수나 전문직 종사자만이 전문가의 자리를 차지했지만, 이젠 마니아나 아마추어도 전문가가 될 수 있다. 학벌이나 직위가 없어도 사회적 성공을 거두면 전문가로 대접받는 소위 신지식인들이 대표적인 사례이다. 취미를 사업으로 살리거나 자신의 관심사를 인터넷에 올렸다가 책으로 출간해 전문가 대열에 진입하는 사례도 속속 등장한다.

전문가가 되는 게 쉬운 건 아니다. 다만 전문가가 되는 방법이 좀더 유연해졌고, 합리적이고 현실적인 기준으로 바뀌고 있기에 과거의 획일적 방법이 아닌 다양한 방법으로 전문가가 되는 사례가 늘어나고 있는 것이다. 물론 아직도 교수나 전문직 종사자, 고위직 등이 전문가의 자리에 쉽게 다가서긴 하지만 예전에 비해 진입장벽이 낮아지고 있는 것은 분명하다.

국가 간 취업의 진입장벽도 점점 낮아지고 있다. 글로벌화된 시대에 구직자의 국적은 큰 문제가 되지 않는다. 덕분에 한국의 구직자가 미국이나 유럽으로 건너가기도 하고 아시아권의 구직자가 한국으로 건너오기도 한다. 국가 간의 인력이동이 좀더 원활해진 셈이다. 덕분에 보다 다양하고 경쟁력 있는 인재들이 각광받게 되면서 자국 내 구직자의 경쟁률은 상대적으로 더 높아지고 있다.

이렇듯 각계 각 분야에서 다양한 진입장벽이 무너지고 있다. 기회의 확산이라는 측면에서는 아주 긍정적이다. 다만 진입장벽이 무너진다고 모든 사람에게 혜택이 돌아가는 것은 아니다. 오히려 치열해진 경쟁체제에서 상대적인 위기를 겪는 사람들도 많다. 따라서 진입장벽이 무너지는 시기에 살아남으려면 스스로 경쟁력을 높이려고 노력해야 한다.

권력이동 트렌드
힘센 자가 강한 자가 아니다

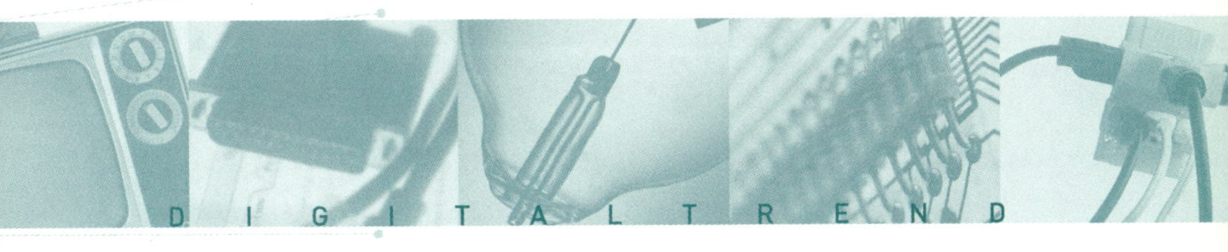

스몰시스터의 집단수다 1
권력견제인가, 마녀사냥인가

권력자들의 사회통제 수단인 빅브라더의 반대 개념으로 등장한 스몰시스터는 개인 스스로가 감시의 주체가 되는 자생적 민간권력이다. 하지만 프라이버시 침해나 인권침해, 스토킹 같은 악의적인 목적으로 사용되기도 한다. 스몰시스터의 마녀사냥식 집단행동과 인권의식의 결여는 서울대 도서관 폭행사건, 개똥녀 사건, 김 일병 사건 등에서 나타난다.

정보를 독점하여 사회를 통제하는 관리권력을 '빅브라더(big brother)'라고 하는데, 최근 사회통제를 견제하는 자생적 민간 관리권력이 새로 등장했다. 이 권력을 빅브라더와 대칭 관계에 있다는 측면에서 필자는 '스몰시스터(small sister)'라고 명명한다. 이는 일상의 소소한 일에 관심을 갖고 일일이 참견하며 가족애와 같은 끈끈한 연대의식을 가진다는 의미에서 매우 적합한 표현이다.

사실 과거에는 권력층이 명령을 통해 힘을 발휘하는 하향식 통제가 주를 이루었다. 그러나 디지털 시대에 들어서면서 하위층이 상위층을 견제하는 상향식 통제가 주를 이루며 영향력을 행사하고 있다. 한 예로 정치권에서 가장 촉각을 곤두세우는 대상이 네티즌의 온라인 여론이다. 이와 더불어 뉴스 매체의 힘이 신문이나 TV에서 포털

사이트로 옮겨가고 있다.

이와 같이 스몰시스터는 인터넷이라는 공간적 특성을 지니고 있다. 스몰시스터는 나날이 강력한 힘을 발휘하고 있는 빅브라더에 대응하고 이를 견제한다는 측면에서 등장했다고 해도 과언이 아니다.

빅브라더는 사회적 통찰과 풍자로 유명한 영국의 소설가 조지 오웰의 소설 《1984년》에 등장하는 용어다. 긍정적 의미로는 선을 목적으로 사회를 돌보는 보호감시를 뜻하며, 부정적 의미로는 음모론에 입각한 권력자들의 사회통제수단을 뜻한다. 사회적 환난을 예방한다는 차원에서 정당화할 수도 있지만 빅브라더는 엄청난 사회적 단점을 가지고 있다.

《1984년》에서 빅브라더는 텔레스크린을 통해 사회를 끊임없이 감시한다. 텔레스크린이 사회 곳곳에, 심지어는 화장실에까지 설치돼 있어 사생활침해는 매우 심각하다.

음모론에 입각하여 재해석하면, 사회의 희망적 권력체제가 아닌 독점권력층이 민중을 유혹하고 정보를 왜곡하여 얻은 강력한 권력주체가 바로 빅브라더라고 할 수 있다. 1949년에 발표된 소설치고는 우리의 미래를 너무 실감나게 그리고 있다. 게다가 그가 묘사한 디스토피아의 미래가 결코 픽션이 아니라는 게 증명되고 있어 더더욱 놀랍다.

또 다른 사례로 프리크라임 시스템이 있다. 필립 딕의 소설이자 스티븐 스필버그가 영화화한 〈마이너리티 리포트〉에 나오는 프리크라임 시스템도 개개인을 감시하며 사회를 통제하는 권력이다. 범죄가 일어날 것을 미리 예측하여 범죄를 막아내는 것인데, 불특정 다수를 무차별적으로 감시한다. 아직은 프리크라임 시스템 자체가 먼 미래의 얘기지만, 치안을 위해 사람들을 감시한다는 설정은 이미 수많은 곳에 설치된 방범용 CCTV를 통해 현실화되고 있다.

1984년과 2054년이라는 시대 배경이 다를 뿐 1940~50년대 쓰여진 책에서 두 작가가 바라본 미래는 권력으로 개인을 통제하고 있다는 공통점이 있다. 권력을 이용해 개인을 감시하고 통제하는 것이야말로 디지털화의 위험성 중 가장 우려하는 것 가운데 하나다.

그리고 보면 소설가와 영화감독이 그려낸 상황은 단순히 픽션이라고 할 수만은 없다. 왜냐하면 그들의 상상력이 현실로 드러나고 있기 때문이다. 그들의 예측에는 근거가 있다. 그런 의미에서 두 작가는 소설가라기보다 미래학자라고 해도 과언이 아닐 것이다.

그렇다면 스몰시스터는 누구인가? 긍정적인 면에서 보면 빅브라더를 견제하는 자생적 민간권력으로서 권력의 균형을 이루는 개인권력으로 해석할 수 있다. 하지만 개인의 정보생산력과 사회적 영향력으로 얻은 권력을 개인 스스로가 감시 주체가 되어 프라이버시 침해나 인권침해, 스토킹 등 악의의 목적으로 사용되기도 한다.

빅브라더가 가지는 양면성에서 부정적 측면을 경계하고 우려하는 것처럼, 스몰시스터 또한 부정적 측면을 더욱 경계하고 우려해야 한다. 최근 스몰시스터에 의한 마녀사냥식 인권침해 사례는 급속도로 증가하고 있다.

스몰시스터가 빅브라더를 견제하는 균형자적 역할을 한다면 정말 환영할 만한 일이다. 그러나 문제는 자칫 스몰시스터와 빅브라더의 부정적 측면만 활성화되어 우리에게 이중 위험으로 다가올 수

	빅브라더	스몰시스터
순기능	● 안정적인 사회 관리수단 ● 국가권력 유지에 유리 ● 범죄율 저하 ● 법률, 사회적 규칙의 안정적 준수	● 개인에 의한 빅브라더 견제 ● 시민단체의 빅브라더 견제 ● 국가권력에 대한 안정적 견제와 비판 세력 확대 ● 개인의 정보생산 및 표현 자유 확대 ● 자생적 민간권력 기능 ● 민주주의 심화
역기능	● 개인에 대한 통제 ● 개인 인권침해 ● 국가권력에 의한 개인의 사생활침해 ● 개인의 활동반경 및 행동의지 위축 ● 국가권력의 극대화에 따른 개인권력의 극소화 ● 독재의 심화 ● 창의성과 자발성 위축	● 튀는 개인, 공격적 개인의 급증 ● 무분별한 사회적 유언비어 급증 ● 디지털 레밍스의 급증 ● 마녀사냥식 인권침해 ● 개인에 의한 개인 사생활침해 ● 개인의 활동반경 및 행동의지 위축 ● 빅브라더의 정보세포(정보원)로 기능할 우려 ● 시민단체 난무 및 시민단체의 지나친 국가 간섭 및 공격 ● 디지털 직접민주주의 악용

있다는 것이다. 사실 이러한 이중 위험은 이미 현실에서 차츰 드러나고 있다.

과거 빅브라더의 실체는 매우 비현실적으로 보였다. 하지만 이미 소설 속의 빅브라더와 흡사한 감시체제가 실제 사회에서 실현되고 있다. 미국의 경우 국방부의 규모와 맞먹는 국토안보부가 설치됐고, 이들의 감시행동을 법적으로 보호하는 애국법이 통과된 상태다. 치안과 방범을 이유로 곳곳에 CCTV를 설치하고 있는데, 그 수가 워낙 많아서 개인의 일거수일투족이 모두 감시를 받고 있는 것이나 다름 없다.

도시에 사는 현대인들은 하루에도 수십 번씩 CCTV 카메라에 자신을 노출시키고 있고, 누군가의 눈을 통해 감시당하고 있다. 심지어 길거리 구석구석에도 CCTV가 설치돼 있어 CCTV 카메라의 앵글 밖에 머무는 시간보다 카메라 안에 노출돼 있는 시간이 더 많다. CCTV가 감시의 수단으로 직접적으로 활용되고 있지는 않다 하더라도, 감시의 수단으로 활용될 수 있는 환경은 이미 구축된 것이다. 즉, 이미 우리는 빅브라더의 텔레스크린을 주위에 두고 있는 셈이다.

빅브라더의 시대가 됐고, 스몰시스터가 이를 견제하기 위해 직접 나섰으나 오히려 빅브라더보다 스몰시스터가 더 부정적인 면두 있다. 예를 들어 각종 파파라치가 등장해 곳곳에서 활개를 치고 다니는 것도 스몰시스터의 역효과다. 물론 파파라치의 긍정적 효과를 무시할 순 없다. 하지만 민간의 자생적 감시수단이 확산되고 있는 것 역시 우려하지 않을 수 없다.

정부의 정책으로 양산된 각종 파파라치들은 별의별 것을 다 찍고 무엇이든 감시한다. 그들은 직업 차원에서 출발했지만, 그들로 인한 감시체제는 하나의 문화로 확산되고 있다. 심지어 감시 대상 영역을 영세한 상인들에게까지 넓혀 악의적으로 유도하고 조장하기도 한다. 민간의 자생적 감시세력인 스몰시스터를 빅브라더가 인위적으로 양산한 경우다.

스몰시스터가 빅브라더를 견제하기는커녕 오히려 빅브라더의 감시도구가 되는 경우도 있다. 엄밀히 말하면 이들은 빅브라더의 감시도구이자 정보원이지만, 외형적 형태로만 보면 스몰시스터다. 이처럼 스몰시스터 내에는 자생적 민간권력과 함께 빅브라더와 연결된 의도적인 권력수하가 존재한다. 각종 파파라치는 바로 후자라고 할 수 있다.

아울러 스몰시스터의 마녀사냥식 집단행동과 인권의식의 결여도 부정적인 면에 해당한다. 최근 스몰시스터의 폐해는 급증하고 있다. 2005년 한 해만 해도 벌써 여러 건의 사건이 발생해 인터넷을 떠들썩하게 했다. 대학생 장애아 폭행사건, 서울대 도서관 폭행사건, 서부희 씨 자살사건, 7악마 사건, 개똥녀 사건, 김 일병 사건 등인데, 사건이 발생하면 스몰시스터의 개입도 본격화된다. 사건의 주인공에 대한 마녀사냥식 몰아세우기가 자행되는 것이다. 예전엔 특별한 이슈일 때만 스몰시스터의 집단행동이 나타났는데 이젠 모든 사회 이슈에 대해 전방위적으로 개입하고 간섭하고 공격한다.

2005년 6월 5일 서울지하철에서 애완견을 데리고 탄 20대 여성이 애완견의 변을 치우지 않고 내렸다. 애완견의 변을 치우지 않고 지하철 바닥에 그냥 두고 내린 것은 도덕적이지 못한 일이지만, 그것을 디카로 찍어 인터넷에 올림으로써 사건은 확대됐다. 주홍글씨 같은 낙인을 찍고 동시에 마녀사냥식 인권침해를 가한 것이다. 이른바 '개똥녀 사건'에서 개똥녀는 공중질서를 지키지 않은 가해자인 동시에 스몰시스터에게 인권침해를 당한 피해자라고 할 수 있다.

개똥녀의 잘잘못을 따지려는 것이 아니라 그 상황에서 디지털카메라로 개똥녀를 찍고 그것을 인터넷에 올리는 상황이 현재 한국에서 자연스럽게 이뤄지고 있다는 점을 지적하려는 것이다. 사진에 리플을 달고 사진을 올린 자와 동조자가 되는 사실이 중요하다. 전혀 일면식도 없는 이들은 순식간에 개똥녀를 비난하는 연대 그룹을 형성했다. 개똥녀 사건을 패러디하고 개똥녀를 봤다는 제보 사진도 네티즌들 사이에 이어졌다. 이 일은 일파만파 퍼져서 누구나 알고 있는 이슈가 돼버렸고, 심지어 지하철공사에서 애완동물을 데리고 지하철을 타지 말라는 내용을 포함한 지하철 에티켓을 발표하기에 이르렀다.

개똥녀 사건이 스몰시스터들의 입을 거치면서 사회적 이슈가 되고, 그에 따라 공공의 규칙까지 새롭게 만들어 공포할 정도이니 얼마나 파급력이 센 것인가. 개똥녀 사건은 미국에서도 논의의 대상이 되기도 했다. 2005년 7월 7일 〈워싱턴포스트〉는 '지하철 소동이 남을 망신 주는 인터넷의 힘에 대한 시험대로 확대되다' 라는 기사를 통해 개똥녀 사건을 둘러싼 전문가들의 분석과 블로거들의 논쟁을 소개한 바 있다.

그런데 이 사건에서 몇 가지 의문이 생긴다. 어떻게 그런 상황에서 대놓고 사람을 찍을 수 있었을까? 사진을 찍는 순간에는 그녀가 개똥을 치울지 안 치울지 아직 모르는 상황이었다. 만약 그녀가 개똥을 치웠다고 가정해보자. 그렇다 하더라도 바닥에 널브러진 개똥과 개를 안고 있는 모습만으로도 그녀가 개똥을 치우지 않은 몰염치한이 될 수 있다. 이미 사진은 그녀가 어떤 행동을 선택하건 간에, 그녀에 대한 초상권과 인권을 침해할 여지를 가지고 있었던 것이다.

사진을 찍은 사람은 어떤 생각이나 의도로 찍은 것일까? 유쾌한 장면도 아니고, 그렇다고 심각한 사회문제도 아니다. 그녀가 개똥을 치우지 않고 내림으로써 사진을 찍은 사람에 대한 정당성이 부여됐

개똥녀 사건에 대한 패러디 사례
출처 : 웃긴대학

지만, 만약 그녀가 개똥을 치웠다면 어땠을까? 치웠음에도 불구하고 그 사진이 돈다면 그녀는 더 억울한 피해자가 될 것이다. 어쩌면 사진을 찍음으로써 개똥을 치우지 못할 상황을 유도했다고 할 수도 있다. 자신이 사진에 찍힌 사실을 알고 당황해 빨리 자리를 피해야겠다는 생각밖에 하지 못했을 수도 있기 때문이다.

아마 예전에 이런 일이 일어났다면 지하철 객차에 탔던 사람들 외에는 모르는 일로 묻혀버렸을 것이다. 그러나 이젠 상황이 다르다. 많은 사람이 디지털카메라를 가지고 있고 인터넷을 사용한다. 그렇기 때문에 사람들은 뭔가를 찍어서 보여주고 뭔가를 말하고 싶어하는 커뮤니케이션 욕구가 굉장히 강해졌다.

시시콜콜하고 사사로운 일들, 우리 주변에서 일어나는 각종 상황을 디지털카메라나 휴대전화 카메라, 캠코더 등의 디지털 기기를 이용해 기록하고, 그것을 온라인에 유포해 수다떨기와 파급력 재생산을 시도하는 것이 스몰시스터의 전형적인 모습이다. 스몰시스터는 일종의 유대감을 조성한다. 일면식도 없는 사람들이지만, 공통의 이슈를 두고 흥분하며 얘기하는 것만으로도 일시적 유대감을 조성한다. 그러나 그런 유대감과 연대감이 긍정적으로 발휘되면 문제가 없으나 부정적으로 발휘되면 문제가 심각하다.

2005년 6월 19일 전방부대 GP에서 김 일병이 수류탄과 소총으로 8명을 숨지게 한 사건이 일어났다. 이때 네티즌은 김 일병의 주변 인물을 추적하는 광기를 보였다. 김 일병의 헤어진 여자친구까지 찾겠다고 나서는 네티즌들을 보면 스몰시스터의 폐해가 얼마나 심각한지 확인할 수 있다. 사건의 당사자도 아니고 그 사람의 옛 애인이었다는 이유만으로 함께 매도당하면서 인권을 침해받는다는 것은 엄청나게 가혹한 일이다. 아울러 김 일병과 나이가 같은 동명이인이 피해를 당한 사례도 속출했다. 동명이인의 미니 홈피에도 무차별적인 폭언과 테러를 가해 동명이인인 당사자들은 김 일병이 아니라는 해명글을 미니 홈피에 올릴 정도였다.

김 일병의 미니 홈피에 흔적을 남겼던 친구들은 물론 김 일병의 가족이나 친척 등 연관이 있는 사람들 모두에게 공격의 화살을 겨눴던 것이다. 이는 일종의 연좌제라고 할 수 있다. 그것도 아주 악의적인 연좌제에, 비이성적인 보복행위라고 할 수 있다. 이와 같이 스몰시스터들은 아주 당당하고 자연스럽게 그런 가혹한 행동을 저지르고 있다.

2005년 5월 8일 발생한 '대학생 장애아 폭행사건'이나 2005년 3월 30일 발생한 '서울대 도서관 폭행사건'에서도 해당 가해 학생의 학과와 실명이 공개되는 것은 물론, 가해 학생의 친구나 애인들에 대해서도 마녀사냥식 공격이 가해졌다. 스몰시스터들은 가해 학생과 관련된 정보를 찾아내자며 의지를 불태우기도 했다. 가해 학생의 주변 인물들은 스몰시스터들의 대대적인 공격에 무방비로 노출되어 인권을 침해당했다.

잘못을 저지른 사람이라 하더라도 인권을 무시해서는 안 된다. 잘못에 대한 대가는 치러야겠지만, 스몰시스터들의 무분별하고 무차별적인 공격이 정당화되어선 절대 안 될 것이다.

스몰시스터의 모든 폐해는 그들이 수다떨기를 지향하는 데서 기인한다. 수다를 떨기 위해선 이야깃거리가 필요하고, 좀더 쇼킹하고 특이한 이야깃거리일 때 수다는 왕성해진다. 그러나 이런 수다는 표현으로서의 커뮤니케이션이 아니라 배설이자 공격일 때가 많다.

이젠 누구나 인터넷을 통해 자신의 미디어를 가지고 있고, 그 미디어를 통해 사회를 감시하고 비판하며 자유롭게 수다를 떨 수 있다. 디지털 사회의 기술적 진화가 사람들을 스몰시스터화하는 것이다.

온라인에서 스몰시스터의 행동은 오프라인과 달리 제한이 없다. 게임이나 채팅을 하듯 도무지 진지하지 않고 즉흥적인 행동들이 걸러지지 않은 채 난무한다. 그런 행동이나 말들이 다른 사람들에게 막대한 영향을 끼치고 피해를 준다는 걸 모른다. 장난처럼 가볍게 시작했어도, 막상 당하는 사람은 살인적인 위험에 직면할 수 있다.

스몰시스터 개개인들이 이런 심각성을 깨닫지 못하고 즉흥적이고 공격적으로 행동하는 것은 매우 위험하다. 따라서 스몰시스터에게 이런 위험성과 심각성을 일깨워줄 방법을 찾아야 한다.

이젠 비밀이 없다. 뭐든 다 밝혀지고 드러나게 되어 있다. 어디서 무엇을 하든 다른 사람들의 눈에 띄게 마련이다. 텔레스크린의 사각이 줄어들고 있어 스몰시스터의 눈을 피하긴 점점 어려워졌다. 한번 실수는 병가지상사(兵家之常事)라고 했지만 이젠 한번 실수하면 바로 매장될 수 있다. 실수에 대한 용서, 관용이 사라지고 있기 때문이다. 스몰시스터들은 권력층을 견제하고 감시하는 동시에 개인도 견제하고 감시한다. 빅브라더를 통한 위에서 아래로의 감시와 함께, 스몰시스터를 통한 아래에서 위로의 감시, 그리고 수평적인 감시 등 디지털 사회는 전방위적인 감시가 난무하게 됐다.

빅브라더는 다듬어진 권력으로 주도된다. 반면 스몰시스터는 다듬어지지 않은 권력으로 주도된다. 빅브라더가 국가권력이라는 체계적인 시스템에서 이뤄지는 독재이자 통제라면, 스몰시스터는 불특정 개인의 행동으로 일어나는 자생적 행위다. 그렇기 때문에 스몰시스터에는 별의별 유형이 다 있다. 빅브라더의 위험은 예측이 가능하지만 스몰시스터는 예측이 불가능할 정도로 통제가 안 된다. 조직화되지 않은 개개인의 개별적 행위가 온라인을 통해 연결된 고리를 만들기 때문에 즉자적이면서 충동적이다.

이에 빅브라더에 맞먹을 스몰시스터의 위험성을 경고한다. 빅브라더를 견제해야 하는 스몰시스터가 스스로도 역기능을 제어하지 못하고 악화일로를 걷는다면 걷잡을 수 없는 상황에 빠질 수 있다.

빅브라더의 역기능과 스몰시스터의 역기능이 동시에 공존하는 이중고에 빠지면 우리 사회는 굉장한 위험에 처할 것이다.

빅브라더이건 스몰스시터이건 간에 순기능만 있을 수는 없다. 실제로 순기능보다는 역기능에 따른 폐해가 크다. 따라서 순기능을 더 강화하면서 동시에 역기능을 축소시키기 위해 노력해야 한다.

스몰시스터의 역기능을 축소하려면 인터넷 실명제, 인격권이나 초상권 강화, 사이버 비방에 대한 엄중한 법적 대처를 비롯한 각종 법적 기준 마련, 네티켓 교육 확산, 스몰시스터의 폐해 사례에 대한 연구 및 담론화, 인터넷 문화의 개선운동 확산 등의 방안이 필요하다. 이젠 대안 마련을 간과해서는 안 될 시기에 봉착한 것이다.

1인 미디어의 혁명 2
블로그와 미니홈피로 소통한다

디지털 시대의 놀라운 변화 중의 하나는 미디어의 혁명적 진화다. 이제 1인 미디어는 매스미디어에 대한 견제 역할을 하고 있다. 1인 미디어는 정보의 수동적 소비자였던 개인을 능동적 생산자로 바꿔놓았다. 블로그는 입소문 전파자 역할을 하는 효과적인 마케팅 도구로 활용되기도 한다.

디지털 시대는 수많은 다윗에게 힘을 불어넣고 있다. 각 분야의 다윗들이 해당 분야의 골리앗에게 과감하게 도전장을 던질 수 있고, 또 그 도전에서 긍정적인 성과를 거둘 수 있는 시대가 됐다. 물론 아직까지 골리앗의 아성은 높기만 하다. 하지만 결코 오르지 못할 나무가 아니다. 골리앗도 다윗을 굉장히 두려운 위협자로 여기고 있다. 이제 골리앗이 일방적인 주도권을 가지던 시대는 갔다.

다윗과 골리앗 대결의 예로는 시민권력과 정치권력의 대결, 벤처기업과 대기업의 대결, 1인 미디어와 매스미디어의 대결 등이 있다. 이들 모두 결코 만만치 않은 다윗의 추격에 골리앗이 바짝 긴장하는 형국이다. 다윗과 골리앗의 대결구도는 힘의 균형과 견제 면에서 아주 중대한 계기를 만들고 있다. 그동안 절대권력의 아성이던 여러 골리앗에게 다윗이 도전할 수 있는 환경이 조성되고 있다는 것만으로도 힘의 구도가 변화한 셈이다.

그 중에서도 가장 대표적인 다윗과 골리앗의 대결인 1인 미디어와 매스미디어의 대결에 대해 좀더 집중적으로 다루고자 한다. 다윗 중에서도 가장 작은 다윗인 1인 미디어가 절대권력을 가진 무소불위의 매스미디어와 대결을 펼치기 때문이다.

디지털 시대의 놀라운 변화 가운데 하나는 미디어의 혁명적 진화다. 미디어 기술이 진화함에 따라 미디어 산업이 급속도로 재편되고 있으며, 기존의 권력을 가진 매스미디어와 새로운 권력으로 부상하는 1인 미디어 간의 대결도 가시화되고 있다.

다윗과 골리앗의 대결은 누가 이기고 지고를 떠나서 다윗이 골리앗에 대적한다는 것 자체만으로도 의미가 크다. 결코 넘볼 수 없을 것 같던 절대권력 중의 하나인 매스미디어에 처음 1인 미디어가 도전장을 내밀었을 때 매스미디어는 눈도 깜짝하지 않았다. 그러나 인터넷이 새로운 환경을 만들어냄으로써 인터넷에서 활성화되는 1인 미디어가 대안적 매체이자 매스미디어에 대한 견제 매체가 되기에 이르렀다.

그렇다고 1인 미디어의 약진으로 매스미디어가 퇴락하는 건 아니다. 매스미디어는 새로운 환경에 적응할 것이며, 새로운 시대에 맞는 새로운 옷으로 갈아입고 이전 시대에 누렸던 권력을 그대로 유지할 가능성이 높다. 기술 측면에서 보면 매스미디어적 속성은 타깃미디어적 속성으로 진화힐 것이다. 더 이싱 불특징 다수를 겨냥한 광범위한 전달보다는 개개인의 특성과 요구에 맞는 좀더 개별화된 전달이 대세가 될 것이다.

그렇다면 미디어 혁명과 미디어 전쟁의 격변 속에서 승자는 과연 누가 될까? 필자는 개인적으로 1인 미디어의 손을 들어주고 싶다. 물론 여기서의 승리란 한쪽을 무너뜨리고 절대 강자가 되는 식의 승리가 아니라 미디어 권력에서 힘의 균형을 이루는 것을 의미한다. 절대권력인 매스미디어와 미미하고 개별적인 신생 권력인 1인 미디어가 힘의 균형을 이룬다는 것만으로도 다윗이 승리한 셈이다. 당장은 매스미디어의 힘이 워낙 막강해서 1인 미디어의 운신의 폭이 좁지만, 향후 1인 미디어는 매스미디어에 대한 대안적 미디어로서 강력한 힘을 발휘할 것이다.

블로그 문화가 먼저 형성된 미국의 경우에는 이미 매스미디어를 능가하는 대안적 미디어로서의 블로그들이 많이 있다. 이와 같이 다윗의 승리는 곧 골리앗의 새로운 변화를 촉구할 것이며, 새로운 미디어 환경에 맞게 다윗과 골리앗은 힘의 균형을 이룰 것이다. 또한 힘의 균형은 미디어 소통의 원활한 자유와 정보의 질적, 양적 확대를 가져올 것이다.

'블로그'란 '웹 로그(web log)'의 줄임말로, 보통 사람이 자신의 관심사에 따라 자유롭게 칼럼과 일기, 정보나 사진, 취재기사 등을 올리는 웹사이트를 말한다. 텍스트가 아닌 사진 이미지를 주로 올린다는 포토블로그, 모바일블로그를 지칭하는 모블로그 등 블로그 내에서도 다양한 유형이 계속 세분화되고 있다.

블로그 문화에서 한국이 가진 특수성은 텍스트 위주, 즉 정보 위주가 아닌 이미지 위주라는 점과 자체 생산한 정보보다는 펌한 정보를 나열한다는 점이다. 그래서 나온 것이 한국식 블로그라 할 수 있는 미니홈페이지다. 블로그보다 미니홈페이지에 더 열광하는 것을 보더라도 한국에선 대안매체 차원이 아니라 개인의 취미나 일상 등 개인적 관심사 위주의 문화공간 차원에서 블로그가 각광받고 있음을 알 수 있다.

싸이월드의 미니홈페이지는 2005년 11월 기준으로 가입자 수가 1,600만 명에 이르며 폭발적 관심을 이어가고 있다. 한때 한국에서 미니홈페이지 열풍이 한창일 때 중국과 일본에서 한국의 미니홈페이지를 모방한 사례가 있었다. 한국에서 선행 모델로 성공한 사례가 중국과 일본에서도 충분히 성공할 수 있기 때문이다. 물론 이러한 저작권을 침해하는 모방 사례 자체는 문제이나, 그만큼 미니홈페이지의 인기를 반증한 것이기도 하다.

싸이월드가 공식적으로 미니홈페이지 서비스를 중국과 일본에 진출하고 있어, 추후 한국의 미니홈페이지 문화가 중국과 일본의 디지털 문화에도 큰 영향을 미칠 것으로 예상된다. 싸이월드는 미국에도 진출할 준비를 하고 있다. 이는 한국에서의 문화적 선행 모델이 전 세계 인터넷 문화에도 큰 영향력을 미치는 사례로 검증될 것이다. 한국에서 검증되고 보편화된 디지털 문화는 곧 세계에서도 보편화된다는 전례가 공식화된다면 한국의 디지털 선도성은 더욱 힘을 발휘할 것이다.

블로그는 개인 미디어에 그치지 않고 효과적인 마케팅 도구로 활용되기도 한다. 유명 블로그 사이트에 광고를 게재하기도 하고 유명 블로거들을 입소문 전파자로 활용하기도 한다. 기업에서 특정 브랜드나 신상품이 나오는 시기에 맞춰 블로그를 직접 운영하는 경우도 늘고 있다.

블로그 마케팅을 가장 먼저 활용한 분야는 영화다. 이를 계기로 업종을 가리지 않고 확산되고 있는데, 기업에서 만들고 운영하지만 개인 미디어적 속성을 전면에 내세우기 때문에 개인 미디어에 익숙해진 소비자들에게 보다 친숙하게 다가가는 장점이 있다.

매스미디어에서도 블로그에 관심을 가진다. 주요 신문사마다 기자 블로그 서비스를 제공하고 있으며, 인센티브를 걸고 기자 블로그의 활성화를 유도하기도 한다.

기자 블로그는 엄연히 1인 미디어이긴 하지만 실상은 매스미디어가 뿌린 하나의 미디어 세포다. 특정 매스미디어의 기자가 매스미디어의 지원을 받아 블로그 활동을 하며 보여주는 정보는 해당 매스미디어에서의 취재 뒷이야기와 매스미디어에 싣지 못한 기사를 재활용한 경우가 많다. 따라서 기자 블로그는 기자의 1인 미디어이긴 하지만 기자가 소속된 신문의 논조를 가질 수밖에 없다. 그 기자는 이미 그 신문의 논조에 적응됐을 테고 그 신문의 테두리 안에서 제공되는 블로그 서비스인지라 그 신문의 논조를 위배할 수도 없다.

기자 블로그 중 가장 대표적인 것은 조선일보 유용원 기자의 블로그 '유용원의 군사세계'(bemil.chosun.com)다. 신문 속의 또 다른 매체라고 할 수 있을 만큼 파급력이 큰 블로그다. 군사정보를 다루는 이 블로그는 국방부 장성에서부터 군 일선 장교들까지 군과 관련된 사람들이라면 누구나 한번씩 찾아볼 만큼 유명해졌다. 2001년 8월 개인 홈페이지를 만든 이후 2005년 12월 말까지 누적방문자가

2,500만 명 정도에 이른다.

　기자 블로그는 개인공간이 아니라 매체적 속성을 가지는 공간이다. 따라서 기자 블로그에 담긴 기자의 개인적인 글에서도 미디어적 책임을 져야 할 필요가 있다. MBC의 이상호 기자가 자신의 블로그에 남긴 글은 '명품 핸드백' 파문을 일으켰고, 조선일보 문갑식 기자가 블로그에 남긴 글이 원인이 되어 '아나운서 비하' 파문이 일어나기도 했다. 기자 블로그에서의 미디어 책임이라는 문제가 본격적으로 제기된 사례다.

　미국에서는 백악관 출입기자증을 받은 유명 블로거도 있다. 블로거가 곧 매체임을 반증하는 예다. 실제로 전 세계에서 주요 사건이 생길 때마다 블로거는 효과적인 매체 역할을 하고 있다. 취재가 힘든 전쟁이나 각종 분쟁지역에서도 그 지역에 사는 네티즌들이 블로그를 통해 새로운 정보를 생산하고 있기 때문이다. 지극히 자발적이고 지극히 개인적인 행위지만, 그것이 가지는 파급력은 여느 매체에 비해 떨어지지 않는다.

　한국의 블로거들은 대개 직접 생산한 정보를 다루기보다 펌으로 긁어온 정보를 다룬다. 직접 생산한 정보는 지극히 개인적인 경우가 많다. 미니홈페이지를 포함한 블로거의 숫자로 보면 세계 최고 수준이지만 블로거들이 생산해내는 정보의 가치는 그 양에 미치지 못한다.

　뿐만 아니라 긁어오는 정보는 곧 정보 비만으로 이어지고, 난무하는 정보로 인해 인지과부하가 생긴다. 긁어오는 정보는 인터넷의 연결성을 무시한 행위다. 연결돼 있는데 굳이 자신의 공간까지 긁어올 필요가 없다. 그런 것 자체가 아날로그적 발상이다. 자신의 손에 쥐어야 하는 아날로그적 소유문화가 디지털 문화에 섞여 나온 것이다. 디지털을 받아들일 때 기술과 문화를 함께 받아들여야 하는데, 아직 기술만 받아들이고 문화는 아날로그 문화에서 벗어나지 못한 상황에서 발생한 과도기적 문화지체현상이라 할 수 있다.

1인 미디어란 미디어가 가진 역할을 개인이 수행하는 것을 의미한다. 사실 개인이 미디어를 만들어낸다는 것은 쉽지 않은 얘기다. 기술적으로나 상업적으로나 한계가 있는 데다 전문성, 정보의 정확성, 객관성 등이 문제가 될 수 있기 때문이다.

하지만 인터넷의 확산은 개인의 영향력을 점차 확대시키고 있으며, 수동적이고 소비적인 개인에서 능동적이고 생산적인 개인으로 변모시켰다. 이 점이 바로 1인 미디어가 활성화된 결정적 계기다.

자신의 미디어를 가진다는 것, 자신의 관심사나 하고 싶은 얘기를 맘껏 떠들 수 있는 공간을 가진다는 것은 상당히 매력적이다. 초기 인터넷이 보급되면서 가장 먼저 확산됐던 것 중의 하나가 바로 개인 홈페이지였다. 누구나 제약 없이 인터넷상에서 자신만의 공간을 가질 수 있다는 것에 매력을 느낀 수백, 수천만의 사람들이 너도나도 개인 홈페이지를 만들었다.

그런데 개인 홈페이지를 운영하기 위해서는 알아야 할 기본 지식과 기능들, 그리고 시간과 노력이 만만치 않다. 그러다 보니 많은 개인 홈페이지가 업데이트되지 못한 채 아무도 들어가지 않는 폐가로 방치되고 있다.

물론 개인 홈페이지는 자신만의 고유 도메인을 가질 수 있고 전문적이고 방대한 구성이 가능하다는 장점이 있다. 그러나 개인에게는 보다 편리하고 쉬운 1인 미디어가 필요했다. 그 후에 쉽고 편리한 블로그가 확산되면서 누구나 자신만의 미디어를 가질 수 있는 시대를 맞이한 것이다.

한 조사에서는 대학생 중 98.7%가 1인 미디어를 가지고 있는 것으로 나타났으며, 57.8%가 2개 이상의 1인 미디어를 가지고 있는 것으로 드러났다.

과거에도 1인 미디어가 없었던 것은 아니다. 하지만 개인이 미디어를 생산하고 운영한다는 것은 결코 쉬운 일이 아니다. 분명 과거에도 그 형태나 시도가 존재하긴 했지만 인터넷이 확산되면서 비로소 1인 미디어라는 것이 제대로 인식되기 시작했다.

인터넷 1인 미디어가 가지는 가장 큰 장점은 자신만의 얘길 맘껏 할 수 있는 자유로운 언로를 보장받는 데 있다. 네티즌의 반응을 즉각적으로 확인할 수 있다는 쌍방향성도 장점이다. 아울러 상업성에 제약을 받을 필요도 없으며 제작 및 배포비용이 거의 들지 않거나 상대적으로 저렴하다는 것도 장점이다.

물론 단점도 있다. 자유롭게 개인의 목소리를 쏟아내다 보니 걸러지지 않은 유언비어나 부정확한 정보가 난무하고 욕설이나 음란성이 짙은 정보도 무방비로 노출된다. 또한 1인 미디어에 지나치게 집착하는 일종의 폐인이 생겨날 수 있다는 것도 단점이다.

1인 미디어는 정보의 수동적 소비자로만 인식되던 개인을 능동적 생산자의 역할로 바꾸어놓았다. 이는 개인이 정보를 소비하는 면에서 보다 적극성과 능동성을 띠게 만들었고, 아울러 정보의 일방적

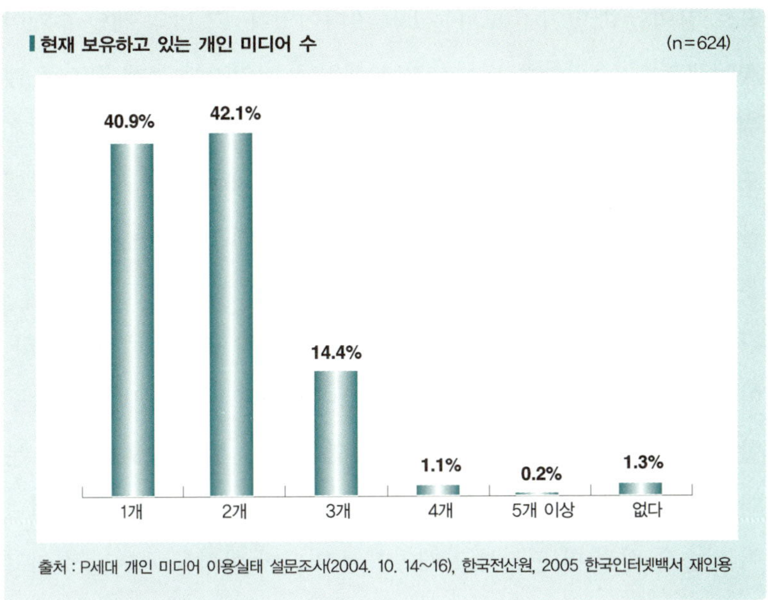

출처 : P세대 개인 미디어 이용실태 설문조사(2004. 10. 14~16), 한국전산원, 2005 한국인터넷백서 재인용

유통문화는 급속도로 사라져 조직의 힘에 비해 절대적 열세였던 개인의 힘이 점차 커지게 되었다. 또한 1인 미디어는 개인의 신변잡기를 다루는 것에서 진일보하여 사회적인 문제도 자유롭게 발언하는 여론형성의 기능도 수행하고 있다.

1인 미디어가 정보유통을 위한 새로운 통로로 활용되고 새로운 대안언론으로 활용되는 것은 상당히 긍정적인 현상이다. 1인 미디어는 인터넷에서 드러난 하나의 이슈라기보다 디지털 시대 전반에서 드러나는 개인가치 향상이라는 문화 코드로 해석할 수 있다.

1인 미디어를 통해 새로운 기회를 만들어낸 경우도 많다. 시민기자의 힘을 떨친 인터넷 뉴스매체 〈오마이뉴스〉도 초기에는 1인 미디어적 속성을 가졌다. 지금이야 규모가 커졌지만, 초기에는 자발적으로 참여한 개인이 주도하는 1인 미디어였다. 그 밖의 개인 홈페이지에서 전문 쇼핑몰로 변신하거나 개인 홈페이지를 통해 작가로 데뷔하는 등 1인 미디어를 통해 새로운 미디어 권력을 잡기도 한다. 또한 유명인사가 되어 영향력을 발휘하거나 새로운 비즈니스 모델을 만들어낸 경우도 수없이 많다. 이들에게 1인 미디어는 분명 새로운 기회임에 틀림없다.

1인 미디어의 확산은 정보와 미디어 권력의 분산으로 이어진다. 아울러 1인 미디어의 발전은 곧 매스미디어의 새로운 발전을 촉구할 것이며, 1인 미디어와 매스미디어의 상호 균형은 향후 미디어 문화의 긍정적 축으로 작용할 것이다. 앞으로 우리가 맞을 첨단 미디어 기술은 점점 더 편리하고 개인화된 미디어 환경을 구현할 것이고 미디어 산업도 점점 다양한 영역에 이르기까지 확산될 것이다. 미디어의 진화는 계속될 것이고 보다 다양한 분야에서 다윗과 골리앗의 대결이 이어질 것이다.

포털사이트
새로운 권력으로 부상하다 3

네티즌들이 뉴스를 가장 많이 접하는 공간은 포털사이트다. 하지만 포털사이트는 클릭 수를 높이기 위해 기사와 동떨어진 자극적인 제목을 뽑거나 선정적인 내용을 주로 다룬다. 콘텐츠에 대한 링크를 제공하는 것이 포털사이트 본연의 기능이지만 지금은 극도로 상업적인 편집권을 휘두르는 기형적 행태를 드러내고 있다.

신문과 방송의 미디어 권력에 이어 포털사이트의 미디어 권력이 가시화되고 있다. 포털사이트의 영향력은 신문과 방송의 미디어 권력을 능가하며, 뉴스 부문에서는 신문과 방송을 하나의 정보원으로 둘 정도로 권력의 집중화가 심화되고 있다. 따라서 포털사이트의 미디어 권력화를 경계하는 목소리가 점점 커지고 있다.

포털사이트가 전체 미디어의 뉴스 콘덴츠를 모아 제공하는 편리함을 상쇄시키고도 남을 만큼 포털사이트 뉴스의 미디어 권력화는 심각하다. 포털사이트에서는 뉴스가 가지는 사회적 역할이나 공익성, 정보의 심층성과 신뢰성이 점점 퇴색하고 선정성과 속보성만 득세한다. 뉴스의 편향성과 정보편식성도 문제다. 더욱 안타까운 점은 포털사이트의 이런 행태에 네티즌들이 점점 길들여지고 있다는 것이다. 자극적이고 선정적인 뉴스에 중독된 네티즌들이 급속도로 늘어나고 있다. 아울러 포털사이트가 뉴스의 유통 공간에 그치지 않고 네티즌들의 뉴스 소비문화를 주도하면서 기존의 저널리즘에 영향력을 미치는 것도 위험한 현상이다.

인터넷 광고 미디어랩사인 나스미디어(www.nasmedia.co.kr)가 2005년 3월에 5,000명의 네티즌을 대상으로 뉴스 이용 방식을 조사한 결과, 응답자 중 85.7%가 포털을 통해 뉴스를 얻는 것으로 나타났다. 반면 신문사 사이트를 이용하는 비율은 10.3%에 불과했다. 포털사이트는 가장 중요한 뉴스 소비공간인 셈이다. 미디어다음의 경우는 2005년 11월 말 기준으로 하루 페이지뷰가 1억 3,500만 건 정도라고 한다. 전체 포털사이트의 뉴스 페이지뷰는 하루 수억 건에 이를 정도다.

포털사이트 뉴스에 신문사, 방송사, 통신사, 인터넷 매체 등을 통해서 들어오는 뉴스 공급량은 일일 기준 4,000~1만 여 건 정도고, 그 중에서 뉴스 게재량은 일일 200~500건 정도다. 뉴스미디어가 보도가치를 선별하는 게이트키핑을 거쳐 만들어낸 뉴스를 포털사이트가 2차적으로 게이트키핑하여 사용자에게 보여준다.

그렇다면 포털사이트로 공급되는 수많은 뉴스 중에서 게재할 뉴스를 선별하는 기준은 무엇일까? 포털사이트는 게이트키핑 과정에서 얼마나 많은 사람이 클릭을 할 것인지를 먼저 파악한다. 클릭 수는 곧 광고단가와도 직결되기 때문이다. 따라서 클릭 수를 늘리기 위해 기사와 동떨어진 자극적인 제목을 뽑기도 하고, 독사가 선호하는 선정적인 내용을 중심으로 다루기도 한다.

그렇기 때문에 인터넷 사용을 가장 많이 하는 10~30대가 주요 타 깃일 수밖에 없다. 그들이 관심을 가질 뉴스를 우선적으로 제공해야 더 많은 클릭 수를 확보할 수 있기 때문에 자연스럽게 사회적인 이슈나 정치적 문제보다는 연예인 스캔들이나 연애, 돈벌이, 취업, 입시 등의 문제를 우선적으로 다룬다. 신문에서 1면 톱으로 올라온 굵직굵직한 기사들도 인터넷에서는 찾아보기 힘들 때가 많다. 포털사이트를 운영하는 기업에 불리한 기사는 포털사이트 뉴스에서 다루지 않거나 설령 다룬다 하더라도 아주 작게 다루기 십상이다. 포털사이트에 온라인 광고를 게재하는 광고주와 관련한 기사에서도 비슷하게 적용될 개연성이 있다. 오히려 구석에 있던 가십 기사나 자극적인 기사들을 인터넷에서는 전면에 중요하게 배치해 다루는 경우가 많다. 때문에 정작 중요한 뉴스는 뒤에 묻혀 관심권 밖에 밀려나기 일쑤다.

이 때문에 우리가 굳이 알지 않아도 될 뉴스에도 노출된다. 자극적인 뉴스라면 관심사 밖이라 하더라도 클릭하게 되는 것이다. 연예인 X파일의 실질적인 유포자는 포털사이트라고 해도 과언이 아니다. 연예인 X파일에 대한 뉴스를 전면에 배치하여 네티즌들의 이목을 집중시키는 것도 모자라 별도 섹션을 두고 집중적으로 다루면서 네티즌의 클릭 수를 급증시켰기 때문이다.

영화배우 이은주 씨가 자살했을 때 포털사이트 뉴스에서는 자살 관련 뉴스로 도배를 했고, 심지어 퀴즈 문제로 자살한 영화배우를 묻기도 했다. 이처럼 사회적 관심사를 선정적이고 말초적이며 자극적인 화제로 유도하는 데 앞장서고 있는 것이 포털사이트의 뉴스라고 해도 과언이 아니다.

역시 유통의 힘이 강하다는 것은 뉴스에서도 드러났다. 유통의 힘이 너무 강하면 유통에 의해 생산이 지배당할 수밖에 없다. 팔릴 만한 것을 중심으로 유통을 하면 생산자 또한 팔릴 만한 것을 중심으로 생산한다. 이는 뉴스 콘덴츠에서 심각한 폐해로 드러난다. 사회적 의제설정이나 사회적 담론, 여론에서의 공익성은 배제한 채, 실용적인 관심사와 상업적 속성에만 지배를 받는 뉴스미디어 문화가 형성될 수 있기 때문이다.

실제로 이는 자극적인 기사를 공급하는 옐로우저널들을 확대시킨다. 최근 소규모 온라인 저널들이 급증하면서 포털사이트 뉴스의 정보공급원으로서 역할을 수행하기도 한다. 그들의 기사는 보다 자극적이고 보다 흥미 위주의 말초적인 콘텐츠를 생산하기에 급급하다. 물론 그들의 기사는 포털사이트의 뉴스 면에서 아주 효과적으로 활용된다. 포털사이트의 상업적 미디어 권력과 옐로우저널리즘은 찰떡궁합을 이루고 있는 셈이다.

외국에서는 뉴스미디어가 포털사이트에 뉴스 콘덴츠를 넘겨주는 일이 없다. 대개 포털사이트에서 뉴스 제목을 보고 클릭하면 바로 해당 뉴스미디어 사이트로 이동해서 볼 수 있다. 포털사이트의 뉴스가 단지 뉴스미디어의 경로 역할에만 충실한 것이지, 우리나라와 같이 강력한 편집권을 갖지는 않는다.

원래 뉴스미디어는 뉴스 콘덴츠를 생산하고 편성할 때 사회적 의제 설정과 공익성을 고려할 수밖에 없다. 반면 포털사이트의 뉴스는 뉴스미디어에서 공급받은 콘텐츠를 상업적인 차원에서 제공하게 된다. 포털사이트의 수익은 인터넷 광고에서 비롯되는데, 클릭 수가 곧 광고비의 기준이자 매출의 척도가 되기 때문이다.

오프라인 신문구독은 점점 줄어들고 TV 시청시간도 점점 줄어들고 있다. 오프라인 미디어의 뉴스 권력은 점점 줄어드는 반면, 온라인의 뉴미디어인 포털사이트는 새로운 뉴스 권력으로서 그 힘을 더욱 강고히 하고 있다.

뉴스미디어는 자체적인 인터넷신문 서비스를 하고 있음에도 불구하고 자신이 생산한 뉴스를 포털사이트에 싸게 공급함으로써 스스로 발목을 묶고 있는 셈이다. 포털사이트가 수십 종의 신문을 모두 통합해 제공하므로 사용자 입장에서는 개별 신문사의 인터넷 신문을 보는 것보다 포털사이트의 뉴스를 보는 게 훨씬 편리하다. 결국 기존의 뉴스미디어는 오프라인에서의 영향력도 줄어들고 온라인에서의 영향력도 포털사이트에 밀리면서 포털사이트에 뉴스를 공급하는 정보원의 역할로 전락할 수도 있다. 자체적인 인터넷 뉴스서비스 공간이 있음에도 불구하고, 콘텐츠 링크에 대한 연결권이 아닌 활용권 자체를 넘겨주는 것은 신문을 비롯한 오프라인 미디어 산업의 미래를 더욱 불투명하게 만들고 있다.

포털사이트의 역할은 관문이자 경로로서 뉴스미디어의 콘텐츠에 대한 링크를 제공하는 것이다. 그러나 지금은 포털사이트가 뉴스미디어의 콘텐츠를 공급받아 극도로 상업적인 편집권을 휘두르는 기형적 행태를 드러내고 있다. 네티즌의 입장에선 기존의 뉴스미디어가 포털사이트에 뉴스 콘텐츠를 공급하는 하나의 정보원으로 인식될 뿐이다. 더 이상 뉴스미디어가 사회적 의제 설정이나 공익성에 기여하지 못하고 상업적인 콘텐츠와 같은 취급을 받는다면 심각한 사회적 문제를 야기할 것이다. 뉴스미디어는 단지 산업으로만 바라봐서는 안 된다는 인식이 포털사이트를 기점으로 한 온라인 저널리즘에서도 통용돼야 할 것이다.

오프라인에서 대기업의 언론사 소유는 비판하면서도 정작 온라인 대기업이 주도하는 포털사이트의 뉴스미디어 권력화는 방관하고 있다. 기존의 뉴스미디어들은 사회적 책임과 각종 통제 및 규제를 받고 있다. 모두가 뉴스의 신뢰성과 사회성, 공익성 때문이다. 그런데 포털사이트는 뉴스의 최대 유통자이면서도 그런 사회적 책임이나 통제와 규제로부터 자유롭다. 그런 자유가 포털사이트를 미디어 권력으로 만드는 근간은 아닌지, 포털사이트의 뉴스가 상업적인 속성에만 치우치는 행태를 방조하는 원인이 되는 것은 아닌지 판단해 볼 시점이다.

따라서 사회적 책임과 통제, 견제가 더 늦기 전에 제기돼야 한다. 더 이상 방치하면 포털사이트의 미디어 권력은 통제하지 못할 정도로 강력해지고, 뉴스는 신뢰성을 잃어버린 채 상업성에만 매달리는 폐해가 더욱 심각해질 것이다.

최근에는 포털사이트가 많은 비판을 받고 사회적 견제의 조짐이 보이자 자정의 움직임을 보이고 있다. 2005년 4월말 포털 5개사(다음커뮤니케이션스, NHN, 엠파스, 야후코리아, KT)는 '포털 뉴스 운영과 편집에 대한 공동 기준'을 발표한 바 있다. 이 안은 사회적 이슈에 대한 다양한 시각 제공, 인격권과 명예훼손 여지가 있는 기사 지양, 건전한 인터넷 댓글로 네티켓 정착, 실시간 소통 쌍방향 뉴스 강화 등을 주요 내용으로 한다. 포털사이트의 이런 시도는 긍정적이나, 궁극적으로 포털사이트 뉴스가 새로운 미디어 권력으로 부상하는 것에 대한 견제책은 아직 없는 상태다. 그리고 당분간 포털사이트의 미디어 권력화는 거스를 수 없는 대세라 할 수 있다.

실제로 포털사이트들이 발표한 기준이 제대로 지켜질지도 미지수다. 아무리 그들이 자정능력을 발휘한다고 해도 포털사이트의 구조상 상업적이고 권력적인 속성을 계속 드러낼 수밖에 없다. 그리고 그들만 믿고 맡겨둘 만큼 온라인의 미디어 권력은 대수롭지 않은 존재가 아니다. 사회적으로도 가장 중요한 권력의 하나며, 영향력과 파급력에서도 그 중요성은 더욱 커지고 있다.

현재로서는 그 권력의 중심에 포털사이트가 가장 근접하고 있는 것만은 분명하다. 포털사이트 뉴스를 기존의 미디어와 동일한 잣대로 바라보고 미디어 비평의 대상으로 삼아야 하며, 포털사이트의 미디어 권력화를 견제하는 장치를 마련해야 한다. 이와 동시에 포털사이트 뉴스는 사회적 책임과 공익성을 담보해야 하며, 뉴스 수용자들의 수용태도와 뉴스 소비문화도 프로슈머적 관점으로 변화해야 한다.

4 프리터족
더 이상 조직은 싫다!

그동안 조직에 치우쳤던 권력의 무게 중심이 개인으로 이동하고 있다. 디지털이 가져다준 기술적 혜택은 개인의 가치를 발휘하기에 좋은 환경을 조성하고 있다. 개인주의가 심화됨에 따라 조직생활에 적응하지 못하거나 스스로 조직생활을 거부하는 사람들이 늘어나고 있으며, 1인 기업의 형태도 급증하고 있다.

역사상 디지털 시대만큼 개인의 힘이 강해진 시대도 없을 것이다. 그동안 조직에 치우쳤던 권력의 무게 중심이 개인으로 서서히 이동하면서 1인 미디어의 힘도 커지고 개인이 미치는 사회적 영향력도 점차 커지고 있다. 더불어 개인 브랜드를 중요시하게 됨에 따라 자기계발에 대한 필요성도 커졌다. 더 이상 조직에 기대지 않고 독자적으로 경쟁력을 키우는 개인이 증가하고 있는 것이다.

아울러 개인은 단지 1인이라는 의미에 그치지 않고, 개인 중에서도 자신, 즉 나를 중심으로 모든 것을 재편한다. 결혼, 출산, 직장 등 모두 나 위주로 선택함으로써 주체적인 개인이 급증하고 있다. 이와 함께 가족 위주의 패러다임이 붕괴되고 독신가구가 증가하며, 출산율이 저하되는 현상이 수반된다. 또한 디지털 기술이 혼자 살기 편한 세상을 만들고 있다. 생활의 편의뿐 아니라 디지털 사고방식이 가져다준 개인화 트렌드의 영향이다.

조직문화에서도 개성이 강한 1020세대를 과거의 틀 속에 맞춰 인위적으로 통합하고 획일화시키는 것에 크게 반발한다. 실제로 기업의 조직문화를 비롯해서 다양한 공간에서 개인을 배려하는 조직문화로 서서히 변모하고 있다. 따라서 개인의 힘이 강해지면서 기존의 조직문화도 큰 변화를 시도하고 있다.

과거와 같은 수직적인 위계구조가 더 이상 힘을 유지하기 어려워지자 개인에 대한 배려나 개인적 가치를 높일 수 있는 조직문화가 제기되고 있다. 획일적 집단성에 의존하고 조직적 가치를 우선하며 개인적 가치를 인정치 않던 과거의 조직으로는 한계에 봉착한 것이다.

요즘 대기업에서 가장 고민하는 것 중의 하나가 신입사원 관리문제다. 입사한 지 1년 이내에 퇴사하는 비율이 높아 문제가 될 정도라고 한다. 개인주의에 익숙한 젊은 세대로서는 기존의 조직문화에 적응하는 게 생각보다 쉽지 않을 수 있다. 그래서 기업에서는 기존의 조직문화를 변화시키기 위해 디지털 세대를 이해하려고 노력한다.

이와 같은 현상은 개인의 사회적 지위가 이전 시대에 비해 높아졌기 때문에 나타난다. 개인이 생산의 주체가 되기도 하고, 트렌드의 주체가 되기도 하며, 여론과 정치문화의 주체가 되기도 한다. 더 이상 조직에 기대지 않고서도 충분히 자신의 능력을 발휘하고 사회적 생산성을 창출할 수 있는 환경이다 보니 조직에 대한 매력이 점점 떨어지는 것이다.

이전 세대들은 조직이 개인을 보호하고 더욱 성장하게 만드는 울타리라고 생각한 반면 디지털 세대는 그 역할을 온전히 개인에게로 돌린다. 조직을 더 이상 믿을 수 없어서 그렇다고 해석할 수도 있고 자아가 좀더 강해져서 그렇다고 해석할 수도 있다. 디지털 세대는 그 이전 세대에 비해 분명 좀더 현실적이고 동시에 좀더 영악하다.

믿을 건 오직 자기 자신뿐인 시대가 되면 더더욱 자기계발에 투자할 수밖에 없다. 조직이 개인을 지켜주지 못하므로 스스로 자신을 지켜야 한다. 공부하는 직장인을 의미하는 '샐러던트' 라는 말이 확대된 것도 이런 영향이며, 재테크에 대한 사회적 관심이 증폭한 것도, 직장인들의 자기계발 열풍이 대학생들에게까지 확산된 것도 마찬가지다.

조직에서 개인으로 권력이 이동하면서 개인의 영향력이 커짐과 동시에 개인의 이미지와 가치를 만들어나가는 PI(Personal Identity)의 중요성도 커지고 있다. 개인 브랜드 가치를 높이고 개인 이미지를 개선시키는 것을 온전히 개인의 역할로만 규정하지 않고, 관련 전문가나 PI 컨설팅사에서 이를 산업적으로 해결해주는 역할을 하게 될 것이다.

따라서 향후에 떠오를 산업 중의 하나가 바로 PI 산업이며 그와 관련한 정보와 상품, 서비스는 점차 확대될 것이다. 한 예로, 미국에선 라이프컨설턴트라는 직업이 등장했다. 바쁜 현대인들에게는 모든 일상 생활에서 부딪히는 문제점을 해결해주는 컨설턴트가 필요하다. 혼자 모든 걸 처리하던 시대에서, 자신은 좀더 집중할 분야에 투자하고 그 외 나머지 역할은 해당 전문가에게 관리를 받는 문화가 형성될 것이다.

따라서 라이프컨설턴트를 통해서 전방위적인 관리를 받거나, PI 컨설턴트를 통해 자신의 개인가치와 브랜드를 관리받는 트렌드가 확산될 것이다. 개인이 온전히 자신을 감당하고 관리해야 하는 시대에, 그것을 지원해줄 산업이 생기는 것은 당연한 이치다.

이제 공간적인 개념으로서의 직장은 서서히 힘을 잃고 1인 기업은 점점 힘을 얻을 것이다. 그동안 1인 기업은 주로 자영업에 치우쳤다. 하지만 디지털 시대의 1인 기업은 자기 자신이 바로 상품이자 브랜드다. 이는 지식정보산업과 관련된 1인 기업이 확대될 것임을 의미한다.

1인 기업가의 등장은 이미 대세가 되었다. 더 이상 조직이 조직원을 보호해주지 못하는 상황이다. 조직에서 개인으로 이동하는 권력의 축에 개인이 주체적으로 다가서지 못하면 결국 스스로 도태될 수밖에 없다.

지식노동은 조직화된 틀 속에서 개인을 탈피시킬 수 있다. 육체노동은 조직화된 틀 속에서 생산성이 높은 반면 지식노동은 개인의 자발성과 창의력을 극대화시킬 때 생산성이 높다. 따라서 지식노동자의 증가, 지식정보산업의 성장은 조직형 인간을 개인형 인간으로 전화시키는 데 많은 영향을 준다.

프리터족이 점점 늘어나는 것은 조직이 아닌 개인에 무게중심을 두기 때문에 나타나는 현상이다. 프리터(Freeter : Free+Arbeiter의 합성어)족 중에는 직장에 들어가지 못해 어쩔 수 없이 비정규 아르바이트를 하는 비자발적 프리터도 있다. 하지만 최근에는 스스로 조직에 소속되는 걸 거부하고 프리터가 되는 자발적 프리터족이 급증하고 있다.

대기업에 다니다가, 혹은 탄탄한 직장에서 오래 일하다가 조직을 박차고 나와서 프리터족에 합류하는 사례는 더 이상 놀랄 일이 아니다. 2005년 10월 14일자 〈문화일보〉 기사에 따르면 국내에만 최소 10만에서 30만 명의 프리터족이 있다고 한다. 개인주의가 심화되는 시대에 조직생활에 적응하지 못하는 사람과 스스로 조직생활을 거부하는 사람이 급증하고 있으며, 1인 기업의 형태로 조직이 아닌 개인이 산업적 가치를 가지는 경우도 급증하고 있다.

1인 기업가와 더불어 하이퍼 휴먼(hyper-human)도 디지털 시대에 개인이 지향해야 할 대상이다. 디지털 기술과 기계문명이 인간의 생산성을 극대화시키는 동시에 인간의 능력을 기계로 대체하고 있다. 이런 상황에서 생존하려면 개인은 하이퍼 휴먼이 돼야 한다. 블루칼라에서 화이트칼라, 화이트칼라에서 골드칼라로 변하는 인재상의 축에는 지식노동이 있다. 자신만의 독창적인 지식노동능력이야말로 최고의 경쟁력이다.

하이퍼 휴먼은 세계미래학회(WFS)에서 발간하는 미래 전문지 〈퓨처리스트〉의 '2005년판 10대 미래 예측'에서 처음 언급됐던 미래 전망 이슈다. 직관이나 상상, 창의력, 친밀감, 감수성 등 기계화하기 어려운 역량을 가진 사람을 하이퍼 휴먼이라고 명명하고, 이러한 하이퍼 휴먼이 미래사회에 가장 각광받는 인재상이 될 것이라고 전망하고 있다.

사실 하이퍼 휴먼은 인간에게 더 많은 능력을 요구한다. 이제 기능적인 역할은 기계가 대신할 것이므로 기계가 대신하지 못할 창조적인 역할에 집중해야 한다. 그러나 창조적인 역할이라는 게 결코 쉽지 않다는 게 문제다. 따라서 하이퍼 휴먼이 될 수 있는 개인이라면 향후에 충분히 경쟁력을 가지겠지만 그렇지 못하다면 심각한 위기에 직면할 것이다.

안타까운 것은 입시 위주의 한국식 교육으로는 하이퍼 휴먼을 육성하기가 쉽지 않다는 것이다. 입시 위주의 교육은 조직의 틀 속으로 들어가는 것에 초점을 맞추고 있다. 획일적 입시교육이나 취업관련 교육문화는 한계가 분명하다. 따라서 전면적인 교육문화를 혁신하지 않으면 하이퍼 휴먼은 환상 속의 뜬구름이 되기 쉽다.

디지털 시대에 개인의 힘만으로 자신의 가치를 발현하려면 좀더 능력을 키우고 전문성을 갖추어야 한다. 아무리 PI 컨설팅을 통해 개인의 가치를 극대화시킨다고 하더라도 기본적으로 개인의 능력이 부족하거나 전문성이 없다면 한계가 있다.

따라서 조직의 시대가 가고 개인의 시대가 온다는 얘기는, 개인에게 더 많은 학습의 과제를 주는 셈이다. 조직 속에서의 개인일 때보다 그냥 온전히 개인일 때 더 많은 경쟁력이 필요하다. 따라서 개인의 시대가 됐다는 것은 더 치열하고 냉험한 현실에 대응할 무기를 만들어야 한다는 동기부여의 기회로 바라봐야 한다. 분명 개인의 시대가 도래한다는 것은, 누구에겐 기회이겠지만 누구에게는 위기가 될 것이기 때문이다.

5 프로슈머 전성시대
소비자의 생산자 길들이기

디지털 시대에는 생산과 소비의 이중적 분리구도가 점점 사라지고 소비자의 요구에 따른 생산이 보편화된다. 따라서 기업도 프로슈머 마케팅을 확대하고 프로슈머들의 입소문을 적극적으로 활용한다. 공동 구매, 맞춤형 생산과 같이 소비자가 생산과 소비에 적극적으로 개입하며, 안티 사이트, 온라인 불매운동 등을 통해 적극적으로 소비자운동에 참여한다.

무소불위의 절대권력을 가진 생산자, 수동적이고 한없이 나약하기만 한 소비자가 통용되던 시대는 역사 속으로 사라질 것이다. 이제 생산자를 주도하는 소비자가 등장하고 생산과 소비를 병행하는 중간자들도 등장한다. 일방적 생산에서 소비자 참여적 생산으로, 수동적 소비에서 능동적 소비로 변화하고 있다.

아날로그 시대에는 생산과 소비가 분리되고 생산의 일방성을 소비가 그대로 수용했다. 그러나 디지털 시대에는 생산과 소비의 이중적 분리구도가 사라지고, 소비자의 요구에 따른 요구형 생산이 보편화된다. 특히 정보와 콘텐츠 면에서는 소비자가 직접 생산에 참여할 수 있고 독자적인 생산과 유통도 할 수 있어 이미 생산과 소비의 분리구도가 급격히 사라지고 있다.

소비자가 직접 인터넷에서 원하는 제품에 대한 사항을 구체적으로 요구하면, 이를 공급자가 만들어서 공급하는 방식으로 소비가 변함에 따라 생산방식도 소품종 다량생산에서 다품종 소량생산 방식으로 변하고 있다. 더 이상 공급자가 중심인 시장이 아니라 소비자가 중심인 시장으로 발전할 것이다. 이는 공급자의 권리가 사라지고 소비자의 권리만 부각된다는 것이 아니다. 아날로그 시대에 일방적으로 공급자의 권리만 보장받던 것에서 이제는 소비자의 권리도 동시에 보장받는 것을 의미한다.

소비는 물론 제품개발, 유통과정에도 직접 참여하는 소비자를 '프로슈머(prosumer)'라고 한다. 이 용어는 미래학자 앨빈 투플러가 그의 저서 《제3의 물결》에서 '공급자(producer)'와 '소비자(consumer)'를 합성해 사용한 것으로, 생산적 소비자를 뜻한다.

프로슈머는 마케팅 방식에서 처음 도입됐다. 소비자가 단순히 물건을 구입하는 데 그치지 않고 다양한 방식으로 참여해 소비자의 요구를 제품과 판매방식에 반영하는 프로슈머 마케팅은 소비자와 생산자 모두에게 좋은 마케팅 방법이다.

생산자는 소비자들의 신선한 의견이나 아이디어를 참고할 수 있어서 좋고, 소비자는 자신이 요구하는 부분이 제품에 반영돼 좋은 반응을 얻고 있다. 과거에는 기업이 소비자들의 욕구를 먼저 파악한 후 신제품을 개발했다. 그러나 이제는 고객만족 경영전략을 도입해 소비자가 직접 상품개발을 요구하고 아이디어를 제안하면 기업이 이를 받아들여 신제품을 개발한다. 컴퓨터, 가전, 가구, 의류와 관련된 기업에서 공모작품을 통해 적극적으로 소비자의 아이디어를 수용한 사례가 있으며, 소비자의 취향을 살린 자가조립방식의 DIY(Do It Yourself) 상품도 대표적인 프로슈머 마케팅이라 할 수 있다.

프로슈머 마케팅은 인터넷쇼핑몰 등 직접 상품을 보지 못하고 물건을 사야 하는 비(非)대면 거래의 단점을 보완하기 위한 수단으로 적극 활용됐다. 따라서 인터넷에서 이루어지는 상품거래는 소비자가 결정한 가격에 생산자가 응찰하는 역경매방식나 다양한 형태의 경매 및 공동구매를 통해 이루어지며, 소비자들은 상품평이나 상품에 대한 의견교환 등을 통해 생산과 판매에 적극 참여하고 있다.

2005년 5월, 산업자원부는 프로슈머 페스티벌을 개최했다. 프로슈머를 위한 페스티벌이 개최된 것은 국내에서는 최초이며, 그것도 정부에서 주최한 행사였다는 점에서 의미가 크다. 산업자원부는 페스티벌을 비롯해 프로슈머 포털사이트를 만들고, 프로슈머의 수를 확대하기 위한 프로슈머 육성책을 마련하겠다고 발표한 바 있다. 이는 적극적인 소비자 활동의 일환인 프로슈머를 정부가 적극적으로 육성하겠다는 것으로, 프로슈머가 사회적으로 보편화되었음을 대변하고 있다.

대표적인 프로슈머로는 먼저 제품을 사용하고 그에 대한 리뷰를 공유하는 얼리 어답터와 해당 상품에 대한 전문적 지식을 갖춘 준전문가급의 마니아가 있다. 또한 기업의 제품 생산단계에 참여해 소비자의 입장을 제시하는 경우와 기업에 대한 소비자운동 차원의 불매운동을 벌이거나 안티사이트를 운영하는 경우, 일방적 소비에만 그치지 않고 직접 생산활동에도 참여하는 경우 등 다양한 형태로 나타난다.

이들의 공통점은 일방적이고 수동적인 소비자가 아니라 적극적이고 능동적인 소비자라는 점이다. 적극적으로 소비자 권리를 주창하며, 이를 통해 생산자에게 긍정적인 시너지를 주기도 한다.

프로슈머는 단지 남의 생산품에 대해 소비자운동만 하는 게 아니라 직접적인 생산활동에 참여하기도 하는데, 이를 통해 생산과 소비의 간극이 점점 좁혀지고 있다. 지식정보산업이 활성화되고 콘텐츠가 매매의 수단이 되면서 개인이 직접 만든 콘텐츠도 인터넷상에 적극 유통되기 시작했다. 그간 생산자는 기업, 소비자는 개인이라는 등식이 성립됐다면, 이젠 개인이 생산자로서 적극적인 진출을 모색하고 있다. 생산에 대한 진입장벽이 낮아진 셈이다.

디지털 프로슈머를 만든 일등공신은 초고속 인터넷망과 멀티미디어 컴퓨터의 확산을 꼽을 수 있다. 아울러 디지털 캠코더와 디지털카메라의 보급 또한 결정적 계기를 만든 매개다. 무선인터넷과 DMB, PDA 등의 모바일 커뮤니케이션 서비스도 디지털 프로슈머의 운신의 폭을 좀더 확장시키고 있다.

정보의 일방향 통행이 아니라 쌍방향 통행이야말로 정보화시대를 살아가는 사람들에게 가장 중요한 명제가 아닐 수 없다. 디지털 프로슈머는 정보의 쌍방향 통행을 이루기 위한 전제조건이며, 정보민주주의 혹은 디지털 민주주의를 이루는 필수조건이다.

인터넷이 확산됨에 따라 디지털 프로슈머의 가능성을 파악했다면, 이제부터는 본격적인 디지털 프로슈머의 시대를 경험할 것이다.

이제 공수표처럼 내뱉던 '손님은 왕'이라는 말을 실감하는 현실이 됐다. 소비자의 눈밖에 나면 하루아침에 망할 수도 있다. 얄팍한 상혼으로 소비자를 우롱하는 행동에 더 이상 소비자들은 참고 넘어가질 않는다. 인터넷 덕분에 적극적인 안티 운동이 활성화됐고 자기 권리를 찾으려는 의식도 강화됐다.

이처럼 소비자가 변하고 있다. 아직까지 이런 소비자의 변화에 발맞추지 못하는 생산자가 있긴 하지만 그들은 조만간 시대 흐름에 맞게 변화하거나 혹은 도태되거나 둘 중 하나를 선택해야 할 것이다.

소비자는 그냥 지나치는 법이 없다. 소비자의 목소리는 점점 거세지고 소비자의 힘은 점점 막강해진다. 2004년 인터넷동호회 '클럽쏘렌토'에서 기아자동차 쏘렌토의 결함을 제기했는데 처음에는 소비자의 운전습관으로 발생한 문제라며 일축했다가 결국 전자제어장치 프로그램을 조정하는 리매핑(remapping)을 무상으로 실시하고, 클럽쏘렌토 대표를 연구소로 초청해 공동 테스트까지 실시한 바 있다.

아남옵틱스는 니콘 디지털카메라 D-70에 하자가 있다는 네티즌의 주장을 수용해 제품판매를 중단하고 품질검사를 하기도 했다. 2003년에는 캐논의 디지털카메라 EPOS-10D의 자동초점 결함에 대한 소비자의 지적을 수입사 LG상사가 무시하다 인터넷 동호회 중심의 불매운동을 겪기도 했다. 결국 일본 캐논사의 전문가와 인터넷 동호회 대표를 초청해 공동 테스트를 실시하는 것으로 사건을 진화했다.

요즘 주요 기업들은 자사의 제품과 관련된 인터넷 동호회에 들어가서 게시물을 모니터링한다고 한다. 인터넷 동호회에서 소비자 여론을 파악해 제품개발에 활용하려는 의도도 있지만, 인터넷 동호회가 지니는 막강한 권력을 무시할 수 없기 때문이기도 하다.

과거의 소비자들은 광고만 보고 바로 물건을 사거나 매장에서 추천하는 물건을 샀다. 그러나 디지털 시대의 소비자들은 다르다. 소비자가 생산적 소비성향을 가진 데다 인터넷이 그런 성향을 뒷받침해줄 다양한 서비스를 계속 내놓고 있기 때문이다. 지능화되고 힘이 세진 소비자는 기업에 당당하게 요구하고 불매운동도 서슴지 않는다. 기업으로서는 이런 생산적 소비성향의 디지털 세대가 두려운 존재일 수밖에 없다. 그래서 프로슈머 마케팅을 확대하고 프로슈머들이 입소문도 적극 활용하려고 노력한다.

기업뿐 아니라 정부나 정치권 등 프로슈머의 영향력이 미치는 곳에서는 모두 프로슈머에 대한 대응책을 마련하고 있다. 덕분에 소비자의 입김이 예전보다 훨씬 강해졌다. 생산적 소비성향이 팽배해 소비자와 개인의 권리가 점점 강화되고 있는 것이다.

프로슈머 활성화는 긍정적이기도 하지만 자칫 소비자 권력의 남용이라는 폐해를 낳기도 한다. 소비자의 집단적 연대를 통해 힘을 과시하면서 악의적인 불매운동이나 상품에 대한 부정적 이미지를 조장하는 문제도 간과할 순 없다. 실제로 특정 상품과 관련한 대형 커뮤니티에서는 개인의 경험을 근거로 특정 상품을 사지 말자는 운동을 제안하는 글이 무수히 올라오고 불매운동을 빌미로 기업으로부터 돈을 받아내는 경우도 있다.

생산자에서 소비자로 권력이 이동한다는 것은 소비자의 정당한 권리를 보장하면서 생산자에게도 시너지를 창출하는 것이다. 실제로 빛의 속도를 방불케 하는 빠른 디지털 경쟁시대에서 소비자와 생산자가 긴밀히 연계하여 생산활동을 하면 더욱 경쟁력 있는 제품을 만들 수 있다.

그러나 자칫 소비자 권력이 남용되면 결국 소비자와 생산자 모두 손해를 본다. 생산자와 소비자는 적이 아니라 서로가 서로를 필요로 하는 동지의 관계다. 따라서 소비자에게로 권력이 이동한다고 해서 생산자가 치명적 손해를 볼 리도 없고 반대로 소비자가 폭리를 취할 리도 없다. 소비자로 이동한 권력을 통해 그동안 생산자에게만 치우쳤던 권력을 서로 균등하게 나누는 것이며, 이는 상호 공생의 관계를 이루는 데 보다 효과적인 환경으로 작용할 것이다.

디지털 시대에 들어서면서 마니아와 전문가의 경계도 무너지고 있다. 프로 같은 아마추어라는 의미의 프로추어와 특정 분야에 전문화된 마니아들은 전통적인 전문가인 학자나 전문직 종사자의 영향력에 도전한다. 마니아는 기본적으로 아마추어와 전문가의 사이에 존재한다. 그러다가 점차 전문성과 인지도를 확보하면서 전문가의 영역으로 진화한다.

디지털 시대는 이러한 마니아들이 전문가 대열에 진입하는 데 유리한 환경을 조성한다. 웹사이트와 온라인 커뮤니티가 이런 환경을 주도하고 있으며, 수많은 마니아가 인터넷을 기반으로 자신의 브랜드 가치와 전문성의 수준을 높여가고 있다. 모든 사람이 동등하게 정보에 접근할 수 있고 다양하고 풍부한 정보를 활용할 수 있다 보니 누구나 쉽게 전문가인양 자신을 드러낸다. 이 때문에 기존의 전문가들은 더욱 노력해야만 입지를 유지할 수 있게 됐다.

기존의 전통적 전문가 그룹에게 학력이나 경력, 자격증이 우선이었다면 디지털 시대의 새로운 전문가 그룹에게는 정보가 우선이다. 그리고 대개의 전문가들은 마니아에서 출발했다. 영화감독이나 영화평론가는 어릴 적부터 영화 마니아인 경우가 많다. 자신의 마니아적 속성을 바탕으로 관련 분야를 전공하고 관련 경력을 쌓아서 결국 전문가에 이르는 경우도 많다.

전투기 마니아 이원익은 2001년 파리국제에어쇼에서 민간인 최초로 프랑스 라팔 평가비행에 참여하기도 했다. 당시 대학생이었고, 비행기와 전혀 무관한 영문과에 재학 중이었다. 전문가를 능가하는 그의 능력 때문에 그런 기회가 주어진 셈이다. 손뜨개질 취미를 기반으로 만든 '바느질이야기' 라는 회사를 연 매출 20억대의 회사로 키워낸 송영예 씨도 취미를 통한 마니아적 접근이 전문가로의 이동을 구현한 경우다. 이들 외에도 우리 주위에선 아마추어지만 마니아적 기질을 가지고 있는 많은 사람이 해당분야의 전문가를 능가하는 영향력을 발휘하여 활동하고 있다.

마니아는 미래소비의 선도자며 문화권력이자 소비권력이 되기도 한다. 따라서 기업 마케팅 부서에서는 자사의 상품과 관련한 새로운 마니아 집단을 만들거나 기존의 마니아 집단에 잘 대응하는 것이 중요한 임무다.

마니아 집단은 해당 상품에 대한 우호집단이면서 동시에 프로슈머로서 상품 생산과 마케팅에 긍정적 기능을 하기도 한다. 그러나 그 반대의 경우에는 악성 입소문을 내고 적극적으로 안티 운동을 펼치기도 한다.

요즘 마니아들은 인터넷에 능숙하기 때문에 쇼핑몰 게시판 등에 자신의 의견을 활발하게 개진한다. 따라서 마니아들의 눈에 들면 달리 광고를 하지 않아도 쉽게 자사의 상품을 홍보할 수 있다. 반대의 경우라면, 돈을 들여 광고를 해도 마니아들의 악성 입소문과 안티 활동 때문에 기대했던 광고 효과를 보기 어렵다.

기업의 입장에선 마니아들이 득도 되지만 실도 될 수 있는 양면적 존재다. 마니아들의 마음을 끌기 위해서는 몇 가지 선행적 노력이 필요하다. 마니아들은 상품에 대한 호기심이 많으므로 적극적으로 정보를 제공하여 이들의 관심을 끌 필요가 있다. 또 이들은 지나칠 정도로 고객에 대한 서비스를 요구하는 경향이 있다. 따라서 마니아층으로 추정되는 고객에 대해서는 AS를 비롯한 고객응대에 각별히 주의해야 한다. 그리고 자존심이 강하고 공격적인 성향이기 때문에 인터넷상에서 분쟁이 발생했을 때 우회적으로 대응하는 것이 효과적이다.

우리가 주목해야 하는 것은 이렇게 일반인들의 소비를 리드하는 마니아의 세계가 점점 더 다양해지고 일반인에게 미치는 영향도 더 강력해지고 있다는 것이다. 마니아층에 머물러 있던 소비가 일반인으로 확산되면서 큰 시장을 형성하는 경우도 있다.

2004년 〈주간경제〉의 기사에 따르면, 1990년대 초반 스노보드는 일부 마니아들의 전유물이었다. 그러나 지금은 스키보다 스노보드가 더 많이 팔린다. 인라인 스케이트도 1990년대 말까지 일부 마니아들의 영역에 머물렀으나 2000년대 들어 급속히 대중화됐다. 와인 역시 1990년대 말까지 일부 애호가들만 즐겼을 뿐 대부분의 사람들

에게는 관심 밖이었다. 그러나 지금은 많은 와인 바가 생겨났음은
물론 중국 음식점이나 한식당에서도 즐겨마시고, 가정에서 소비되
는 양도 많다.

마니아 중에서도 얼리 어답터들은 기업에서 가장 신경쓰는 대상
이다. 그들의 말 한마디가 사업 성패를 가늠할 정도로 영향력이 대
단하다. 마니아의 일종인 드라마 폐인의 경우에는 드라마의 스토리
전개나 결말 자체를 바꾸기도 한다.

디지털 시대에는 다양화, 개성화되는 사회적 추세와 함께 일대일
(One to One) 맞춤소비가 확산되고 있다. 특히 자기 주장이 강하고
개성적인 20~30대 고객층이 소비문화를 주도하면서 맞춤소비성향
은 전체 소비성향으로 확산됐다. 획일화된 소비에서 탈피해 나만의
상품을 요구하게 됐고, 개별 고객의 요구에 대응해 다양한 맞춤상품
이 개발되고 있다.

소비자가 주권을 가진 공급과잉의 시대로 갈수록 소비자의 힘은
강해진다. 공동구매나 주문형 생산, 맞춤형 생산 등은 소비자가 생
산과 소비에 적극적으로 개입하고 있다는 증거다.

6 디지털 격차

세대차이보다 무서운 갈등이 시작된다

세대차이보다도 우리를 더 당혹스럽게 만드는 것이 바로 디지털 격차다. 디지털 격차는 단지 문화적 차이나 가치관의 차이만이 아니라 사회적 활동에도 지대한 영향을 미친다. 디지털 세대는 디지털 시대에 태어나 자연스럽게 디지털에 적응한 디지털 네이티브와 아날로그 시대에 태어나 의식적으로 디지털화에 적응하려고 노력하는 디지털 이미그런트로 분류할 수 있다.

디지털 사회는 새로운 계급사회의 시작이다. 디지털 시대를 논하면서 무슨 낡은 계급 관계를 따지냐고 할지도 모르지만 사실 계급사회로부터 우리가 자유로웠던 적은 없었다. 계급적 속성이 노골적인 형태로 드러나느냐 아니면 은근히 녹아들어서 드러나느냐의 차이일 뿐 계급 갈등이 해소된 적은 없다.

디지털 사회는 그 이전 시대가 가지고 있던 갈등요소를 확대재생산하고 양극화 현상을 심화하는 환경을 제공한다. 디지털이 주는 무한자유나 접근권은 말 그대로 기회의 균등일 뿐 갈등이나 격차를 줄이지는 못한다. 오히려 갈등과 격차를 더 크게 만드는 기회도 디지털이 만든다고 할 수 있다.

인터넷은 정보에 대한 개개인의 접근권을 높이는 반면, 정보에 대한 개인 간 격차를 첨예하게 벌여놓는 특성이 있다. 기존의 일반적 정보공급 공간인 매스미디어가 불특정다수를 겨냥한 브로드(broad)한 접근구도였다면, 인터넷은 브로드와 내로(narrow)를 넘어서 퍼스낼러티(personality)와 타겟팅(targeting)에 근접하는 미디어 기반이다.

따라서 정보에 대한 접근권의 차이로 발생하는 개별적 정보의 격차는 인터넷을 사용하든 사용하지 않든 클 수밖에 없다. 이것이 바로 디지털 격차(digital divide)가 생기는 근거이며, 이는 디지털 계급분화로까지 이어진다.

정보의 소유 여부에 따른 계급분화는 기존의 다른 기준에 따른 계급분화보다 심화될 것이 자명하다. 이는 각기의 계급분화 요인이 점차 강화되고 계급의 격차가 격심해지는 역사적 근거에 기인한다. 무엇보다 정보화 사회의 계급분화에서는 각 계급의 상호 유기적 결합이 극도로 약화되기 때문이다. 기존의 계급은 상호 계급 간의 갈등이 첨예한 만큼이나 상호 유기적 결합이 강화된 구조였으나 정보화 사회에서는 상호 계급의 갈등이 상호적이지 않고 개인화 경향을 보일 것이다.

"세대차이 난다"는 말처럼 나이 들어감을 절실히 느끼게 하는 말도 없다. 그런데 이런 세대차이보다 우릴 더 당혹스럽고 무섭게 만드는 것이 바로 디지털 격차다. 세대차이야 무시하고 말면 그만이다. 자신과 세대를 같이하는 또래들하고만 어울리는 것으로 문제를 해결할 수 있다. 그러나 디지털 격차는 그렇게 무시해서 넘기거나 디지털 격차를 느끼는 사람들끼리 어울리는 것으로 해결될 문제가 아니다. 디지털 격차는 무시하거나 피한다고 해서 해결되지 않는다.

디지털 격차는 문화적 차이나 가치관의 차이에 그치는 것이 아니라 생활에서의 적응과 사회적 활동 등에도 지대한 영향을 미친다. 선진국과 후진국 간의 국가 간 디지털 격차도 심각한 문제지만 국내에서 저소득자, 고령자, 농어촌거주자 등이 느끼는 디지털 격차도 심각하다.

디지털 시대에는 적응하는 것도 경쟁력이다. 어떻게 적응하느냐에 따라 양극화된 계급이 형성돼 심각한 사회적 문제가 발생한다. 디지털 적응자 내에서는 디지털화 시기에 태어나고 자라서 자연스럽게 디지털 신인류로 적응한 디지털 네이티브와, 아날로그 시대에 태어나고 자랐지만 의식적으로 디지털화에 적응하려고 노력해서 디지털 신인류가 된 디지털 이미그런트로 분류할 수 있다.

디지털 부적응자 내에서는 적응하려고 노력했지만 적응하지 못한 디지털 지체자와, 아날로그 시대로의 회귀를 지향하며 디지털화에 적응 자체를 원치 않는 탈디지털주의자로 분류할 수 있다.

우리나라의 기술 인프라는 세계 최고 수준이다. 스위스의 국제경영대학원 IMD(International Institute for Management Development)는 매년 60개 국가 및 지역의 경쟁력을 평가해 발표한다. IMD의 2005년도 국가경쟁력지수에 따르면 우리나라의 전체 국가경쟁력 순위는 2004년에 비해 6단계 상승한 29위를 기록했다. 기술 인프라 부문의 국가경쟁력이 2003년에는 27위, 2004년에는 8위였고, 2005년에 2위로 평가됐다. 전체 국가경쟁력 순위에 비해 기술 인프라 순위는 월등히 높은 셈이다.

그런데 문제는 기술 인프라의 활용에 있다. 기술 인프라의 확충은 세계 최고 수준이지만 그 기술 인프라 위에서 이뤄지는 산업적 활용이나 생산성, 발전성 측면에 대해서는 다소 부정적인 견해도 있다. 초고속 인터넷 보급률과 이동전화 보급률이 세계 최고수준이기 때문에 정보화 선진국이라 자만하고 있지만, 다보스포럼이라는 연차총회를 개최하는 것으로 유명한 세계경제포럼(World Economy Forum)에서 발표한 네트워크 준비지수(NRI)에 따르면 우리의 NRI는 2004년 기준으로 세계 24위다. 2003년에는 20위였고, 2002년에는 14위였다. 최근 몇 년간 매년 하락세를 거듭하고 있는 것이다. 정보기술 인프라 면에서는 세계 최고수준이라 자부하지만 막상 인프라에 대한 활용이나 정보화 수준 자체는 그리 높은 게 아닌 셈이다.

비싼 돈을 들인 인프라로 겨우 게임과 채팅 분야에서만 선전할 뿐 정작 중요한 e-비즈니스나 각종 온라인 콘텐츠와 정보화에서는 거북이걸음을 하고 있다. 게다가 디지털에서 앞서간 자와 뒤진 자와의 격차가 세계에서 가장 크다. 디지털 사회로 가장 먼저 진입한 나라지만 국민 간의 디지털 격차는 전 세계 어느 나라보다 더 심하다고 해도 과언이 아니다.

우리나라의 정보화 수준을 높이고 국제경쟁력을 높이기 위해선 기술적인 인프라보다도 문화적인 인프라와 국가 전체의 정보화 수준을 높여야 한다. 국내의 디지털 격차를 줄이는 것도 그런 일의 연장선상에 있다. 정부도 지금보다 더 발벗고 나서야겠지만 개개인도 각자 디지털 수준을 점검하고 업그레이드해야 한다.

정보화 선진국, 디지털 선진국이라는 말은 어떤 특정 부류나 특정 회사의 힘만으로는 이뤄낼 수 없다. 국민 간 디지털 격차를 줄이고, 모든 국민을 디지털에 익숙하도록 만드는 것은 지금 시대가 이뤄야 할 몇 가지 숙제 중의 하나다.

조사에 따르면, '계층 간 인터넷 이용률 격차'에서 가장 큰 격차는 학력에 따른 격차로, 대졸 이상과 중졸 이하의 격차가 82.5%에 달했다. 그 다음으로는 연령별 격차로 7~19세와 50대 이상의 격차가 79.3%에 달했다. 직업에서도 사무직과 생산직의 격차가 55%에 달했고, 소득에 따라 52.7%, 장애 유무에 따라 33.4%, 성별에 따라 12.4%의 격차를 보였다. 이와 같이 국내에서의 디지털 격차는 심각한 수준이다.

이제 정보화 사회의 국제적 헤게모니를 쟁탈하기 위한 국가 간 정보화 전쟁이 더욱 격해질 것이다. 디지털 격차에서 우위를 선점하면 향후 정보화 사회의 발전이 가속화되는 시점에서도 디지털 우위를 유지할 가능성이 높다.

물론 고도의 정보화 사회가 도래할 시점에서는 기존의 국가개념이 사라지고 세계국가가 형성될 수 있다. 하지만 이런 상황에서도 디지털 격차 문제는 더욱 첨예화될 것이다. 세계 기반 자체가 평등한 구조에서 출발하지 못한 것도 이유지만 각국의 개별적 이해관계가 청산되지 않는 한 각 국가에서 세계적 디지털 격차의 우위를 차지하기 위한 치열한 전쟁을 거듭할 것이기 때문이다.

디지털은 0과 1로 이뤄진 이진법에 근거한다. 실제 디지털 사회는 극단적 이중성이 보편화된 사회라 할 수 있다. 디지털이 주는 편의와 위험성이라는 이중성이 교차하고, 디지털의 혜택을 누리는 이

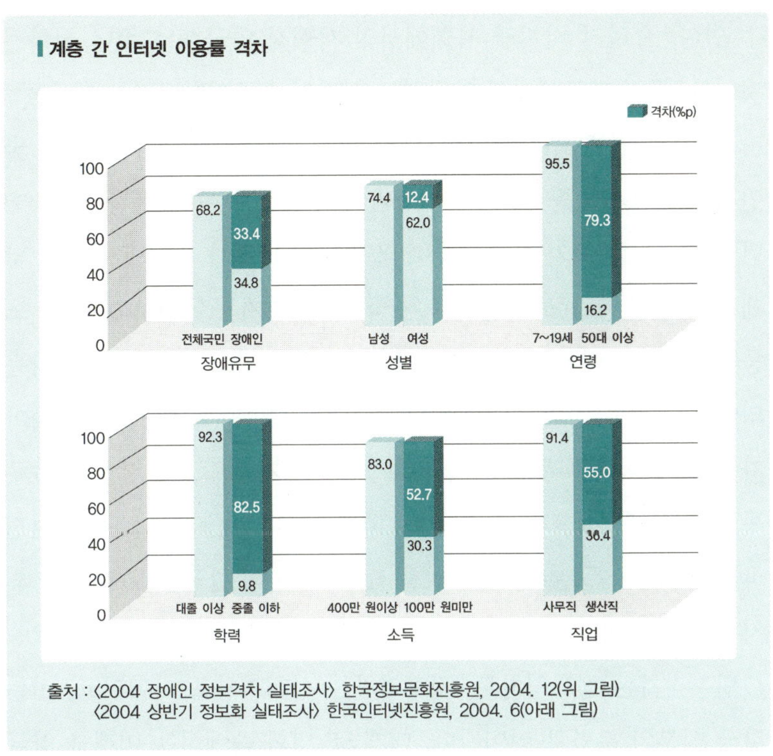

출처 : 〈2004 장애인 정보격차 실태조사〉 한국정보문화진흥원, 2004. 12(위 그림)
　　　〈2004 상반기 정보화 실태조사〉 한국인터넷진흥원, 2004. 6(아래 그림)

들과 그렇지 못하는 이들의 간극도 극대화되는 등 양극이 보편적으로 존재하고 있다. 물론 양극의 구도는 어느 사회나 있었다. 하지만 디지털 시대에는 그 구도가 심화되고 극단화되고 있다.

자본주의 사회는 자본을 가진 자와 그렇지 못한 자로, 디지털 사회는 지식정보를 가진 자와 그렇지 못한 자로 엄격히 구분된다. 디지털 사회 이전 시대는 물질적 재화가 계급의 기준이었다면 디지털 사회는 지식정보가 계급의 기준이다. 물론 디지털 사회에서의 지식정보는 곧 물질적 재화를 의미하기에 그리 달라진 것이 없다고도 할 수 있다. 오히려 디지털 사회에서의 사회적 양극화는 좀더 심화될 것이다. 특히 한국에서의 양극화는 심각한 수준이다.

2005년 1월 한국은행이 발간한 OECD(경제협력개발기구) 국가의 국민계정 주요지표를 보면, 우리나라의 노동소득분배율은 지난 2003년 59.7%로, 통계가 확보된 18개국 가운데 15위를 차지할 정도로 낮게 나타났다. 노동소득분배율은 국내총처분가능소득(GNDI)에서 노동자들에게 돌아가는 보수 비율을 나타내는 지표로, 수치가 낮다는 의미는 그만큼 기업이 생산한 부가가치 가운데 노동자들에게 돌아가는 몫이 적다는 뜻이다. 참고로 2003년 기준으로 프랑스 73.3%, 독일 72.2%, 영국 71.5%, 미국 70.5%, 캐나다 70.5%였다. 주요 선진국들은 노동소득분배율이 70%를 넘는 데 비해 한국은 60%가 채 되지 않는 실정이다.

빈부격차는 정보격차로, 정보격차는 사회격차로 이어지고, 이는 결국 신분의 분화로 이어진다. 대개 SF 영화 속에서는 미래를 양극화된 계급분화로 설정한다. 첨단 미래도시에서 화려한 기술문명을 누리는 계급과, 미래도시 변방의 슬럼가에서 어렵게 살아가는 계급으로 극단적인 양극화 구도를 그려낸다. 하지만 그것은 SF 영화에서만 나오는 단순한 상상이 아니다. 실제로 디지털 사회에서는 모든 사람이 행복하게 사는 동화 같은 세상이 되긴 쉽지 않다. SF 영화 속의 극단화된 계급분화가 이미 현실에서도 가시화되고 있다.

디지털 사회는 분명 역사 속의 새로운 계급사회로 기록될 가능성이 높다. 디지털 격차나 각종 양극화 현상들이 더욱더 가속화돼 과거 노예제나 봉건제 사회와 같은 명확한 계급분화가 생겨날 가능성이 높다. 중산층 문화는 점점 퇴조하고 상하의 이분화된 계층만이 계급을 이루며, 사회적 부와 정보를 어느 한쪽만이 독점할 것이다. 격차가 커진 두 계급은 서로 자신이 속한 계급의 이해관계에 우선할 수밖에 없기에 사회문화적으로 심각한 이분법적 구도로 갈등을 겪을 우려도 크다. 계급갈등이 심화되면 자본과 정보의 격차로 인한 계급분화는 결국 물리적인 상하관계로 극단적인 변화를 맞을 수도 있다. 암울하고 위험한 예측이지만 안타깝게도 실현가능성이 높은 예측이다.

디지털 시대는 우리에게 '잘살거나 혹은 아주 못살거나' 라는 명제를 안겨주고 있다. 물론 노려 여하에 따라 모두가 잘살 수도 있지만 그렇게 미래가 장미빛으로 쉽게 변할 만큼 호락호락하지 않다는 것이 문제다.

디지털이 주는 자유와 기회, 그리고 윤택한 문명의 혜택을 모든 사람이 고루 나누는 디지토피아를 실현하는 데 양극화의 심화와 계급사회화는 최대 걸림돌이 될 것이다.

7 권력의 이동
네티즌이 주도하는 여론의 힘

조직에 기대지 않고도 개인이 사회적 주도권을 쥘 수 있는 시대가 왔다. 유시민, 진중권과 같은 인터넷 논객의 글은 네티즌의 여론을 주도하는 구심점이 된다. 공병호, 구본형 같은 1인 기업가 역시 디지털의 수혜자다. 하지만 부동산투기 의혹으로 물러난 이헌재 전 경제부총리나 병역비리 의혹으로 논란이 된 가수 유승준의 경우처럼 네티즌에 의해 가진 것을 모두 잃을 수도 있다.

한국은 IT 덕분에 문화수신국에서 문화발신국으로 전환했다. 그동안 한국은 선진국을 보고 따라하기 바빴다. 선진국에서 나온 정보라면 무조건 참고했고 국내의 논문이나 각종 연구보고서는 외국 사례를 인용하기에 급급했다. 정보를 원하는 소비자들도 외국의 정보를 더 고급정보로 인식했다.

그런데 IT 분야만큼은 다른 나라가 한국을 보고 배우기 바쁘다. 한국에서 나온 정보나 사례를 벤치마킹하고 있기 때문에 대한민국의 디지털 트렌드에 대해 외국에서 더 관심을 가질 수도 있다. 그만큼 디지털과 관련해서 한국은 세계적인 지위에 있고 가장 선진화된 모델이다.

늘 문화수신국으로서 문화발신국이 되고자 노력했던 한국으로선 디지털이 좋은 기회이자 무기다. 디지털을 잡는 자가 권력을 잡는다는 말은 국내에서만 통용되는 것이 아니라 국제사회에서도 통용된다. 디지털을 잡은 나라가 세계적 헤게모니를 잡는 데 한 발 더 쉽게 다가설 수 있기 때문이다.

권력은 정치에서 비롯되고 정치는 곧 경제와 밀접한 연관이 있다. 디지털과 정치는 궁합이 아주 잘 맞는다. 디지털이 만들어준 디지털 정치시대는 대의민주주의를 직접민주주의로 바꾸었고, 전자민주주의를 통해 국민의 실시간 정치참여가 현실화되고 있다.

2002년 대통령 선거와 2004년 국회의원 선거에서 디지털의 힘은 선거결과를 좌지우지할 정도로 막강했다. 이제 네티즌의 여론이 곧 표심으로 이어지고 네티즌의 여론에 따라 정책이 만들어지기도 폐기되기도 한다. 이에 따라 정치인들도 온라인에서 세력을 장악하기 위해 다양한 시도를 하고 있다.

향후 주요한 선거 시즌이 될 때마다 온라인의 디지털 권력은 더 힘을 떨칠 것이며, 디지털 권력을 가진 이들의 정치권 진출도 확대될 것이다. 이미 온라인에서 논객으로 불리며 대중성을 몰고 다니는 디지털 권력자들은 정치권에 직간접적으로 참여하고 있다.

이렇듯 디지털과 정치는 아주 긴밀한 관계에 있으며 그 속에서 디지털 세대들의 정치적 주장은 서서히 권력의 중심으로 다가서고 있다. 이젠 디지털을 외면하고서는 더 이상 정치권력을 유지하기 어려운 시대가 됐다.

디지털과 경제의 궁합은 더더욱 잘 맞는다. 한국이 IMF 구제금융 시대를 마감하는 데 결정적 역할을 한 것은 IT 산업과 디지털 경제다. IT 산업의 발전으로 촉발된 벤처 열풍은 경기를 일시적으로나마 회복시켰고, 수많은 한국의 IT 제품은 전 세계에 수출되면서 세계 최고 수준으로 평가받았다. 디지털 경제시대가 도래함으로써 e-비즈니스는 눈부시게 성장했고 경제환경은 디지털 경제로 체질을 전환했다. 한마디로 디지털과 경제의 궁합이 잘 맞아 한국 경제가 회생한 것이다.

물론 벤처 거품이 경제를 한 차례 위축시키긴 했지만 이는 디지털 산업이 도약하는 데 좋은 거름이 됐다. 지금도 수많은 사람이 벤처 창업에 도전하고 있으며, 새로운 도전이 새로운 산업을 만들어내기도 하고 새로운 문화를 창출하기도 한다. 비단 IT 산업뿐 아니라 기존의 전통적인 산업군에서도 디지털의 영향력은 크다. 디지털 경제화는 산업 전반의 대세이며 디지털을 통한 생산성 제고는 곧 경쟁력으로 이어지고 있다.

2005년 6월 〈동아일보〉는 2003년부터 2005년 5월까지 네이버와 다음의 온라인 여론조사 결과를 토대로 네티즌의 목소리가 실제 정책결정 과정에 얼마나 반영됐는지를 측정해서 발표한 바 있다. 두 포털사이트에서 해당 기간 동안 실시한 여론조사 280건 중 정부부처, 국회, 수사기관, 오피니언 리더 등이 내린 정책 및 의사결정과 관련된 165건의 조사결과를 분석했으며, 개인적 취향을 묻는 앙케이트식 설문은 제외했다고 밝혔다.

조사 결과를 보면, 네티즌이 반대하는 정책이나 의사결정(90건) 가운데 절반 가량(43건)이 결국 무산된 것으로 나타났다. 반대 여론에도 불구하고 정책이나 법안, 의사결정이 그대로 추진된 경우는

44%(40건)였다. 나머지 7건은 추진 여부가 불투명하거나 일부 내용만 추진된 것으로 나타났다. 네티즌이 찬성하는 사안(75건)이 원안대로 추진된 비율은 71%나 됐다.

이 결과만 보면 네티즌이 찬성하면 정책으로도 추진되고, 네티즌이 반대하면 정책추진이 안 될 확률이 높다. 정부의 정책추진에 네티즌이 영향력 있는 여론 주도층이라는 사실을 증명하고 있는 셈이다.

코리안클릭(www.koreanclick.com)의 조사자료에 따르면 10대는 97.1%, 20대는 95.1%가 인터넷을 사용하고 있다고 한다. 특히 10대가 게임이나 엔터테인먼트에 한정되는 데 반해, 20대는 활동 영역이 다양해 실질적인 인터넷 주도세력이다. 포털뉴스 미디어다음의 경우, 매일 뉴스서비스를 이용하는 사람 중 20대가 전체 41.4%를 차지하고 있다. 자연스럽게 뉴스 콘텐츠가 20대에게 맞출 수밖에 없는 환경이 된 것이고 20대가 온라인에서 뉴스와 여론의 주도권을 행사하고 있는 것으로 이해할 수 있다.

2005년 아이뉴스24의 '인터넷공간 20대 파워 실감나네' 라는 기사에 따르면, 인터넷쇼핑몰 구축 서비스인 메이크샵(www.makeshop.co.kr)에 개설된 6만여 개의 쇼핑몰 운영자 가운데 20대가 전체 중 40%를 차지한다. 메신저 서비스인 네이트온의 경우에도 전체 사용자 중 46%가 20대이고 MSN도 전체 사용자 중 40% 이상이 20대다.

이렇듯 인터넷은 20대가 주도하고 있다. 이들은 10대 시절부터 인터넷을 자연스럽게 접한 세대, 즉 디지털 네이티브들이다. 디지털을 잡은 디지털 네이티브, 그들이 바로 디지털 권력의 주도세력으로 급부상하고 있는 것이다.

통계청 자료에 따르면, 2005년 추계인구 4,829만여 명 중 디지털 네이티브라고 할 수 있는 34세 이하 연령 비율이 50.5%(2,436만여 명)로 처음으로 전체 인구의 절반을 넘어섰고, 2010년에는 추계인구 4,922만여 명 중 39세 이하 연령 비율이 53.9%(2,653만여 명), 2015년에는 추계인구 4,980만여 명 중 44세(2005년 당시의 34세) 이하 연령 비율이 57.2%(2,850만여 명)가 된다.

그야말로 디지털을 잡은 자, 즉 디지털 세대 중에서도 디지털 네이티브가 인구 비중에서도 우위를 차지하며 사회 전체의 주도권을 장악할 것이다. 이미 그런 현상은 가시화되고 있고 향후에는 더욱 가속화될 것이다. 따라서 디지털 네이티브가 아니라면 디지털 세대로 유입되는 디지털 이미그런트라도 돼야만 디지털 시대 주도권에 다가설 수 있다. 만약 디지털 세대에 유입되지 못한다면 사회적으로 주도권을 잃을 수밖에 없다.

개인이 조직의 파워를 능가할 수 있는 것도 디지털의 힘이다. 조직에 기대지 않고서도 개인이 충분히 사회적 주도권을 잡을 수 있는 시대가 왔다. 예전의 정치인들은 계파를 이루며 오프라인의 조직을 키우는 게 경쟁력이었지만 요즘은 계파가 아니라 온라인의 네티즌을 경쟁력으로 삼는다.

조직원 간의 끈끈함이나 수직구조와 같은 위계성은 미약하지만 자발적으로 조성된 세력으로 실시간 큰 영향력을 발휘하는 데다 계파나 조직을 운영하는 데 드는 비용이 없어서 비용 면에서도 효과적이다.

인터넷 논객이라 불리는 이들의 영향력도 크다. 대표적인 인터넷 논객인 유시민, 진중권, 강준만 등은 정치적 영향력에서 큰 비중을 차지한다. 이들의 말 한마디나 글의 논조 하나가 네티즌의 여론을 주도하는 구심점이 되기 때문이다. 그만큼 개인이 발휘할 수 있는 힘의 크기가 과거에 비해 상당히 커지고 있다.

이는 경제에서도 드러난다. 1인 기업이 그런 예다. 대표적인 1인 기업가인 공병호, 구본형 등은 개인 브랜드 가치가 웬만한 중소기업의 가치에 달하고 수입도 웬만한 중소기업 순익에 비해 결코 적지 않다. 그들의 영향력은 오히려 기업이나 조직의 영향력을 능가할 정도다.

1인 기업의 등장과 성장도 디지털의 힘에 직간접적으로 영향을 받았다. 디지털이 가져다준 네트워크 인프라와 디지털 기술, 지식정보산업 등의 기반이 1인 기업의 가치를 더 높여주고 있으며, 더 많은 사람이 1인 기업에 뛰어드는 배경이 되고 있다.

디지털을 잡으면 권력을 잡지만 디지털에 밉보이면 가진 것을 잃을 수도 있다. 대표적인 예가 가수 유승준이다. 2002년 병역문제로 국적을 포기해 입국을 금지당한 유승준은 수차례 재기를 시도했으나 네티즌들의 반발로 무산됐다. 얼마 전에는 케이블 TV에서 유승준의 근황을 담은 프로그램을 방송하려다 네티즌의 비난으로 무산되기도 했다.

그 후 국적 포기 시비나 군입대 기피 의혹에 휘말린 가수들은 유승준의 전례를 보고 군입대를 약속하면서 네티즌의 비난을 면했다. 국적을 포기하거나 병역을 기피한 연예인들이 네티즌의 지탄과 비난을 받는 사례가 늘고 있는 이유는 그들의 행적이나 행태가 모두 드러나는 시대이고, 네티즌들이 이에 대해 일일이 대응하고 있기 때문이다. 10년 전이었다면 유승준의 상황은 달랐을 것이다. 그만큼 네티즌이 주도하는 여론의 힘은 새로운 권력으로 대두되고 있다.

이런 사례는 연예인뿐 아니라 정치인에게서도 드러난다. 예를 들어 부동산투기 의혹에 휩싸였던 이헌재 전 경제부총리의 퇴진 압력에 네티즌의 여론도 한몫했다. 대개 신문이나 방송보다 인터넷의 네티즌 여론은 더 강경하고 직설적이다. 누가 되었건 간에 공인은 네티즌의 여론에서 자유로울 수 없는 현실이 됐다.

때문에 요즘에는 정치인을 비롯해 정부, 기업 등에서 네티즌 여론을 잡기 위한 전담팀을 구성하기도 한다. 정당이나 정부의 경우 신문과 방송 외에 인터넷에도 공을 들이고 있다. 지난 2002년, 2004년 두 번의 선거를 거치고 나서 이런 현상은 더 두드러졌다.

사회 곳곳에서 ‘디지털을 잡는 자가 권력을 잡는다’는 보편적 추세가 현실로 드러나고 있다. 앞으로 그 현상은 더욱 거침없이 확대될 것이다.

남녀가 평등한 사회 8
여자라는 이름은 굴레가 아니다

아날로그 시대가 육체적 노동의 시대라면 디지털 시대는 지식정보산업의 시대다. 이는 남성과 여성이 평등을 이루는 원동력으로 작용한다. 디지털 시대는 여성의 가사노동 부담을 줄이고 여성의 사회적 지위를 상승시켰다. 무엇보다 여성의 고학력화, 사회진출 확대, 저출산 등은 사회적으로 여성이 힘을 과시할 기반이 되고 있다.

과연 '21세기는 디지털의 시대다' 라는 명제와 '21세기는 여성의 시대다' 라는 명제를 합쳤을 때 '디지털 시대는 여성의 시대다' 라는 명제가 성립될 수 있을까? 사실 디지털화와 특정 성별은 직접적인 연관이 없다. 다만 디지털화가 시대의 사회구도를 변화시키고 있기 때문에 성별에도 영향을 미치고 있다. 즉, 과거에 상대적으로 불리하던 여성은 디지털 시대를 맞아서 그 불리함이 사라진다는 것만으로도 엄청난 기회를 갖게 된다. 기회의 균등이야말로 여성의 사회진출과 영향력 확대를 가져오는 가장 큰 원동력인 셈이다.

그런 의미에서 디지털 시대는 여성의 시대라고 할 수 있다. 물론 디지털 시대가 남성의 발전을 붙잡아두고 여성들만 편애하는 것은 아니다. 디지털 시대는 남성과 여성의 불균형과 차별적인 부분을 최소화시켜서 평등과 균형을 이룬다. 물론 그렇게 되기 위해서는 여성들이 보다 적극적이고 능동적으로 사회에 참여하고 부단히 노력해야 한다. 수천 년 이어져 온 불평등한 성의 역사를 하루라도 빨리 바꾸려면 말이다.

아날로그 시대가 육체적 노동의 시대였다면 디지털 시대는 정신적 노동과 지식정보산업의 시대다. 육체적 노동은 남성에 비해 여성이 상대적으로 불리하다. 그로 인해 여성의 사회적 활동은 남성에 비해 많은 제약을 받았다. 그러나 디지털 시대에는 남성과 여성의 생물학적 특성, 즉 육체적 특성에 따른 차별이 존재하지 않는다. 이는 남성과 여성의 평등을 이루는 데 결정적 역할을 한다. 이런 평등과 균형이야말로 여성들의 발전을 가능케 하는 원동력으로 작용하는 것이다.

사실 디지털 시대가 여성에게 특별히 유리한 것은 없다. 다만 여성에게 특별히 불리한 것도 없다는 점에 차이가 있다. 남성에 비해 상대적으로 열악하고 불평등하던 여성에게 양성평등의 환경은 여성의 급속한 발전을 이루는 원동력이 된다. 이것이 바로 디지털 시대를 여성의 시대로 특징지을 수 있는 이유다.

디지털 시대를 맞이하여 사회 여러 분야에서 많은 기대를 하고 있다. 여성계와 여권운동에서도 이러한 기대를 숨기지 않고 있다. 물론 디지털 시대라는 시대적 환경이 여성의 문제를 모두 해결하는 건 아니다. 하지만 디지털 시대가 되기까지 그동안 축적돼 온 사회 환경과 제반 물적 토대, 그리고 디지털 시대가 만들어놓은 라이프스타일과 가치관, 기술혁명 등은 남성과 여성이라는 생물학적 이중구도에 따른 사회적 성분리 현상을 극복하는 데 역사상 그 어느 시기보다 유리한 환경과 조건을 제공한다.

아울러 디지털 시대를 주도하는 산업들은 창의력과 문화, 예술적 기반 등에 상당히 의존한다. 이는 생산성 기반에서 여성성의 특징이 활용될 여지가 더욱 많다고 할 수 있다.

여성성이라는 화두는 페미니즘이 일어나기 시작한 19세기 말부터 현대의 다양한 여성표현에 이르기까지 꾸준히 논의돼 온 이슈다. 최근에는 마케팅에서부터 사회·경제적으로 그 영향이 광범위하게 미치고 있으며, 미래 트렌드를 예측할 때 여성이 갖는 감성적이고 관계 지향적인 성향은 각 분야의 핵심 키워드로 분석된다.

여성성에 대한 관심은 남성성이 중요시되던 산업이 후퇴기에 접어들고 여성적인 섬세함과 예리함이 경쟁무기인 IT 산업이 부상하면서 더욱 두드러졌다.

전통적인 남녀의 역할은 성별이 분리돼 있었다. 남성은 가정을 위한 생계유지자이자 나라를 위한 국방의 담당자로서 책임을 다해야 했으며, 여성은 가사노동 전담자로서 자녀를 낳고 기르는 양육자의 책임을 지고 있었다. 그러나 여성의 사회진출이 늘어남에 따라 여성은 남성의 영역으로 파고들었고, 반대로 남성도 전통적으로 여성의 영역이었던 직종으로 진출하고 있다. 이러한 여성과 남성의 성역할 분리는 오늘날의 다원화 사회에서 흔들리고 있다.

디지털 시대의 여성과 아날로그 시대의 여성의 가장 큰 차이는 여성이라는 생물학적 성의 정체성이 사회성에 얼마나 지배를 받느냐는 것이다. 사회적으로는 여성성이라는 것이 존재하고 이것을 특징지을 수 있지만, 여성이라는 생물학적 특성이 사회성에 절대적 영향을 줄 수는 없다. 인류 역사상 여성은 남성으로부터 생물학적 차이를 차별로 받아들이고 살아야만 했다. 역사적으로 볼 때 대부분의 사회기반과 물적 토대는 남성이 가진 생물학적 특성에 유리한 구조였다. 그러나 디지털 기술혁명은 노동과 생산에서 성차별을 없애고 있다.

디지털 시대에는 남성을 통해 만들어진 여성성이 아니라 여성 스스로가 여성성을 창출한다는 점이 중요하다. 기술적으로는 획일화되지만 인간적인 면에서는 오히려 다양성이 강조된다. 디지털 시대가 여성성에 대한 관심을 가지고 있고, 또 여성들이 디지털 시대에 많은 기대를 갖는 것도 이 때문이다. 인류 역사상 대부분의 시대는 남성성이 주도해 사회발전을 이루었다면 디지털 시대의 발전은 여성성에 대한 이해와 발전을 통해 더욱 고도화될 것이다.

언제나 여성은 수적으로 사회 절반을 차지했다. 그러나 디지털 시대에 들어서고 나서야 비로소 진정한 절반으로서 대접을 받고 있다. 디지털 시대가 여성에게 주는 것은 단지 디지털화된 편리한 생활과 첨단기술적 혜택뿐 아니라 사회적 확산과 발전을 위한 물적 환경이다. 여성의 고학력화, 여성의 사회진출 확대, 여성의 저출산 등은 사회적으로 여성이 힘을 과시할 기반이 되고 있다.

여성의 사회적 성장은 남성에게도 큰 변화를 주었다. 그 결과 수천 년간 이어져온 남녀불평등 구조가 디지털 시대를 맞아 양성평등 구조로 변하고 있다. 성 역할 구분에 대한 해묵은 불평등 요소를 디지털 세대는 간과하지 않는다. 더 이상 생물학적인 성의 구분이 사회적 성의 구분으로 이어지지 않는다. 궁극적으로 디지털 공간에서의 성적 정체성은 무성에 가까워질 것이다.

성 정체성에 대한 사회적 시각도 진보하고 있다. 디지털 덕분에 사회적으로 성역할 인식도 급진전했다. 남녀를 떠나 양성평등의 정당성에 동조하고 남녀의 공존과 공생을 현실적인 명제로 풀어내고 있는 중이다. 이미 사회적으로 성차별 요소는 사라지고 있다.

예전에 2000년대는 여성의 천 년이 될 것이라는 예상과 함께 그 이유를 숫자와 관련해 풀이한 글을 읽은 적이 있다.

"지난 천 년은 남성의 숫자인 1로 시작됐다. 그것은 음경을 상징하고 권위적이고 직접적이며 서열적이고 외톨이다. 그렇지만 앞으로의 천년은 여성의 숫자인 2로 시작된다. 숫자 2는 관계 지향적이고 연계적이며 측면적이고 공유적인 여성의 특징을 갖는다."

이 비유가 타당성이 있건 없건 간에 새천년은 여성의 시대가 될 것이라고 예측하고 있다. 물론 아직 한국사회에서 권력의 축이 여성에게 이양된 건 아니다. 아직도 남성이 권력의 중심에 있다. 하지만 각종 통계를 보면 여성의 수치는 대부분 급격한 증가를 보이는 반면, 남성의 수치는 그대로이거나 다소 감소하고 있다.

그렇다고 여성의 진출이 남성의 몰락을 의미하는 것은 아니다. 그리고 그 후의 시대 역시 동반자 관계, 즉 힘의 균형시대가 될 것이다. 아직 현실에서 여성의 시대가 도래한 것은 아니며, 그렇게 되기에는 많은 노력과 과정이 필요하다. 그러나 분명한 것은 디지털 시대의 권력 중심에 더 많은 여성이 자리할 것이고 여성의 사회적 지위가 이전 시대에 비해 비약적으로 진보할 것이라는 사실이다. 그동안 남성 중심으로만 활발하게 이뤄졌던 권력이동과 권력 심화 현상이 여성에게도 전이될 것이며, 그 과정에서 여성의 사회적 힘은 더욱 강고해질 것이다.

경영인 중에서 여성이 차지하는 비율, 교수나 의사, 변호사 등 전문직 종사자 중에서 여성이 차지하는 비율, 정치인 중에서 여성이 차지하는 비율, 각종 고등고시 합격자 중에서 여성이 차지하는 비율 등을 들여다보면 아직까지 전체적으로 남성의 비율이 여성보다는 높은 편이나 그 격차가 점차 좁혀지고 있다.

여성의 급격한 성장 추세는 향후에도 계속 이어질 것이며, 그런 의미에서 디지털 코리아도 더욱 전면적으로 여성의 시대를 맞이할 것이다.

문화이동 트렌드
짧고 단순한 게 좋다

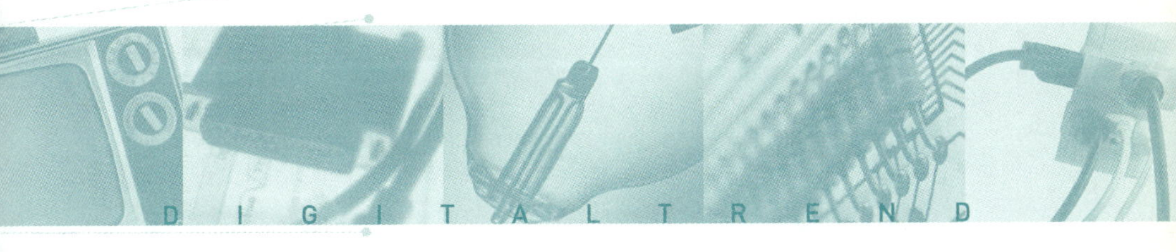

서로 다른 두 가지 영역의 기술을 합쳐 원래의 기능 이외에 또 다른 만족을 주는 것을 디지털 컨버전스라고 한다. 홈오토메이션, 디카폰, PDA, 인터넷방송, 네비게이션 등과 같은 디지털 컨버전스는 개인의 편리한 생활을 보장한다. 하지만 산업 간의 합종연횡이 진행되면서 제휴와 M&A가 가속화되고 필요 이상으로 기능이 많아지는 부정적인 측면도 있다.

하나의 기기와 서비스에 모든 정보통신 기술을 묶어서 융합한다는 의미로 제기된 디지털 컨버전스(digital convergence)는 기술적 진보의 수준을 넘어서 이젠 IT 산업의 새로운 돌파구이자 대안이 되고 있다.

컨버전스는 우리말로 뭉친다는 의미다. 그런 점에서 '뭉쳐야 산다' 는 말은 중의적이다. 뭉쳐야 사는(buy) 것은 디지털 시대의 소비자일 것이고, 뭉쳐야 사는(live) 것은 디지털 기기와 서비스를 공급하는 생산자일 것이다. 말장난 같지만 이것은 디지털 컨버전스를 가장 쉽고 대중적으로 표현한 것이다.

디지털 컨버전스는 IT로 대표되는 디지털 산업의 성장에 필요한 키워드인 동시에 향후의 디지털 라이프에 지대한 영향을 미칠 키워드다. 기업은 디지털 컨버전스를 통해 관련 산업에서 생존을 지속하고 개인은 디지털 컨버전스가 구현한 디지털 라이프를 통해 생활을 지속한다.

디지털 컨버전스는 단순히 제품과 기술 간의 통합에 그치지 않고 인간생활의 진화를 유도한다는 데 큰 의미가 있다. 어쩌면 우리가 경험하게 될 디지털 라이프는 컨버전스(융합)와 하이브리드(잡종)의 세계라고 해도 과언이 아닐 것이다.

요즘 주위를 둘러보면 굳이 컨버전스라 이름 붙이지 않고도 새로 뭉치고 융합되어 이종교배된 것이 무수히 많다. 이종격투기 역시 일종의 컨버전스다. 이젠 뭐든 뭉치지 않으면 안 되는 시대가 됐다.

디지털 사회는 수많은 것의 전성시대를 예견한다. 그 중 가장 크게 대두되는 전성시대를 컨버전스라는 키워드에서 찾을 수 있다. 우리에겐 늘 새로운 시대의 흐름을 익혀야 하는 미션이 있다. 패션 유행처럼 따라도 그만 안 따라도 그만인 게 아니라 따르지 않으면 늘 곤란에 처할 수 있는 것이 바로 사회적 흐름이다.

디지털 세대는 굳이 노력하지 않고도 자신도 모르는 사이 자연스럽게 컨버전스 트렌드를 따르고 있지만 아날로그 세대는 그렇지 않다. 컨버전스 트렌드를 따르지 않고서는 디지털 시대를 버텨낼 재간이 없기에 컨버전스 트렌드의 코드를 읽어내고 그것을 몸으로 받아들이려고 노력한다. 아날로그 세대들이 디지털 이미그런트로 전환하는 노력을 기울이지 않는다면 디지털 시대에 도태될 가능성이 높다.

디지털 컨버전스는 가장 중요한 디지털 시대의 트렌드로, 선택이 아닌 필수다. 그나마 다행스러운 건 한국인이면 누구나 컨버전스 트렌드를 쉽게 익힐 수 있다는 점이다. 왜냐하면 우리에겐 오랜 기간 다져온 우리만의 컨버전스 문화, 즉 비빔밥문화가 있기 때문이다. 한국인은 복합적이고 융합적인 특성이 있다. 비빔밥의 나라답게 컨버전스에 강할 수밖에 없다.

우리는 전통적으로 뭐든 섞고, 붙이고, 합치길 좋아한다. 컨버전스의 태생적 본류인 섞음과 뭉침, 합침의 문화를 우리는 이미 가지고 있는 셈이다. 물론 비빔밥문화가 컨버전스를 쉽게 받아들이는 데 기여하고는 있지만 디지털 컨버전스를 보장하는 황금열쇠는 아니다.

비빔밥은 뭘 섞고 뭘 넣느냐에 따라 맛이 다르다. 비벼서 먹는다는 것만 같을 뿐, 맛은 천차만별이다. 또한 개인화가 가능하다. 누구나 자신의 입맛에 맞게 맞추어 먹을 수 있는 개인 맞춤요리다. 누구나 쉽게 만들어 먹을 수 있으며, 누가 만들더라도, 어떤 재료를 넣어 만들더라도 기본적인 맛은 나온다. 왜냐하면 고추장이 바로 비빔밥의 정체성을 살려주는 핵심이기 때문이다.

디지털 컨버전스에도 고추장과 같은 존재가 있다. 디지털 컨버전스에서의 고추장은 상호 융합적인 기술과, 그 기술을 활용하고 적용할 문화라 할 수 있다. 우리에게 필요한 것은 디지털 컨버전스 시대의 고추장을 찾아내고 주도권을 잡는 일이다.

디지털 컨버전스는 '1+1=2'가 아님을 보여준다. 두 가지 서로 다른 영역의 기술이나 기능을 합쳐 원래의 기능을 충족시키면서 아울러 새로운 또 다른 만족도 주고 있기 때문이다.

가장 먼저 디지털 컨버전스가 가시화된 것은 미디어 분야다. 인터넷을 필두로 한 초고속정보통신망이 확산되고 디지털 TV의 기술이 발전함에 따라 향후 미디어는 방송과 통신을 융합하는 체제가 될 것이다.

이미 우리는 인터넷을 통해 인터넷방송(Webcasting)을 경험했고, 기존 TV를 통해 인터넷에 접속하는 인터넷 TV, 인터넷 콘텐츠를 TV로 구현하는 홈엔터테인먼트 사업, DMB(Digital Multimedia Broadcasting)도 경험하고 있다. 합종연횡과 다양한 신기술을 받아들여 점점 새로운 모습으로 진화하고 있는 미디어의 중심에 컨버전스가 있는 것이다.

가전기기들의 컨버전스도 가속화되고 있다. 가전기기는 홈네트워크를 중심으로 디지털 컨버전스가 이뤄지고 있다. 가전기기는 본원적인 기능만 가지지 않고 통신과 제어의 기능을 갖춰 스스로 미디어 기반을 구현한다. 각 가정의 많은 가전기기들이 서로 컴퓨팅을 하며, 모바일 단말기를 통해 집 안팎에서 가전기기들을 제어할 수 있다. 홈네트워크는 사이버 아파트를 중심으로 상용화 초기 수준이지만 향후 홈네트워크 시장은 가전업계의 새로운 중심이 되어 수년 내에 대중화를 이룰 것이다.

저마다 하나씩 쥐고 있는 디카폰(혹은 폰카)도 컨버전스의 결정체다. 이동전화의 디지털 컨버전스는 음성 송수신 기능에서 시작하여 텍스트 송수신, 무선 인터넷 접속, 전자결재 등의 다양한 기능과 기술융합으로 이어지고 있다.

PDA는 개인정보단말기에서 진일보하여 이동전화나 화상회의 등의 모바일 커뮤니케이션 기능에서부터 MP3, 보이스레코더, 디지털 카메라 등의 다양한 기능으로 컨버전스되고 있다. PC, DVD와 PVR가 결합하고, 위성 GPS를 통한 네비게이션을 비롯, 자동차와 통신망도 텔레메틱스로 결합한다.

그밖에도 우리가 알고 있는 대부분의 제품과 기술, 서비스가 본원적인 기능 이외의 새로운 무언가와 컨버전스되고 있다.

디지털 컨버전스는 기술적인 융합과 통합이지만 디지털 라이프를 누리는 사람들의 개인화는 가속될 것이다. 그 이유는 가전(家電)기기가 개전(個電)기기로 변하고 사람이 아닌 기술과 기계에 의존하는 비율이 높아짐에 따라 인간소외 현상이 두드러지고 개인주의가 팽배해지고 있기 때문이다.

디지털 컨버전스는 업계 간에도 서로 적이 되는 시대를 본격화하고 있다. PC 생산회사와 TV 생산회사는 심각한 경쟁체제에 돌입했고, 심지어 자동차회사와 통신 서비스 회사, 카메라 회사와 이동통신 단말기생산회사에서도 경쟁구도가 재편될 수 있다. 디지털 컨버전스는 산업 간의 다양한 합종연횡을 가속화할 것이며, 이를 통해 다양한 제휴와 M&A가 활발해질 것이다. 또한 상당수의 기업이 M&A로 사라짐에 따라 그만큼 실업자가 늘어날 것이다.

합종연횡과 복합경쟁시대에서는 인력이 갖출 전문성을 강화해야 한다. 전문인력 스스로 연관분야 전반에 대한 전문성을 컨버전스할 수 있어야 한다. 기술만 뭉치는 것이 아니라 개인도 전문성의 영역을 뭉쳐야 할 것이다.

모두 통합과 융합을 통해 새로운 모습으로 거듭나다 보면 원래의 본원적이고 고유한 성질을 가진 미디어나 서비스는 점차 사라질 것이다. 이는 해당산업의 정체성, 해당분야에 종사하는 인력들의 정체성, 해당분야가 가진 사회적 정체성 면에서 상당한 혼란을 겪을 수도 있다. 기술적 진보에 따른 사회적 진보 수준은 정체성 위기 극복 여부와 디지털 라이프의 풍요를 가늠할 하나의 기준이 될 것이다.

산업계는 이미 디지털 기술의 발달로 컨버전스를 경험하고 있다. 제품이나 서비스를 중심으로 산업이 구분되던 과거와 달리 이제는 이를 이용하는 소비자를 중심으로 구분되고 있기 때문이다. 기능이나 서비스를 소비자 중심으로 재편하면서 과거의 산업 구분이 점차 무의미해지고 있다.

디지털 컨버전스는 기술적 진보와 산업의 발전뿐 아니라 관련된 디지털 문화와 사회현상에도 큰 영향을 미친다. 따라서 디지털 라이프를 제대로 향유하기 위해서는 사고방식과 생활방식에 대한 컨버전스도 필요하다. 기술은 컨버전스가 보편화됐는데, 그 기술을 활용할 사람들이 컨버전스를 받아들이지 못한다면 과도기적 충돌이 일어날 수 있기 때문이다.

그런 점에서 컨버전스가 오히려 해가 되기도 한다. 필요 이상으로 많은 기능을 추가해 알지 않아도 될 것까지 알아야 하는 불편이 따르기 때문이다. 기술적 융합은 인간의 요구와 필요에 따라서 이뤄져야 한다. 단, 컨버전스 전성시대의 맹점인 컨버전스 만능주의는 경계해야 한다.

디지털 컨버전스는 디지털로 뭉쳐야 하는 시대를 만들어내고 있다. 이미 우리는 기술이나 산업뿐 아니라 행동과 사고방식, 문화마저도 디지털을 중심으로 뭉치고 있다. 따라서 컨버전스 기술만큼이나 컨버전스 마인드도 진화해야 한다.

2 디지털 노마드
소유하지 않을 권리를 즐겨라

소유 자체가 중요하던 시대를 지나 효율성이 중요한 시대로 접어들었다. 합리적 가치가 외형적 가치를 능가하게 된 것이다. 디지털 시대 유목민은 더 좋은 정보와 더 높은 효율성을 찾아 이동하는 것이 특징이다. 따라서 주거나 생활에서도 리스나 임대문화가 보편화되고 있다. 또한 가족 제도에 얽매이길 원치 않으므로 독신이 증가하고 있는 추세다.

'디지털 노마드(digital nomad)' 라는 말은 프랑스 사회학자 자크 아탈리가 "21세기는 디지털 장비를 갖고 지구를 떠도는 디지털 노마드의 시대"라고 규정하면서 널리 알려졌다. 현재는 디지털 시대의 대표적인 인간유형으로 인식할 정도로 보편화된 개념이다.

원래 땅에 뿌리박고 정착해 사는 삶은 농경문화의 유산이다. 반면 유목민이 사육하는 가축무리와 함께 일정한 목초지대를 계절에 따라 이동하는 생활형태를 유목문화라고 한다. 유목민은 한 곳에 정착하지 않고 자신에게 유리한 환경을 찾아 늘 이동한다. 예전의 유목민은 농경문화를 이루지 못해서 이동했다면, 디지털 시대 유목민은 더 좋은 정보와 업무생산성, 효율성을 찾아 이동한다. 그리고 그런 이동을 보다 원활하게 하는 것은 디지털 기술과 지식정보 중심의 산업구조다.

디지털 노마드를 연구하는 이들이 몽골 유목민과 징기스칸을 연구하거나 코스모폴리탄 등 아날로그 시대에도 유효했던 노마드를 연구하는 것은 당연한 일이다. 그들의 노마드 문화가 디지털 시대를 맞아 디지털 기술과 사회환경을 통해 좀더 능동적이고 생산적인 노마드 문화로 진화하기 때문이다.

노마드 시대는 이미 현실이 되고 있지만 향후 노마드 시대가 좀더 본격화되면 사회는 많은 변화를 겪을 것이다. 가족제도가 변할 것이며 싱글 문화와 싱글 산업도 변화에 발맞춰 확대될 것이다. 자기계발 산업이나 자기관리 산업이 번창할 것이고 국제적인 이동이 자유로운 잡노마드나 코스모폴리탄도 급증할 것이다.

그 중 가장 큰 변화는 소유문화의 변화다. 소유문화의 변화로 각종 임대산업이 활성화됨으로써 정착과 관련된 산업은 위기를 맞을 것이다. 소유문화의 변화는 디지털 시대의 새로운 무소유담론으로도 이어질 수 있다.

노마드 시대에는 몸이 가벼워야 한다. 다이어트는 몸을 가볍게 하는 것이지만 노마드 시대에는 몸 밖의 것을 가볍게 해야 한다. 노마드 시대를 살아가기 위해서는 농경문화의 정착민들처럼 몸이 무거워선 안 된다. 유목민의 살림은 단출하다. 언제든 새로운 목초지를 찾아 떠나야 하기 때문에 천막과 필수 가재도구 몇 가지만 지니고 있을 뿐이다. 그들은 늘 자연에서 많은 것을 얻으며, 자기 손에 직접 쥐어 있는 소유물이 아닌 함께 사용할 수 있는 공유의 개념을 일찍 받아들였다. 주인 없는 목초지라 하더라도 다음에 올 사람들을 위해서 풀을 남겨둔 채 이동하고, 모두가 함께 쓰는 공동의 자산인 자연을 각별히 아낄 줄 안다. 이게 바로 노마드식 소유문화, 즉 공유와 활용적 소유관이다. 이러한 소유문화는 디지털 노마드에게도 그대로 적용될 수 있다.

가족도 디지털 노마드의 몸을 무겁게 만드는 요소가 될 수 있다. 가족 모두가 디지털 노마드화되지 않는다면 말이다. 그래서 디지털 노마드를 추구하는 이들 중에는 싱글이 많다. 자신의 가치를 위해, 자신이 하고자 하는 일을 위해 자유롭게 옮겨다녀야 하기 때문에 가족제도에 얽매이길 원치 않으며 독신을 즐긴다.

디지털 시대에 독신이 증가하는 현상은 디지털화가 가져다준 개인화 확산과 여성의 사회적 지위 향상, 싱글 라이프의 편의를 도모하는 각종 디지털 기술의 등장 등이 한몫 하고 있다. 디지털 노마드도 독신이 증가하는 데 결정적 요소로 부상할 것이다.

종교적 의미의 무소유(無所有)는 가진 것 없이 모든 것이 존재하는 상태인 산스크리트어 '시마티가(simatiga)'를 번역한 말이다. 물론 디지털 노마드의 소유문화가 무소유문화를 지향하는 것은 아니지만 소유가 아닌 접속을 지향한다는 차원에서라면 광범위하게 소유적 관점이 녹아 있다고 하겠다. 물론 종교적 의미의 무소유가 아닌 사회적 의미의 비소유(非所有)인 것이다.

내 손에 있지 않다고 해서 그것이 없는 것은 아니다. 내가 소유하지 않아도 내가 사용할 수만 있다면 굳이 소유욕을 부릴 필요가 없다. 즉, 물리적 소유에서 활용적 소유로 변화하는 게 디지털 노마드들의 소유문화의 축인 것이다. 소유가 접속으로 바뀌면 소유에 수반된 개인적 책임감도 사라진다. 소유하고 있지 않으니 잃을 것을 두려워하거나 걱정할 필요도 없다. 소유물을 관리할 책임도 없고 소유물의 처분 방법을 걱정하지 않아도 된다.

소유문화와 임대문화의 가장 큰 차이가 바로 책임감과 의무감이 크냐 작으냐 하는 것이다. 임대문화, 즉 접속문화이자 활용적 공유문화는 개인에게 좀더 많은 자유와 편안함을 준다. 가뜩이나 여기저기로 이동해야 하는 디지털 노마드들에게는 소유가 가진 책임을 떠안는 것보다 임대가 가지고 있는 편리함을 선택하는 것이 현명한 셈이다.

제러미 리프킨의 《The Age of Access》는 《소유의 종말》로 번역되어 국내에 소개됐다. '접속의 시대'가 곧 '소유 종말의 시대'인 셈이다. 이 책에선 사람들이 더 이상 소유하지 않고 필요할 때마다 임시적으로 접속한다고 설명하고 있다. 자본주의가 상품교환 체제에서 경험영역에 접속하는 체제로 바뀌고 있다는 해석이다. 이로써 접속의 대상인 지적재산권 영역은 더 강화될 것이고 문화상품은 더 확대될 것이다.

이 책에서는 주로 정보와 문화에서의 소유 종말을 다루고 있지만, 현실에서는 물리적인 소유물에서도 소유문화의 변화를 예상할 수 있다. 물리적 소유물은 일반적 접속의 대상은 아니지만 임대를 통해서 경험을 접속할 수 있다는 측면에서 동일한 접근으로 해석할 수 있다.

가장 대표적인 소유물이 부동산이다. 전 세계를 자유롭게 이동할 수 있는 노마드에겐 집을 소유한다는 게 그리 효율적이지 않다. 노마드의 원조인 유목민의 집은 천막이다. 언제 어디서나 쉽게 천막을 치고 잘 수 있고, 또 쉽게 천막을 걷고 옮겨갈 수 있기 때문이다. 그만큼 주거문화가 유목문화에 맞게 조응하는 것이다.

노마드들의 주거는 이동성이 뛰어나야 한다. 한 달 만에 옮길 수도 있고 몇 주일이나 몇 달 만에 옮길 수도 있기 때문이다. 전 세계가 모두 자신의 무대가 될 수 있고, 주거지가 될 수 있는 시대다. 그렇게 때문에 주거에서의 임대문화가 자연스러워진다. 레지던스 호텔을 비롯한 단기 임대형 주거문화는 노마드들에겐 아주 효율적인 주거 방식이다.

소유의 관점이 바뀌면 부동산투기도 근절될 수밖에 없다. 사야 할 사람들이 안 산다는데 누가 돈을 덧붙여서 팔아먹을 수 있겠는가. 그러므로 디지털 시대의 재테크 수단으로 부동산을 산다는 것은 다소 위험한 발상일 수 있다. 더 나아가 디지털화가 부동산 버블 붕괴를 주도할 수도 있다. 다소 비약된 논리라고 할 수도 있지만 수요와 공급의 법칙에서는 타당한 해석이다.

자유롭게 이동해야 하는데 몸이 무겁다면 곤란하다. 가장 몸을 무겁게 만드는 것이 바로 부동산이다. 다른 것은 가지고 갈 수 있지만 부동산은 그럴 수 없다. 자유롭게 이동하는 노마드가 매번 집을 샀다가 이동하기 위해서 팔아야 하는 번거로움을 감수할 리 만무하다. 거기다가 디지털 노마드가 속해 있는 디지털 세대는 비싼 돈을 들여 빚까지 내면서 집을 사야 하는지에 의구심을 갖는다. 그들은 집을 소유가 아닌 주거의 개념으로 인식하는 세대다. 집을 비롯한 집안의 가재도구도 소유의 개념에서 벗어난다. 모든 가재도구가 다 딸려 있는 월세 임대는 이미 서구에선 보편화된 주택문화다.

부동산에 유달리 집착을 보이는 아날로그 세대는 대개 나이가 많다. 사실 나이와 경제력은 어느 정도 비례관계에 있다. 아날로그 세대가 부동산에 투자해서 그 부동산을 젊은 디지털 세대에게 팔아야 돈을 버는데, 실수요자인 디지털 세대들은 집을 사야 할 필요성을 못 느끼다 보니 이 사이에 심각한 괴리가 생긴다. 따라서 소유문화의 변화가 가져다준 괴리는 부동산 버블을 붕괴하는 원동력이 될 것이다. 경제적 현상으로 부동산 버블을 바라봤다면, 이젠 디지털 사회의 패러다임 변화의 시각으로 부동산 버블을 바라볼 시기가 됐다.

디지털 노마드의 소유관은 물리적 소유에서 활용적 소유로 변하고 있다. 그들은 소유에 들어가는 비용이나 책임감이 소유를 통해 얻을 수 있는 이익을 넘지 못한다고 판단한다. 아울러 나 혼자 쓰는 점유가 아닌 여럿이 필요할 때 함께 쓸 수 있는 공유에 좀더 관대하다.

소프트웨어도 구입하지 않고 ASP(Application Service Provider)로 빌려 쓴다. ASP는 원거리의 데이터센터에 IT 장비, 소프트웨어 등을 상주시키고 인터넷망 또는 전용선을 통해 가입고객에게 소프트웨어는 물론 모든 IT 인프라와 고객지원 서비스를 제공하는 새로운 개념의 소프트웨어 임대 서비스 제공자를 말한다. 초기에는 회사마다 전산실을 두고 서버와 전용선을 설치했다. 그런데 요즘에는 상당수 회사가 데이터센터의 호스팅 서비스를 받고 있다.

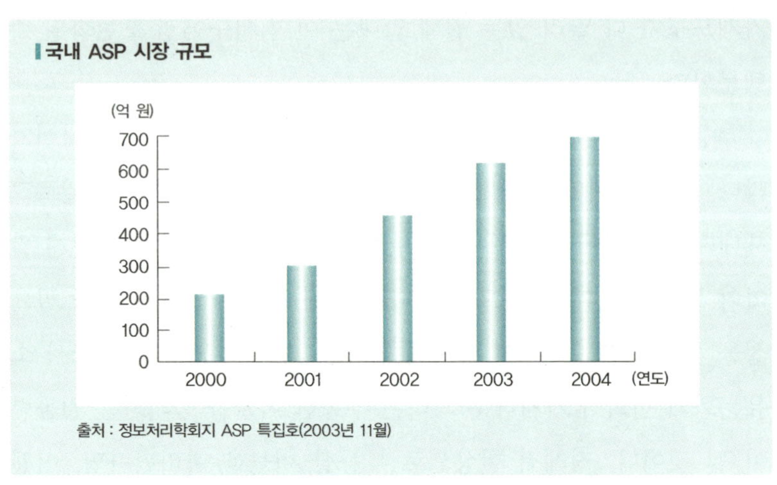

　　물리적인 장비와 설비를 직접 구매하여 모두 가지고 있는 것이 아니라 그 기능과 활용성을 사는 셈이다. 아무리 좋은 서버를 사더라도 몇 년 지나면 구세대 퇴물이 된다. 그만큼 빠른 속도로 기술적 진화가 이뤄지기에 소유에 집착할 필요가 없는 것이다.

　　이 밖에 다른 분야에서도 리스와 렌털 문화가 보편화되고 확대됐다. 자동차만 렌털하던 시대를 지나 이젠 리스와 렌털로 못 빌릴 게 없는 시대에 살고 있다. 모든 걸 다 빌릴 수 있기 때문에 소소한 짐을 담은 트렁크 한 개만 있으면 전 세계 어디를 가더라도 원활한 생활을 할 수 있다.

　　소유 자체가 중요하던 시대를 지나 활용성과 효율성이 중요한 시대로 접어들었다. 합리적 가치가 외형적 가치를 능가하는 셈이다. 그동안은 사용가치를 따지기 전에 재산가치를 먼저 따지는 소유문화였다. 내가 쓰지 않아도 소유하는 것은 아날로그식 소유문화다. 소유 자체가 목적이고 소유 자체에 만족하는 것에서 소유가 아닌 활용이 목적이고 이용 자체에 만족하는 문화로 변하고 있다. 노마드 시대, 우리는 우리의 몸을 점점 더 가볍게 하길 원하고 있다. 따라서 우리가 가진 소유문화도 새로운 트렌드에 맞게 변화될 것이다.

3 가상과 현실 사이
무엇을 상상하든 그 이상을 경험한다

과거에는 상상 속에서만 이뤄지던 것들이 이제 점점 현실로 구현되고 있다. 기술의 힘이 상상을 현실로 만들어내고 있는 것이다. 기술이 보편화된 시대에는 상상력 자체가 경쟁력이다. 따라서 디지털 시대에는 창의력과 상상력이 뛰어난 인재를 양성하는 것이 중요하다.

우리가 살고 있는 현재는 바로 우리가 과거에 상상으로만 그려내던 미래다. SF 영화에서나 등장하던 일이 이미 현실에서 하나둘씩 이뤄지고 있다. 상상력의 속도를 따라잡기라도 할 기세로 디지털은 첨단의 기술력을 과시하며 미래를 앞당기고 있다. 이미 청소 로봇은 결혼 혼수품이 될 정도로 대중화됐다. 로봇이 우리의 생활 속에 들어오는 것은 더 이상 미래에 벌어질 일이 아니다.

어느 개그 프로그램에서 복학생 캐릭터를 가진 개그맨이 10~20년 전에 유행하던 것을 최신 유행인 양 얘기하며 "너 나중에는 전화기로 사진도 찍는다고 거짓말하겠다"라는 대사로 관객을 웃기는 걸 본 적이 있다. 만약 우리가 옛날에 살던 사람의 시각으로 돌아가서 요즘 디지털 기술문명을 보면 모두가 다 거짓말 같을 것이다. 상상도 못하던 것이 현실이 됐기 때문이다.

실제로 10년 전만 해도 오늘날 인터넷의 영향력을 상상이나 했으며, 휴대폰이 만능기기가 될 것을 상상이나 했겠는가. 사실 10년 전에는 인터넷을 쓰는 사람도 많지 않았고 휴대폰도 소수만이 사용했다. 게다가 기능은 아주 열악한 수준이었다. 그럼에도 불구하고 당시에는 그것이 최신 기술이었고 말 그대로 첨단이었다.

10년 동안 새로운 디지털 기술문화의 문화적 충격을 조금씩 나눠 받아서 내성이 생겼지만, 타임머신을 타고 10년 전에서 바로 날아온 사람이라면 10년치 충격을 한번에 받아야 하기에 일시적 공황상태에 빠질지도 모른다. 상상을 뛰어넘는 현실은 놀랍다 못해 공포스러울 수도 있기 때문이다.

상상이 현실이 되는 시대에는 상상력 자체가 경쟁력이므로 창의력과 상상력이 뛰어난 인재를 키워야 한다. 지금의 한국식 교육으로는 창의력과 상상력이 뛰어난 인재를 양성하기가 쉽지 않다. 그렇다면 한국식 교육으로는 상상이 현실이 되는 시대의 경쟁력을 따라가지 못한다는 얘기가 된다. 상상력의 자산이 부족하다는 건 문화적 자산이 부족하다는 것과 같은 맥락이다. 이는 곧 산업적 자산으로 이어질 수 있다.

상상력이 경쟁력인 시대에는 문화 콘텐츠 산업이 많은 부분을 차지한다. 상상력의 원천은 대개 문화 콘텐츠에서 출발하기 때문이다. 한 예로 한국의 애니메이션은 세계적 수준이다. 그런데 한국 애니메이션은 그다지 재미가 없다. 온라인 게임에서 한국은 세계 최고 수준이다. 그런데 게임에 등장하는 상상력은 대부분 외국의 스토리다.

외국의 만화나 설화, 판타지 등이 스토리의 배경인 경우가 많다.

대중문화도 외국에서 들어온 문화가 주류를 이룬다. 우리의 문화가 외국으로 수출되는 경우는 드물다. 그러나 디지털 문화는 다르다. 한국의 디지털 문화가 디지털 한류라는 이름을 달고 외국으로 나가서 외국의 디지털 문화에 영향을 준다. 그 결과 한국 기업이 좀더 유리하게 외국에 진출하고 있다.

요리사들은 먹어보거나 눈으로 본 것은 쉽게 만들지만 한번도 보지 못한 요리는 만들기 어려워한다. 새로운 도구나 기술도 마찬가지다. 상상력은 이처럼 먹어본 요리와 눈으로 본 요리에 해당된다. 상상력이 부족하면 결국 남들이 만들어낸 결과물에 의존해서 2차적인 생산을 할 수밖에 없다. 최초가 돼야 하고 앞서가야 하는 시대에서 늘 남의 뒤를 따라간다는 건 치명적인 문제다.

머리로 그려낼 수 있는 것은 눈으로 그려낼 수 있고, 눈으로 그려낸 것은 손으로 그려낼 수 있다. 즉, 상상할 수 있는 것은 눈앞에 구현해낼 수 있고, 눈앞에 구현된 것은 기술을 덧붙여 현실로 구현해낼 수 있다는 것이다. 결국 모든 원천은 상상력이다.

〈스타워즈〉나 〈반지의 제왕〉은 디지털 기술에 힘입어 생명력을 얻은 영화다. 같은 스토리라도 디지털 기술이 없었다면 전혀 다른 영화가 됐을 것이다. 디지털 기술이 상상력과 결합되면 더 많은 시너지 효과를 내 상상을 현실로 바꾸는 힘을 발휘하기도 한다.

상상력의 힘으로 이뤄낸 산업은 음성인식 기술, 실시간 자동통번역 기술, 로봇 기술, 가상현실 등이 대표적이다. 이와 같이 과거에는 상상 속에서만 이뤄지던 것들이 이제 점점 현실로 구현되고 있다.

과거 SF 영화에 단골로 등장하던 상상 속의 설정들이 이젠 과학기술의 힘을 빌려 현실이 되고 있는 것이다.

말로 하면 뭐든 다 되는 음성인식

알리바바와 40인의 도적 이야기를 음성인식 개발자들의 입장에서 해석하면, 도적들의 소굴이자 보물이 가득한 동굴에는 '열려라 참깨'라는 핵심어를 인식하는 음성인식 잠금장치가 돼 있다고 할 수 있다. 특정인 목소리가 아닌 특정 단어만 인식하면 문이 열리기 때문이다.

한때 이동전화회사에서 음성인식 기술을 적용한 전화기를 출시하면서 '우리집' '본부' 등을 외치는 광고가 나온 적이 있었다. 물론 요즘은 음성인식 전화기를 찾아보기 힘들지만 우리 주위에서 음성인식 기술이 초보적이나마 통용됐음을 알 수 있다.

말로 하면 컴퓨터나 가전기기를 제어하고, 자동차와 대화하며 운전을 하고, 말만 하면 글이 저절로 쓰여지고, 실시간 음성자동통역 시스템을 구현하는 상상은 음성인식을 통해 우리가 누리게 될 디지털 미래의 모습이다.

또한 음성인식 기술은 수많은 장애인에게 새로운 삶의 길을 열어줄 것이다. 실명이나 난독증 또는 실어증과 같은 증세로 고통 받는 사람들은 음성인식 기술을 마스터키로 사용해 커뮤니케이션을 할 수 있게 될 것이다. 최근 음성인식 기술과 관련해 '멀티미디어 환경 속에서 다른 미디어와의 통합'이라는 연구가 진행되고 있다. 따라서 앞으로 음성인식 기술은 인간의 커뮤니케이션 능력과 기계제어

능력을 더욱 원활하게 연계시킬 것이다.

언어의 한계를 극복하는 자동통·번역 기술

언어학습에 대한 한계를 기술로 극복할 수 있다면 어떨까? 그렇게 된다면 지금과 같이 영어공부에 목숨 걸지 않아도 될 것이고 전 세계 누구를 만나더라도 전혀 두렵지 않을 것이다. 각자 자국의 언어로 말하지만 실제 듣는 사람은 자신의 해당 언어로 듣기 때문에 언어소통에도 전혀 문제가 없다. 언어의 인위적 통합이 아니더라도 전 세계인의 효율적인 커뮤니케이션을 실현하는 기술이 조만간 충분히 실용화될 것이다.

인터랙트(Interact)는 아랍어와 영어를 통역하는 자동번역 시스템을 갖춘 소형 휴대용 단말기로, 2003년 이라크 전쟁과 관련해서 미국 해군이 개발했다. 인터랙트의 기본 기능은 사용자가 기계에 대고 한 언어로 말을 하면 2초 후에 다른 언어로 번역해 들려주는 것이다. 물론 이라크 전에서는 활용하지 못했지만 자동통역 기술의 수준을 끌어올리는 데는 기여했다.

중국은 장기간 여러 가지 언어문자와 어음(語音) 교류연구를 실행한 나라로, 몇십 년간의 기술성과를 누적하고 있다. 중국과학원 자동화연구소는 중국 자동번역(통역) 분야에서 최고 수준의 연구기관으로, 국제어음자동번역연구협회의 핵심구성원이다. 국제어음자동번역연구협회는 영어, 중국어, 독일어, 한국어, 프랑스어, 이태리어, 일본어 등 언어 간의 자동번역(통역) 시스템 개발 프로그램을 조직하고 지원하고 있다.

중국과학원 자동화연구소는 일본 마쓰시다와 공동으로 'C-
STAR Ⅲ' 자동번역(통역) 시스템 프로그램인 중국어, 일본어 자동번
역(통역) 시스템 개발을 진행했다. 이 시스템은 공중전화 네트워크
와 국제 인터넷 네트워크를 이용해 휴대폰, 전화기, 컴퓨터 단말기
등으로 여행용어, 호텔 예약용어, 티켓 구입용어, 레스토랑 용어,
환전용어를 중국어, 일본어로 자동번역(통역)할 수 있는 시스템이
다. 물론 한국과 일본과의 자동통역 시스템 연구도 활발히 진행중
이다.

중국과학원에서 한국과 연합해 연구개발하는 '전화어음 자동번
역 실험 시스템'은 타언어 간의 의사소통 장애를 기술적으로 해결
하는 대안으로 대두되고 있다. 사용하는 언어가 다른 두 사람이 휴
대폰을 통해 의사소통할 때 각자의 휴대폰이 자동으로 통역을 해주
는 것이다. 이미 1만 2,000여 개의 중국어 어음을 식별할 수 있는 수
준으로 발전했는데, 조만간 세계 각국 언어에도 적용될 것이다.

중국은 2008년 베이징 올림픽 때 선수촌에 이 시스템을 활용해
효과적인 의사소통을 할 수 있도록 준비하고 있다. 이 시스템이 상
용화되면 2008년 베이징 올림픽 때는 세계 각국의 사람들이 휴대폰
으로 서로 자유롭게 대화할 수 있을 것이다.

실용 로봇의 대중화

로봇은 더 이상 SF에나 등장할 소재도, 먼 미래에서나 경험할 낯선
대상도 아니다. 1920년 체코슬로바키아의 극작가 차페크가 로봇이
라는 말을 사용한 이래로 과학기술은 쉼없이 로봇을 개발했고, 오늘

날 우리가 미처 알지 못하는 영역에서 수많은 로봇이 활용되기에 이르렀다. 오늘날 로봇의 용도는 가정과 병원, 3D 업종으로 불리는 위험한 산업과 군사적 목적, 해저나 우주 등에 고루 퍼져 있다.

파익시스(Pyxis)사가 제작한 엘비스(Elvis)는 병원용 로봇이다. 마치 바퀴 달린 캐비닛처럼 생긴 이 로봇은 병원 건물 내부에서 혈액 샘플이나 약품을 운반한다. 복도를 거닐고 무선으로 엘리베이터를 제어하고 이동할 수 있으며, 사람이나 여타 장애물을 피하는 기능을 포함하고 있다. 최근 병원 등 의료 관련 산업에서는 로봇의 수요가 급증하는 추세인데, 엘비스는 이러한 경향을 잘 보여준다.

3D 산업용 로봇으로는 뉴욕 거리의 지하에서 활동 중인 와이저(Wisor)가 있다. 와이저는 크고 작은 파이프 속을 휘저으며 구멍난 파이프를 발견하면 이를 자동으로 수리한다. 어뢰형으로 생긴 와이저에는 모두 다섯 개의 카메라가 달려 있어 길을 잃지 않고 복잡한 파이프 속을 쉽게 누빌 수 있다. 이 로봇을 제작한 허니비(Honeybee)라는 로봇 전문회사는 화성탐사에 나선 우주선의 탐사용 로봇을 제작하기도 했다.

군용 로봇 기술 또한 나날이 발전하고 있다. 아프가니스탄 전쟁에서도 성공적으로 사용된 바 있는 원격조종이 가능한 탐사 로봇 프레데터(Predator)는 이라크 전에도 투입됐다. 우주비행선의 로봇 팔이나 NASA 화성탐사 프로그램의 바퀴 달린 로봇인 로버(Rover) 등도 대표적인 사례다.

로봇 하면 가장 먼저 떠오르는 캐릭터가 아톰이다. 아마도 아톰이 귀여운 꼬마의 이미지를 담고 있는 전형적인 휴머노이드 로봇이기 때문일 것이다. 로봇 애니메이션이 왕성했던 일본이 실제 로봇 산업에서도 세계적인 주도국이라는 사실은 상당히 흥미롭다. 상상력이 기술력으로 이어지고 있다는 증거인 셈이다. 일본은 로봇이라는 미래산업을 상당히 발빠르게 준비하고 있다. 소니, 혼다, 세이코, 엡손 등 익히 알 만한 일본의 기업들은 모두 실용 로봇을 개발하고 있을 정도로 로봇 산업이 활성화되고 있다.

예를 들어 혼다의 반자동 로봇 아시모(ASIMO)는 몸무게가 약 50킬로그램 정도이고 한 발로 서거나 춤을 추며 계단을 오르내린다. 또한 감정이 담긴 듯한 몸짓과 말하는 기능도 있어 인간형 로봇을 지향하고 있다.

MIT 미디어랩에서 개발한 '아기 로봇' 리플리(Ripley)는 철학, 신경과학, 인지과학, 물리학, 언어학과 아동발달에 이르기까지 여러 학문 분야의 공동연구로 탄생했다. 유아 수준의 대화가 가능하고 테이블 위의 어떤 물건을 집으라는 식의 간단한 명령에 반응하지만 공상과학소설 속의 화려한 로봇과는 거리가 멀다.

리플리는 미리 정해진 프로그램이 알려주는 대로 언어를 배우는 것이 아니라 실제 물체를 보고, 만지고, 그에 해당하는 단어를 들으면서 어린 아이처럼 배워나간다는 점이 특징이다. 리플리의 성과는 인간의 뇌에 대한 연구와 함께 지능형 로봇에 대한 연구수준도 발전시킬 것이다.

한국에서도 휴먼 로봇이 개발되고 있지만, 인간의 조작으로 작동되고 기초적인 수준의 인공지능만을 가지고 있어 세계적 수준에 이르려면 아직 미흡하다. 하지만 인간형 로봇인 휴머노이드로의 발전과 이를 통한 실용 로봇의 대중화는 그리 먼 미래의 일만은 아니다. 그리 길지 않은 로봇 역사치고는 현재의 로봇 기술은 상당히 발전하고 있다는 점에서 매우 긍정적이다.

실용 로봇이 대중화되는 시기가 도래하면 우리는 아이작 아시모프 박사가 창시한 다음의 '로봇공학 3원칙'을 일상적으로 떠올려야 할 것이다.

"제1조, 로봇은 인간에게 위해를 가하면 안 되며 위험을 간과함으로써 인간에게 위해를 끼쳐서도 안 된다. 제2조, 로봇은 인간의 명령에 절대 복종해야 한다. 단 명령이 제1조에 위반할 경우는 예외다. 제3조, 로봇은 제1조 및 제2조에 위반할 우려가 없는 한 스스로를 지켜야 한다."

그러고 보면 작가가 만든 로봇 개념에 또 다른 작가가 로봇공학 원칙을 만들고, 그 위로 수많은 작가의 상상력과 수많은 과학자의 창의력과 기술력이 어우러져서 비로소 실용 로봇의 대중화를 이뤄내고 있는 셈이다. 로봇 기술보다 더 대단하고 위대한 것이 바로 상상력이다. 조만간 우린 그 상상력의 산물을 현실에서 만날 것이다. 실용 로봇에 대한 상상을 현실에서 말이다.

최고의 엔터테인먼트 산업으로 성장한 가상현실

가상(virtual)과 현실(reality)이라는 말은 동시에 공존할 수 없다. 서로 반대말에 해당되는 가상과 현실을 하나로 묶어놓은 것이 가상현실(virtual reality)이다. 존재하지 않는 가상의 것이 어찌 실재하는 진실이자 현실이 될 수 있을까? 말 자체가 주는 모순에도 불구하고 현실에서 가상현실영역은 점점 커지고 있다.

가상현실의 개념은 1960년대까지 거슬러 올라가지만 유행하게 된 것은 1990년대에 들어와서다. 가상현실은 국방성에서 모의전투와 비행훈련을 하는 데 계속 사용해왔다. 모의실험이나 모의수술과 같은 교육적 측면에서도 실용화되고 있다. 초기 가상현실은 컴퓨터 그래픽(Computer Graphics : CG)을 근간으로 한 시각 중심의 가상세계를 만드는 기술에서 출발해 현재는 청각과 후각, 촉각 등 인간의 오감까지 모두 다루게 됐다.

가상 골프는 이미 SF 영화에서 소개된 바 있다. 가상현실에서 타이거우즈나 박세리와 함께 골프를 즐길 수 있다. 단지 화면을 통해서 골프를 하는 사이버 게임 수준이 아니라 실제 골프장에서 직접 골프를 치고 걸어 다니는 것처럼 실감할 수 있다. 머리에는 가상현실을 입력하는 헤드셋을 끼고, 눈에는 특수안경을 끼고, 그리고 손과 다리 등에는 각종 센서를 부착하고, 손에는 골프채를 들고 있다. 지나가는 사람이 그 모습을 보면 혼자 골프채를 들고 뭘 하나 하겠지만, 당사자는 지금 골프장에서 골프를 즐기는 가상체험을 하고 있는 것이다. 여기서는 반응감각기술(force feedback technology)을 통해 어떤 움직임을 느끼고 그 속도와 저항을 느낀다. 영화 〈매트릭스〉를 보면 가상현실에서 결투를 벌이면서도 실제 육체가 반응하고 고통을 느끼는 장면이 있었는데, 바로 일종의 반응감각기술에 해당된다.

가상현실기술의 대중화는 엔터테인먼트 산업에도 큰 영향을 미칠 것이다. 영화를 눈으로 보는 것이 아니라 스스로가 영화 속 주인

공이 되어보는 가상체험은 어떨까? 현실에선 불가능했던 여러 상황을 가상현실을 통해 직접 체험하는 경험을 파는 것은 하나의 문화상품이자 거대한 문화산업으로 자리할 것이다. 손을 뻗어 만질 수 있고 직접 자신의 감각으로 느낄 수 있는 콘텐츠가 가상현실기술에 힘입어 등장해 향후 엔터테인먼트 산업의 주류가 될 것이다.

이밖에도 우리는 무수한 상상력을 현실로 경험하고 있다. 상상력이 현실로 전환되는 속도도 빨라지고 있다. 결국 기술의 힘이 상상력을 현실로 만들어내고 있는 것이며, 기술이 보편화돼 상상력의 가치가 더욱 중요한 경쟁력 요소로 각광받을 것이다. 창의력과 상상력을 가진 자, 창의력과 상상력을 기술력으로 연결시키는 자가 더욱 대접받는 시대가 바로 디지털 시대다. 디지털은 기계가 아닌 인간을 지향한다. 기계식 사고가 아닌 인간의 창의적인 사고는 디지털을 발전시키는 원동력이다.

유비쿼터스 4
RFID로 한층 가까워지다

유비쿼터스 컴퓨팅의 변화에서 가장 두드러지는 기술 중의 하나가 RFID다. 비접촉식 인식 시스템인 RFID는 제품에 관한 각종 정보를 담은 전자칩으로, 소비자의 구매 패턴에 대한 정보를 데이터베이스로 확보할 수 있다. 하지만 해킹과 사생활침해 등 보안적인 측면에서의 위험이 크기 때문에 안전장치를 마련해야 한다는 과제를 안고 있다.

공기처럼 언제 어디서나 쉽게 이용할 수 있는 컴퓨팅 환경은 더 이상 SF 영화 속 설정이 아니다. 이미 현실에서 유비쿼터스(Ubiquitous) 기술은 상당히 진보했으며, 다양하게 활용되고 있다. 유비쿼터스라는 말도 이젠 더 이상 낯선 용어가 아니다. 우리가 굳이 의식하지 않더라도 우리는 이미 상당히 높은 수준의 유비쿼터스 기술을 주위에서 경험하고 있다.

유비쿼터스는 우리를 선(wire)에서 해방시켜 준다. 각종 모바일 기기, 무선 인터넷이나 DMB(Digital Multimedia Broadcasting), RFID(Radio Frequency Identification), 와이브로(Wibro), 블루투스(Bluetooth), 인공 및 자연 지형지물에 부여될 전자식별인 UFID(Unique Feature Feature Identifier), 홈네트워킹(Home Networking), 스마트 웨어

(Smart ware)나 스마트 액세서리(Smart accessory), 위치기반서비스인 LBS(Location Based Service), 스마트 타이어 기술인 타이어 압력 모니터링 시스템(Tire Pressure Monitoring System : TPMS), 스마트 디스플레이(Smart Display) 등 수많은 기술이 유비쿼터스를 이뤄내기 위해 속속 등장하고 있고, 앞으로 더 많은 새로운 기술이 유비쿼터스를 진화시키기 위해 등장할 것이다. 결국 선에서 벗어나 공간의 자유를 더욱 확대시키고, 각종 노마드족을 확산시키면서 인간이 가진 활동의 자유를 확대시키는 데 더욱 기여할 것이다.

하지만 유비쿼터스 전성시대를 좋게만 바라볼 수 없다. 언제 어디서나 컴퓨팅 환경에 연결돼서 편리하게 디지털 문명을 누리는 것은 좋은 점이지만 자칫 빅브라더를 만드는 위험 수단이 될 수도 있다는 점에서 경계해야 한다. 따라서 유비쿼터스 기술 못지 않게 중요한 것이 바로 개인정보보호와 보안이다. 유비쿼터스라는 유용하고 편리한 기술은 어떻게 활용하느냐에 따라 굉장히 위험한 도구가 될 수 있기 때문이다. 결국 기술이 아니라 사람이 문제다.

유비쿼터스 컴퓨팅(Ubiquitous Computing)이란 컴퓨터와 인터넷을 물이나 공기처럼 이용할 수 있다는 뜻이다. 이는 '어디에나 존재한다' 는 라틴어에서 따온 말로 인터넷이라는 가상공간과 실재하는 물리공간의 결합을 의미한다. 이미 유비쿼터스의 중요성이나 발전 가능성에 대해서는 누구나 공감하고 있다. 한국의 IT839 전략에서도 유비쿼터스가 중요 요소로 들어가 있다. 유비쿼터스는 국내뿐 아니라 미국이나 유럽, 일본 등 기술 선진국에서도 새로운 기회산업이자 신기술 영역으로 바라보고 있다. 또한 향후 미칠 대중적 파급력 또한 인터넷 산업의 영향력만큼이나 크다고 할 수 있다.

국내에서도 유비쿼터스 컴퓨팅 기술에 대한 관심이 상당히 높다. 정부는 2007년을 목표로 '유비쿼터스 코리아(U-Korea)' 계획을 진행 중이며, 유비쿼터스 컴퓨팅 분야에서 세계 선도국가가 되기 위해 정부와 산업계, 관련 전문가 등이 본격적으로 나섰다.

서울 상암동 디지털미디어시티(DMC)에 조성하는 스마타운(Smar-Town)은 초고속광대역 유무선통신망을 통한 지능형 행정, 교통, 교육, 원격의료, 환경감시, 원격재난관리, 물류서비스 등을 갖춰 개인이나 입주업체들에게 최적의 주거 및 업무환경을 제공함으로써 세계 최초의 지능형 시범도시가 될 전망이다. 상암동 스마타운은 '유비쿼터스 코리아' 구축을 위한 시험장으로 활용될 것이다. 이 때문에 정부는 유비쿼터스 컴퓨팅을 한국의 차세계 주력산업으로 편성해 육성지원하고 있다.

유비쿼터스 컴퓨팅의 대중화는 IT 경기를 활성화시키는 촉매제가 될 것이며, 아울러 IT 기업들은 치열한 시장쟁탈전에 돌입할 것이다. 이미 국내에선 통신업체를 선두로 유비쿼터스 컴퓨팅의 대중화가 서서히 가시화되고 있다. 통신업체들은 2.3GHz 대역 주파수를 사용하고 있는 휴대 인터넷 서비스를 통해 대용량 멀티미디어 전송기능을 원활하게 제공하고 있다.

유비쿼터스 컴퓨팅은 통신기기를 통한 대중화를 계기로 국내의 주요 산업영역별로 유비쿼터스 컴퓨팅과 관련한 기술을 지속적으로 개발하고 있다. 한국은 이미 유비쿼터스 컴퓨팅 분야에서 세계적인 수준을 갖추고 있는 동시에 유비쿼터스 컴퓨팅의 대중화를 가장 먼저 앞서나갈 국가로 손꼽히고 있다.

유비쿼터스 컴퓨팅의 변화에서 가장 두드러진 기술이 RFID(Radio Frequency Identification)다. 최근 바코드 시대는 가고 좀더 진화된 기술인 RFID 시대가 열리고 있다.

RFID는 일정 주파수 대역에서 무선으로 데이터를 주고받는 무선주파수 인식 시스템을 이용해 제품에 관한 각종 정보를 담은 전자칩으로, 전자 태그라고도 부른다. 바코드와 달리 무선으로 인식할 수 있고 칩 자체에 메모리 기능이 있어 바코드보다 많은 정보를 담을 수 있으며 응답속도도 빠르고 동시에 여러 태그를 읽을 수 있다.

유통물류 분야에서는 혁명적인 변화를 가져다줄 기술이고, 차세대 IT 주력산업으로 엄청난 시장 규모가 예상되는 분야다. 실제로 국내외 주요 IT 기업들이 RFID 기술 사업에 뛰어들고 있고, 유통 물류 분야를 비롯한 각종 유비쿼터스 환경에서도 주목받는 기술로 손꼽히고 있다.

생산단계에서부터 모든 제품에 RFID 칩을 부착하면 생산과 유통과정을 한번에 파악할 수 있다. 생산관리와 유통관리, 재고관리 등의 획기적인 기술로 제품 판매방식에서도 큰 변화가 있을 것이다. 기존에는 제품을 판매할 때 소비자가 구매한 제품을 계산원이 바코드로 읽어내서 계산을 했다. 하지만 RFID 칩이 내장된 제품은 소비자가 카트에 제품을 담고 RFID 판독기가 있는 곳을 지나치면 소비자가 가진 RFID 칩에 내장된 신용카드가 자동으로 계산한다. 이는 유통매장뿐 아니라 바코드를 이용해서 체크하는 공간에서는 모두 활용할 수 있다.

　기업의 입장에서는 물류유통의 자동화, 간소화와 함께 인건비 절감과 부대비용 절감이라는 장점이 있다. 무인환경의 유통매장이 돼 판매원의 역할은 사라질 것이다. 게다가 판매원도 굳이 사람일 필요가 없다. 개별 소비자의 개인정보를 데이터베이스에서 실시간 분석해 모니터와 스피커를 이용해서 컴퓨터가 소비자와 커뮤니케이션할 수 있다. 그야말로 RFID 칩은 유통과 물류, 그리고 판매환경에 비약적인 변화를 몰고 올 것이다.

　경우에 따라서는 소비자의 구매 패턴 정보를 데이터베이스로 확보할 수 있기에 기업의 마케팅에도 요긴하게 쓰일 것이다. 물론 이것이 소비자 입장에서는 사생활침해의 소지가 높은 사항이라 문제가 될 수 있다. 실제로 소비자가 구매한 제품에 있는 RFID 칩과 함께 해당 소비자의 신용카드의 RFID 칩도 판독기에 읽혀지기에 누가 어떤 물건을 언제 어디서 구매했는지 개인 정보가 고스란히 드러날 수 있다.

　그러나 업계 입장에서는 여러 가지 장점이 있다. 특정고객의 선호도를 분석해 개인화 마케팅이 가능하기 때문이다. 고객이 물건을 사러 매장에 들어섰을 때 모니터에서 고객의 이름을 불러주면서 평소에 자주 사던 물건을 할인해주거나 이벤트 정보를 알려주며 구매를 유도한다고 상상해보라.

　이미 스티븐 스필버그의 SF 영화 〈마이너리티 리포트〉에서도 이와 비슷한 장면이 나왔다. 영화에서는 RFID 칩이 아닌 눈의 안구로 이를 확인하는 설정이었지만, 우리가 앞으로 경험할 디지털라이프에서는 RFID 기술이 그 역할을 상당 부분 수행할 것이다.

따라서 기술적 진보가 가져다주는 편리와 그로 인해 발생하는 사생활침해라는 위험성 사이에서 RFID를 어디까지 활용할 것인지가 심각한 고민이다.

RFID은 물류유통 외에도 여러 곳에서 쓰이고 있다. 제품 판매와 물류, 재고관리라는 본연적인 용도 외에도 다양한 용도로 활용되고 있다. 우선 고속도로에서는 통행료를 내기 위해 멈출 필요 없이 RFID 판독기가 설치된 지역을 지나면 통행요금이 RFID 칩이 내장된 신용카드를 통해 무선으로 자동결재된다. 이러면 고속도로의 통행흐름도 원활해지며 자동차의 에너지를 절감하고 통행시간을 줄일 수 있다.

그리고 애완견의 몸에 RFID 칩을 장착하면 애완견을 잃어버렸을 때 쉽게 찾을 수 있다. 실제로 국내의 한국애견연맹에서는 수년 전부터 애완견에 넣을 RFID 칩을 보급했고, 2004년 기준으로 5,000여 마리의 애완견에 RFID 칩을 장착했다. 그리고 개인의 신상정보 및 병력을 담은 칩을 몸에 이식해 응급상황이 발생할 경우 재빨리 대처할 수도 있다. 미국에서는 이러한 베리칩을 이식받은 사람이 1,000여 명에 이른다고 한다.

아울러 교도소에서는 죄수관리 차원으로 RFID를 사용할 수 있다. 이미 미국에서는 4개의 교도소에 있는 재소자들에게 RFID 칩이 내장된 팔찌를 보급해 재소자의 위치와 행적을 수시로 알 수 있다. 덕분에 교도소 내의 폭력도 줄어들고 탈옥도 줄어드는 효과를 거둔다고 한다.

일본에서는 산업폐기물 추적 테스트에 RFID를 도입하기로 했으며, 싱가포르에서는 사스 발생 때 응급부서에서 RFID를 사용한 바 있다. 이 외에도 어린이에게도 RFID를 인식표처럼 달아서 미아를 방지하는 데 활용할 수 있고, 자동차나 각종 도난 가능성이 있는 물건에 RFID를 부착해 도난시 문제해결에 활용할 수 있다. 사실 사용 분야는 무궁무진하다. 우리가 생각해낼 수 있는 영역은 모두 사용이 가능하다고 해도 과언이 아니다.

다만 RFID의 문제는 해킹과 사생활침해 등 보안성 위험이 크다는 것이다. RFID 칩을 위·변조하여 범죄에 이용할 수 있다. RFID가 무선주파수이기 때문에 해킹을 통해서 RFID에서 이뤄지는 정보를 빼내갈 수 있다. 가령 특정개인의 제품구매정보나 각종 결제정보 등 사생활침해 소지도 높고 범죄에 악용될 소지도 높은 정보들이 해킹될 수 있다.

RFID 칩을 악용해서 개개인이 언제 무엇을 하는지를 감시할 수도 있다. 이른바 '빅브라더'의 시대가 되는 것이다. 그렇기 때문에 RFID가 보편화되기 전에 RFID에 대한 각종 규제나 법적 기준을 만들어야 한다. RFID를 사용했을 때 야기될 수 있는 여러 가지 문제를 파악해 대비책도 강구해야 한다.

분명 RFID 기술은 우리의 디지털라이프를 획기적으로 바꿔줄 장미빛 기술이다. 하지만 그 속에 아주 무시무시한 가시도 숨어 있는 기술임을 부정할 수 없다. 그런 점에서 RFID는 기대도 크지만 우려도 큰 기술이다. 앞으로의 과제는 RFID에서 발생할 수 있는 우려를 어떻게 해소할 것인지 그 대안을 마련하는 것이다. 기술적 수준에 걸맞은 사회적이고 기술적인 안전장치를 마련해야 한다. 결코 쉽지는 않겠지만, 그렇다고 기술적 진보에 우리를 그냥 내맡길 수만은 없다.

앞에서도 언급했듯이 유비쿼터스는 가시 돋힌 장미와 같다. 그만큼 편리함과 위험성을 함께 가지고 있다는 의미다. 언제 어디서나 컴퓨팅 환경에 있는 편리함이, 언제 어디서나 자신을 노출시키고 감시당할 수 있는 위험으로 바뀌는 것은 손바닥 뒤집기와 같이 순식간에 이뤄질 수 있다. 따라서 유비쿼터스의 편리를 제대로 누리기 위해서는 그 속에 숨겨진 위험성을 근절할 대안을 더 많이 준비해야 한다.

아날로그 시대는 크기가 경쟁력이었지만 디지털 시대는 속도가 경쟁력이다. 인터넷에서 로딩되는 몇 초를 지루해하고, 약어나 이니셜로 말을 줄여 쓰며, 이모티콘으로 커뮤니케이션한다. 한국이 인터넷 강국이 될 수 있었던 것도 빨리빨리 문화에 익숙한 우리나라 사람들의 특성 때문이다.

디지털 시대에 속도는 상당히 중요한 화두다. '1분 먼저'가 '100년 먼저'가 될 수 있는 것이 바로 디지털 시대다. 먼저 깃발을 꽂는 자가 시장을 선점한다는 속도강박증으로 인터넷 골드러시를 보낸 적도 있다. 여전히 기술개발의 속도, 비즈니스의 속도는 경쟁력의 주요 원천이다.

먼저 하는 자, 빨리 하는 자가 더 유리한 고지를 점할 수 있는 게 디지털 시대다. 신제품이 나왔다 하면 초고속 반응을 보이는 소비자와 신상품이 나오기 바쁘게 또 다른 신상품을 출시해 소비자의 시선을 사로잡으려는 생산자를 만나는 게 어렵지 않은 시대가 됐다.

아날로그 시대는 크기가 경쟁력이었기 때문에 덩치 큰 사람이나 규모가 큰 기업이 주도권을 잡기 일쑤였다. 디지털 시대도 크기가 여전히 매력적인 경쟁력이긴 하지만, 그보다 더 중요한 게 속도다. 규모가 작은 벤처기업도 빛의 속도로 시장을 내달리다 보면 대기업의 아성을 무너뜨릴 수 있다. 때문에 IT 제품분야에서는 스피드 경영이 아주 각광받고 있다.

CEO가 전 세계를 돌아다니며 최신 트렌드를 보고 전략을 세워 이메일로 업무를 지시하고 화상회의를 하는 사례가 비일비재하다. 스피드 경영은 벤처기업에서 시작해서 중소기업을 거쳐 대기업까지 적용하고 있다. 스피드 경영을 하려면 덩치를 과감히 줄여야 하기 때문에 조직을 슬림화하고 수평화하는 경향이 있다.

덩치가 크면서 속도도 빠르다면 천하무적일 것이다. 중국이 두려운 건 이 때문이다. 그들이 가진 크기도 두렵지만 최근에 드러나는 속도도 두렵다. 새로운 상품이 인기를 끌면 가장 먼저 이른바 짝퉁이 나온다. 모방은 창조의 어머니라고 했다. 결국 그들의 모방과 베끼기는 그들의 스피드를 진작시키는 요소가 될 수 있다. 장차 중국이 기술적 경쟁력과 산업적 경쟁력을 바탕으로 무서운 속도로 나아갈 경우, 그동안 중국시장을 공략하던 한국은 위기에 처할 수 있다.

이미 세계 IT 시장에서도 중국은 급성장하고 있다. 따라서 한국은 속도라는 경쟁력으로 대응해야 한다. 크기는 도저히 경쟁력이 되지 못할 테니, 속도와 창의력, 차별화를 무기로 삼을 수밖에 없다.

한국인은 속도만큼은 자신 있어 한다. 밥 먹는 속도도 세계 최고 수준이고, 일 처리하는 속도, 새로운 것을 받아들이는 속도도 세계 최고 수준이다. 그 바탕에는 '빨리빨리' 문화가 자리하고 있다. 가스 불에 냄비가 달아오르듯 순식간에 전 국민이 네티즌이 되고 모바일족이 되었다. 빨리빨리 문화가 한국의 디지털화를 촉발시키고 보편화시킨 원동력이었으며, 그로 인해 디지털 산업과 디지털 문화에서 선도적인 역할이자 선행적 모델로 기능하게 됐다.

디지털 시대에 사고속도와 행동속도가 빨라지는 것은 긍정적이다. 중국의 만만디 문화가 디지털 시대에 변하고 있다. 그들의 느리고 여유로운 문화가 서서히 빨리빨리 문화를 따라가고 있는 것이다. 이것은 디지털 시대에 적응하기 위한 자생적 노력이다. 누구나 디지털 시대를 살다 보면 속도에 민감해지고 이전 시대보다 더 빠른 속도를 추구한다.

앞으로 직장에서도 일을 제 시간에 빨리 처리하는 게 능력이 될 것이다. 일을 잘하고 못하고를 떠나서 빨리 처리한다는 것만으로도 충분히 경쟁력이 있는 셈이다.

디지털 세대는 행동이 빠른 만큼 결과도 빨리 원한다. 또한 인내심도 없고 즉흥적이다. 이는 인터넷을 비롯한 각종 디지털 도구들이 즉시 상호작용을 하고 있기에 더더욱 그러하다. 웹사이트에 들어갈 때 로딩되는 몇 초를 몇십 초 이상의 시간으로 여기며 지루해한다. 불과 3~4초만 넘어가도 그 사이트를 포기하고 다른 사이트로 가고 혹은 뭔가 잘못되었나 해서 리로드 버튼을 누르기 바쁘다. 우리는 그만큼 빨리빨리에 길들여졌다.

빨리빨리 문화는 커뮤니케이션에서도 나타난다. 흔히 외계어라고 불리는 네티즌들의 인터넷 언어의 핵심은 축약이다. 표준어나 맞춤법을 무시하고, 영어나 일본어, 한국어를 자유자재로 섞어 쓰며 이모티콘을 혼용해서 쓰는 등 한국어의 틀에 구애받지 않고 최대한 빠르고 간단하게 의사표현을 한다. 외계어가 가져온 언어파괴는 국어학적으로는 심각한 문제지만, 커뮤니케이션의 속도 측면에서는 탁월한 효과를 보인다. 약어나 이니셜을 통한 말줄임, 이모티콘 사용 등의 커뮤니케이션에서 단축 현상은 커뮤니케이션 파괴보다는 속도를 높이는 차원이다. 빨리 의사를 전달하기 위해서는 전체 문장을 말하기보다 줄여서 말하는 게 효과적이기 때문이다.

기술의 속도도 빠르다. 최신 기술이 불과 한두 달 만에 구기술이 되는 시대다. 하루가 멀다하고 신기술이 등장하고 새로운 진화가 거듭된다. 유행의 속도도 빨라 패션을 비롯한 문화적 취향 등도 수시로 바뀐다. 결국 속도를 따라가는 자만이 성공할 것이다. 그렇다고 속도에 대한 강박증을 가져서는 안 된다.

한국은 초고속 인터넷 서비스를 시작한 지 불과 3년여 만에 1,000만 가입자 시대를 열었다. 초고속 인터넷 서비스는 개인당보다는 가구당 개념이 강하다. 가입자가 1,000만 명이지만, 실제 초고속 인터넷 서비스를 이용하는 사람의 수는 훨씬 많다. 인구 기준을 1가구당 3명씩 적용하면 3,000만 명 이상이 초고속 인터넷을 사용하는 셈이다.

한국의 인터넷 사용자 수가 3,000만 명을 상회하고 있으니 인터넷 사용자가 곧 초고속 인터넷 사용자라고 할 수 있다. 가뜩이나 빨리빨리 문화에 익숙한 한국인들에게 인터넷의 속도는 아주 중요한 문제가 아닐 수 없다. 너나 할 것 없이 더 빠른 인터넷을 누리기 위해 초고속 인터넷에 가입했다. 그 덕분에 인터넷을 기반으로 활성화된 한국의 디지털 사회와 디지털 문화는 세계에서 아직 일어나지 않은 수많은 디지털 미래의 현상을 먼저 경험하고 있다.

6 하이테크 강박증
코얼리 어답터의 탄생을 부르다

디지털 시대에는 신기술과 신제품이 하루가 다르게 쏟아진다. 신제품이 나오면 먼저 써봐야 직성이 풀리는 얼리 어답터들이 급증하고, 디지털 기기를 하나의 팬시 상품이나 패션트렌드로 여기는 사람들도 늘고 있다. 이러한 하이테크 강박증은 소비심리가 위축된 상황에서도 최대한 얼리 어답터 활동을 영위하는 한국형 얼리 어답터, 즉 '코얼리 어답터'까지 탄생시켰다.

디지털 시대를 살아가는 디지털 세대에게는 기술마저도 소비의 대상이다. 계절이나 유행에 따라 패션 상품을 사듯이, 신기술과 디지털 기기도 새로운 유행에 따라 소비한다. 휴대폰은 한 달이 멀다하고 신제품이 쏟아지고 있으며, 소비자들은 1~3개월 주기로 디지털 기기를 바꾼다. 신기술이 나오면 그것을 소비하지 않으면 안 될 정도로 하이테크 강박증에 시달리는 사람들도 많다. 남들보다 먼저 최신 기술을 써보고 싶은 욕구가 바로 기술을 패션 상품처럼 만들어내는 배경이다.

빠른 신기술개발 주기와 신제품출시 주기, 소비자 편의 중심의 쉽고 단순한 디지털 기기 등 기술개발과 기술산업에서 소비자가 주도하는 패션적 경향이 큰 영향력을 발휘하고 있다. 과거에는 생산자 중심의 기술소비 문화였기에 소비자는 제품이 나오면 그것을 사는 것으로 만족했다. 하지만 이제는 소비자 중심의 기술소비 문화이기에 소비자가 보다 적극적으로 필요한 제품을 요구하고, 생산자는 그 요구에 따라 기술을 개발하고 신제품을 생산하기에 이른다. '내가 개발한 신기술을 너희가 소비해라'에서 '내가 필요한 신기술을 너희가 개발해라'로 바뀐 셈이다.

기술의 발전속도는 소비자의 요구속도에 규정을 받는다고 해도 지나치지 않다. 소비자가 원하는 수준을 맞추기 위해서 기술은 늘 빠르게 발전하며 새로운 신기술과 신제품을 쏟아내기에 바쁘다. 기술발전속도를 설명할 때 가장 보편적으로 사용하던 무어의 법칙이 최근에는 황의 법칙으로 교체됐다. 인텔 명예회장인 고든 무어가 1965년 제시한 무어의 법칙은 '반도체의 용량이 2년에 2배로 증가한다'는 것으로 기술의 발전속도를 설명하는 가장 유력한 정설로 평가받아왔다.

그러나 디지털 기술의 발전속도가 너무 빨라지면서 40년 전 무어의 예상보다 더 빠른 교체주기를 맞고 있다. 그래서 나온 것이 황의 법칙이다. 삼성전자의 황창규 반도체총괄사장이 2002년에 발표한 논문에서 '반도체 용량이 1년에 2배 성장한다'고 해 이른바 황의 법칙이 대두된 것이다.

황의 법칙이 근거로 삼았던 플래시 메모리의 경우 1998년 128Mb에서 2004년 8Gb까지 1년에 2배로 정확히 늘었다. PC의 HDD 용량도 1년에 2배씩 늘어났다. 3.5인치 HDD의 용량은 1990년 0.32GB에서 2000년 73GB로 증가했다. 2005년에는 400GB까지 등장했다.

　LCD의 크기 변화에서도 황의 법칙이 적용된다. 1세대(270×360mm)에서 시작해 최근에는 7세대(1870×2200mm)에 이르렀다. 기술 소비 문화의 대표적인 사례 중의 하나인 휴대폰의 벨소리는 2000년 4화음으로 시작해서 16화음(2001년), 40화음(2002년), 64화음(2003년)으로 발전했다. 카메라폰의 화소 수 역시 1년에 약 2배로 증가했다. 2000년 35만 화소이던 것이 2003년 130만 화소가 됐고 2004년에는 300만~500만 화소로 늘었다. 2005년에는 600만~700만 화소까지 늘었다.

　아울러 기술은 점점 고급으로, 가격은 점점 싸게 변하고 있다. PC, 노트북 컴퓨터, 디지털카메라 등 디지털 기기들의 성능은 높아지는 반면 가격은 기하급수적으로 떨어지고 있다. 비싼 사치품으로 여겼던 LCD TV도 대중화의 가시권에 와 있다. 2005년 상반기에 벌써 LCD TV의 인치당 10만 원이라는 가격대가 무너졌으며 하락 폭은 점점 커질 것으로 예상된다.

　디지털 기술소비의 확산은 가계 소비 부분에서 디지털 관련 지출 비중이 늘어남을 의미한다. 디지털 기술소비가 과거 써도 되고 안 써도 되는 것에서 진화해 반드시 써야 할 것으로 바뀌면서 소비 지출 비중이 더 커진 것이다.

　2005년 6월 6일 〈서울경제신문〉이 현대경제연구원과 공동으로 인터넷 여론조사업체 폴에버에 의뢰해 전국의 10~60대 남녀 2,000명을 대상으로 'IT 소비행태'를 조사한 결과 가구당 월 생활비에서 IT 관련 비용이 차지하는 비중은 11.4%에 달했다. 이는 유무선전화뿐 아니라 초고속 인터넷, 무선 콘텐츠, 유무선 게임, 사이버머니 등 모든 IT 관련 지출을 포함한 것으로 가계지출 총액 가운데 IT 관련 지출 금액이 차지하는 이른바 ‘IT엥겔계수’ 가 11.4%라는 의미다. 이 같은 IT 소비지출 비중은 그동안 통계청 등 정부당국이 단순 통신비만을 조사해 발표해온 IT 지출비중 6~7%보다 훨씬 높은데 이는 휴대폰뿐 아니라 초고속 인터넷, 게임, 사이버머니 등 IT 서비스 수요가 다각화됐기 때문이다.

특히 가구당 월간 IT 지출금액 비율은 소득이 낮을수록 높은 것으로 나타나 IT 서비스가 이제는 선택이 아니라 식료품처럼 ‘필수품’ 으로 자리잡은 것으로 분석됐다.

신기술이나 신제품이 나오면 먼저 써봐야 직성이 풀리는 얼리 어답터(early adopter)들이 급증하고, 디지털 기기를 하나의 팬시 상품이나 패션트렌드로 여기는 사람들도 늘어나고 있다. 디지털 기기를 소비상품으로 여겨 수집 대상으로 삼기도 하고 기술소비를 통해 자족감을 느끼기도 한다. 노트북을 1년에 몇 번씩 바꾸고 휴대폰도 신제품이 출시될 때마다 바꾸며, 디지털카메라도 수시로 바꾼다. 최신제품이 나오면 몇 달 전에 산 비교적 신제품에 속하는 것을 인터넷 경매 사이트를 통해 과감히 팔아버린다.

이들에겐 디지털 기기가 하나의 소비 대상인 데다 유행을 타는 상품이다. 기술이 가지는 기능이나 본원적 목적이 유행을 타는 게 아니라 디자인으로 유행을 타는 것이다. 디지털 기기, 이른바 전자제품이 옷도 아닌데 철마다 유행을 탄다는 것을 과거 아날로그 세대는 이해할 수 없을 것이다. 하지만 디지털 세대들에게는 이러한 기

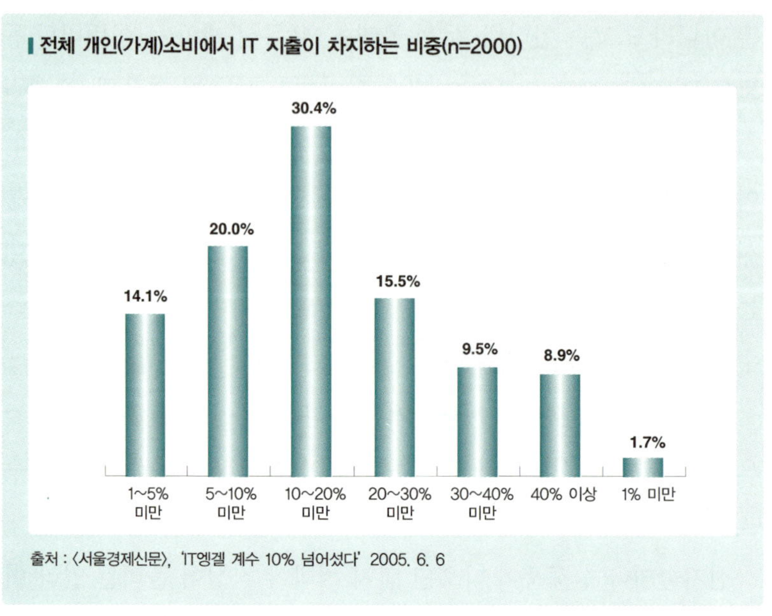

술소비가 보편화된 문화다. 철마다 새 옷을 입고 싶은 욕구만큼이나 철마다 바뀌는 새로운 디지털 기기를 사고 싶은 욕구도 크다. 디지털 신인류들의 디지털 기술소비 특성은 IT 산업에서는 고마운 일이다. 때문에 최근의 디지털 기기들은 점점 패션화되고 있다.

디지털 시대의 근간에는 디지털 기술이 존재한다. 현재 우리가 누리는 디지털 사회와 각종 문화현상 등은 디지털 기술 없이는 불가능했다. 인터넷, PC, 휴대폰, 디지털카메라 등이 대중화되지 않았다면 현재 우리가 누리는 디지털 사회와 문화는 존재할 수 없었다고 해도 절대 과언이 아니다. 때문에 디지털 세대에게 디지털 기술은 없어서는 안 되는 필수 도구이자 문화적 대상이다. 이들은 신기술에 대한 접근을 주저하지 않으며 새로운 기술의 진화나 발전도 금방 받아들인다. 이들에 의해 기술도 유행을 타는 시대가 됐으며, 디지털 기술도 소비의 대상인 시대가 됐다.

기술을 소비의 대상으로 대하는 대표적인 이들이 바로 얼리 어답터다. 한국은 디지털 제품에 대해서는 얼리 어답터의 천국이라고 해도 과언이 아니다. 얼리 어답터의 보편화라기보다 디지털 제품에 대한 집중화 경향이 있다. 이들을 기업에서는 테스트베드로 바라보기도 하고 입소문의 진원지로 바라보기도 한다.

2003년 8월 제일기획에서 '코얼리 어답터'에 대한 심층분석보고서를 발표한 바 있다. 이 보고서에서는 코얼리 어답터(Koarly adopter : Korean+Early adopter)를 국내의 독특한 환경에서 태어난 독특하고 새로운 체험전도사라고 정의하고 있다. 한국의 얼리 어답터인 '코얼리 어답터'들은 경제적인 여유가 있고 많은 신제품이 나오는 환경에서 탄생된 기존의 얼리 어답터와는 달리 장기적인 경기침체와 소비심리가 위축돼 있는 국내 상황에서 최대한 얼리 활동을 영위하기 위한 행동양식으로 변화돼 등장했다고 분석한다.

디지털 기술소비가 확산되면서 디지털 기기나 기술 면에서는 단순성이 대두되고 있다. 패션의 미니멀리즘(minimalism)이 미술과 음악 등 문화 분야를 거쳐 디지털에서도 유효하게 적용되고 있는 걸까? 그걸 무엇이라 부르건 간에, 단순함을 지향한다는 차원에서 보면 여기저기에서 일고 있는 전방위적인 유행인 셈이다. 디지털에 불고 있는 컨버전스도 그 저변에는 단순함의 논리가 담겨 있다. 여러 가지 기능을 가진 기기를 전부 들고 다니는 게 아니라 그것을 융합해 하나의 기기로 만들어내면 그만큼 개인이 들고 다닐 도구가 단순해진다. 복잡한 것, 다양한 것을 하나로 융합하여 쉽고 단순한 것을 만들어내는 것이야말로 컨버전스가 지향하는 바이자 기술소비문화에서 지향하는 바다.

최대한 쉽고(easy) 단순(simple)한 것이 필요한 이유는 친인간화를 지향하기 때문이다. 복잡하고 어려우면 그걸 접하는 사람에게 부담을 준다. 요즘 디지털 기기는 기능을 최대한 쉽고 단순하게 해 복잡한 기술은 사용자가 굳이 몰라도 되게 만든다. 원래 가장 좋은 기기는 매뉴얼이 필요없는 기기다. 그냥 눈으로 대충 봐도 사용법을 알 정도면 최상의 기기인 것이다.

MIT의 니콜라스 네그로폰테 교수는 "미래 디지털 산업의 성패를 결정하는 것은 단순성이다"라고 말한 바 있다. 이제 쉽고 단순하지 않으면 진정한 디지털이라 할 수 없다. 디지털은 절대 복잡하지 않아야 한다. 사실 0과 1로 구성된 디지털만큼 명쾌한 게 또 있을까. 그래서 디지털 시대에 점점 익숙해진 사람들은 무엇이든 쉽고 단순하길 원한다. 기술과 문화, 산업에서 모두 쉽고 단순한 것을 지향하고 있는 것도 소비자가 원하기 때문이다.

LG경제연구원에서 2004년 7월에 발표한 문권모의 〈디지털, 단순해야 성공한다〉라는 보고서를 보면 단순화 욕구에 대응하기 위한 전략을 다음 네 가지로 제시하고 있다.

첫째, 고객의 숨겨진 욕구를 찾아야 한다. 욕구를 찾기 위해서는 심층적인 소비자조사가 필요하고, 욕구를 찾으면 그에 맞게 단순화해야 한다. 둘째, 2 : 8 법칙을 응용해야 한다. 제품 사용에서도 2 : 8

법칙이 작용하는데, 수많은 기능 중에서 실제 고객이 사용하는 것은 20%에 불과하므로 많은 부분을 단순화할수록 사용효과가 크다. 셋째, 보급기에는 단순화된 제품으로 어필해야 한다. 넷째, 공통된 문화 패턴을 활용해야 한다.

7 짧고 단순한 게 좋다
이미지가 세상을 지배한다

디지털 시대의 가장 큰 경쟁력 중 하나는 디자인이다. 디지털 세대에게 이미지는 커뮤니케이션 수단이다. 하지만 상품의 기능보다 디자인이 우선하는 세태에 대한 우려도 크다. 이미지가 중시되면서 데이터 스모그가 유발되거나 외모지상주의로 확대되기도 한다. 또한 흥미 위주의 단편적인 정보에 치우치는 것도 경계해야 할 대상이다.

원래 인간은 태생적으로 이미지에 약하다. 브랜드를 만들고 로고를 만드는 것도 다 그런 이유 때문이다. 길게 설명하기보다 한순간에 시각적 자극을 통해 각인시키는 것이 훨씬 효과적인 것도 바로 인간이 이미지에 약하기 때문일 것이다.

그런데 디지털 시대에는 이것이 더 심화되고 있다. 디지털 시대에는 길고 복잡한 메시지는 사라지고 짧고 직관적인 메시지가 뜬다. 그러다 보니 자연스럽게 직관적으로 한눈에 메시지를 표현할 수 있는 이미지가 메시지 수단으로 떠올랐다. 그동안 개인은 주로 이미지 소비자였다. 그런데 디지털 시대가 되면서 디지털카메라를 비롯한 이미지 생산도구가 확산되고, 1인 미디어나 인터넷 커뮤니티를 통한 이미지 유통경로가 확산돼 개인이 이미지 생산자로 급부상했다.

엄청나게 쏟아지는 이미지 데이터를 정보자산으로 어떻게 활용할 것인지도 중요한 문제다. 이미지 정보자산의 활용이야말로 디지털 시대의 정보자산 경쟁력의 중요한 요소다. 반면, 이미지 데이터를 정보자산으로 제대로 활용하지 못한다면 결국 정보비만의 위험요소가 될 수도 있다.

요즘 젊은 사람들은 대부분 디지털카메라와 휴대폰, PC를 가지고 있다. 우리는 누구나 자신의 이미지 생산도구와 커뮤니케이션 도구를 가지고 있다고 해도 과언이 아닌 시대를 살고 있다. 시장조사 업체인 GFK마케팅서비스코리아에 따르면 국내 디지털카메라 시장은 지난 2001년 보급대수 24만 대에서 2002년에는 전년대비 87.5% 증가한 45만 대, 2003년에는 93% 늘어난 87만 대, 2004년에는 59% 증가한 140만 대 규모로 매년 고속성장세를 지속해왔다. 누적량을 보면 2007년경이면 1,000만 대를 돌파할 것으로 예상된다.

우리는 이제 이미지로 커뮤니케이션하고 이미지로 정치도 하며 이미지로 문화도 만들어내고 이미지로 소비도 한다. 그야말로 이미지 생산이 급증하는 이미지 홍수시대에 살고 있으며, 누구나 이미지 생산자가 되고 또 이미지 소비자가 되기도 한다. 이미지를 지배하는 자가 권력을 지배한다고 해도 과언이 아니다. 지금도 여기저기에서 이미지 주도권을 잡기 위해 치열하게 전쟁하고 있다.

1인 미디어에서도 주로 이미지가 콘텐츠로 유통되고 있고, 디지털카메라가 개인의 이미지 표현수단으로 자리잡고 있다. 자신을 찍는 셀프카메라도 대중화됐으며, 소위 말하는 얼짱각도라는 것도 생겨났다. 얼짱과 몸짱이 선망의 대상이 되기도 하고 연예인으로 가는 지름길이기도 하다. 자신의 누드를 찍는 것도 이젠 전혀 생소한 일이 아니다.

이미지 소비시대는 사회적으로도 외모지상주의를 확대했고, 몸을 드러내는 몸의 사회화 과정도 수반하고 있다. 디지털 세대에겐 몸 자체도 하나의 이미지 표현대상이자 수단이며 커뮤니케이션 도구다. 이러한 개인의 이미지 표현욕구는 개인이 가진 표현의 자유를 확대시키는 반면 외모지상주의를 강화해 몸의 자유를 더 구속시키는 이중성도 가진다.

세계 최고 수준의 성형수술 국가가 된 것도, 몸짱 신드롬을 통해 다이어트 산업이 확대되고 있는 것도 한국이 이미지 소비가 심화된 사회라는 배경에서 기인된 결과라 할 수 있다. 루키즘은 섹슈얼 루키즘이 될 만큼 외모지상주의와 성적 표현이 결합하면서 점점 섹슈얼한 이미지가 우선되고 있다.

이런 경향은 광고를 비롯한 영상 콘텐츠뿐만 아니라, 일반 사람들의 외모 추구에서도 동일하게 드러난다. 이미지 소비시대가 루키즘을 확대재생산하고 있고, 성적 개방성과 성 표현이 결합하면서 섹슈얼한 루키즘으로 연계재생산되고 있다. 이는 단지 눈을 만족시키는 선에서 발전해 사회문화적인 코드로 자리잡고 있다. 비단 한국적 특수성만은 아니지만 이런 현상이 이미지 소비가 확산된 국가에서의 보편적 문화임에는 틀림없다.

이미지 생산과 소비가 단지 개인적인 영역에만 그치는 것이 아니라 산업적 영역에서도 활발하게 발전하고 있다. 이미지 생산과 소비의 확산을 만들어낸 디지털카메라의 확산은 디지털카메라 시장만 급성장시킨 것이 아니라 포토프린터 시장을 성장시키고, 디지털 사진인화산업을 만들어냈다. 대기업이 디지털 사진인화 사업에 진출하고 기존의 카메라나 필름 산업이 디지털카메라와 디지털 사진인화 사업으로 전환하는 것은 이미 가시화된 일이다.

자신이 생산한 이미지를 마음껏 인터넷에 올릴 수 있는 미니홈페이지도 이러한 새로운 산업발전의 영향권에 있다. 이전 시대의 이미지 산업보다 디지털 시대의 이미지 산업의 규모가 더 커지고 있으며, 새로운 시장에 대한 기업들의 진출이 활발해지면서 경쟁도 치열하다. 앞으로도 이미지 생산과 소비와 관련한 새로운 비즈니스 모델들이 속속 선보일 것이며, 관련 산업의 규모는 더 커질 것으로 전망된다.

디지털 시대의 가장 큰 경쟁력은 디자인이다. 상품의 기능보다 디자인이 우선하는 시대다. 즉, 눈을 만족시켜야 한다. 최근 한국의 IT 경쟁력에서 디자인 경쟁력이 대두되고 있다. 국제적인 IT 관련 전시회나 디자인 시상에서 한국의 IT 제품들이 호평을 받고 있다. 그동안 저가격이 한국상품의 이미지였다면, 이제는 고기능과 디자인이 새로운 이미지로 대두되고 있다.

이미지는 이미지네이션, 즉 상상력을 낳는다. 이미지 소비의 시대가 되어 왕성한 이미지 생산과 소비가 이뤄지고 있는 덕분에 그 이전 시대보다 더 많은 상상이 현실이 되고 있다. 눈으로 그려낼 수 있는 것은 뭐든 눈앞에 만들어낼 수 있다. 더 많은 것을 그려내고 상상해낸다는 것은 더 많은 것을 새롭게 창조할 수 있는 동력이 될 것이다.

이와 함께 이미지 소비시대가 가져오는 폐해 또한 우려된다. 난무하는 이미지 데이터로 발생하는 데이터 스모그도 문제며, 이미지 중요성이 외모지상주의로 이어지는 것도 문제다. 아울러 대중의 이미지 소비특성에만 입각해서 정책보다는 이미지를 만들어내 인기만 얻으려는 이미지 정치의 폐해도 우려된다.

이미 한국에서는 미디어 정치에만 주력하고 인터넷을 통해 자신이 설정한 우호적 이미지를 만들어내는 데만 힘을 쏟는 등 이벤트만 강한 정치인들이 점차 증가하고 있다. 유권자가 이미지 소비에서 비판적 시각과 능동성을 가지지 못한다면 이미지 정치의 폐해는 지속될 수밖에 없다.

깊이 있고 체계적인 정보보다 짧고 단편적이며 흥미 위주의 정보에만 치우치는 것도 문제다. 눈만 만족시키는 경향이 결국 한계를 드러낼 것이 분명하긴 하지만, 이미지에만 매몰되는 경향을 쉽게 막아낼 수는 없다. 이처럼 이미지 생산과 소비가 자유로워진 시대는 분명 많은 새로운 기회와 위험을 내재하고 있다. 이미지 소비시대에는 이미지를 지배하는 자가 곧 권력을 지배한다고 해도 과언이 아니다. 따라서 새로운 기회를 찾아내는 것이야말로 향후 트렌드를 읽어낼 원동력이 될 것이다.

디지털 세대는 이미지로 말을 한다. 이미지가 그들에겐 커뮤니케이션 수단이다. 인터넷 세대는 텍스트 세대가 아니다. 이들은 멀티미디어에 친숙한 세대다. 아울러 디카와 폰카의 확산은 모든 디지털 세대를 이미지 생산에 나서게 만들었고, 이로 인해 미니홈페이지를 비롯한 1인 미디어에서 개인이 만든 이미지가 홍수처럼 쏟아졌다.

웹사이트가 TV, 신문, 잡지를 잇는 뉴미디어로 발전하면서 웹사이트를 통한 정보전달이나 콘텐츠 전달이 확대됐는데, 주로 멀티미디어와 이미지 중심의 정보가 유통된다. 이미지 중심의 커뮤니케이션은 보다 직설적이고 표현이 명확하다. 텍스트 중심의 커뮤니케이션은 다양한 비유와 함축적 의미를 내포할 수 있지만 이미지는 눈으로 보여주는 직설적 의미 그 자체다.

따라서 이미지에 보다 많은 의미를 담기 위해서 텍스트를 써넣거나 이미지를 편집하기도 한다. 그로 인해 나타난 것이 사진일기나 사진 패러디다. 보여지는 이미지를 직관적으로 드러내는 것이 아니라 직관적으로 보여지는 이미지가 의미하는 메시지로 커뮤니케이션을 하는 것이다.

이모티콘(emoticon)에서도 이미지 중심적 경향이 두드러진다. 한국에서는 사물이나 형상을 이미지화해 주로 묘사하고 있는 반면, 미국이나 유럽에서는 사물이나 형상에 대한 축약어나 이니셜 위주로 묘사하고 있다.

다음 그림에서 OTL 글자를 보면 사람이 무릎을 꿇고 고개를 떨군 듯한 이미지가 연상된다. 즉, 좌절한 사람의 모습을 OTL이라는 글자 속에서 찾아낸 것이다. OTL을 좌절의 이모티콘으로 해석하지 못한다면 디지털 세대라고 할 수 없다. 이밖에도 수많은 이모티콘이 하루가 다르게 등장하고 있으며, 새로운 언어로 네티즌들 사이에서 통용되고 있다.

한국의 이모티콘은 주로 이미지로 표현하기 때문에 이니셜이나 숫자 위주로 표현하는 외국의 이모티콘에 비해 훨씬 다양하고 섬세

OTL이 좌절이라는 이모티콘으로 사용된 사례
출처 : 네이버 포토 게시판

하다. 따라서 더 많은 상상력과 창의력이 발휘된다.

디지털 세대의 변화에 따라 출판업계도 변하고 있다. 이미지 커뮤니케이션에 익숙한 세대들이 책을 멀리하는 경향을 보이자 책에 이미지를 많이 넣거나 문어체보다 구어체를 사용하고 함축적인 텍스트나 인터넷에서 통용되는 언어를 사용하기 시작했다. 그렇다 보니 머릿속에서 상상하고 창의력을 발휘할 기회가 줄어들고 있다. 머릿속으로 생각할 겨를 없이 바로 눈으로 해독하고 직설적으로 받아들이기 때문이다.

이미지는 문자의 개념으로 보면 상형문자라고 할 수 있다. 상형문자는 기존의 문자가 표현하지 못하는 영역을 세밀하게 표현하는 데 아주 탁월하다. 네티즌들이 자신만의 새로운 문화를 세밀하게 표현한다. 다만 외계어가 세대를 분리하는 문화로 자리잡는 것은 경계해야 한다. 원래 언어는 통합과 표준화, 보편화를 통해서 세대를 아우르는데, 외계어는 그것이 안 된다. 아직까지는 특정세대의 커뮤니케이션 문화에 불과하고, 그것이 언어를 통한 세대의 분리를 가져오는 위험성도 부분적으로 내재하고 있다.

이미지 소비에 익숙해진 소비자들은 디자인과 브랜드를 적극적으로 소비한다. 디지털 시대에 디자인의 힘이 더 강할 수밖에 없는 이유가 여기에 있다. 이미지 커뮤니케이션의 확대, 이미지 생산과 소비문화의 확대가 결국 디자인 산업의 성장으로 이어지고 있다.

외모를 중시하는 웰루킹(well-looking) 트렌드의 영향도 가세하고 있다. 눈으로 판단하고 눈으로 소비하는 시대에 디자인의 중요성이 커지는 것은 당연하다. 이로써 디자인 중심 산업과 디자인 마케팅의 경쟁력이 산업 성패의 주요 화두가 되고 있다.

디지털 시대에는 마케팅도 이미지를 우선한다. 그들에게 텍스트로 뭔가를 설명한다는 것은 효과가 없다. 아날로그 세대에겐 구체적인 설명이 필요했지만 디지털 세대에겐 오로지 이미지로만 승부하면 된다. 이는 디자인과 브랜드의 중요성을 더욱 부각시킨다. 디자인의 중요성은 자기 과시적 경향과 무관하지 않다. 기능이 보편화된 상황에서는 그만큼 디자인이 중요한 것이다. 기능은 겉으로 보이지 않지만 디자인은 겉으로 드러난다. 남들에게 기능보다 디자인이 어필되기에 디자인에 우선 가치를 두는 것이기도 하다. 그래서 제품을 만들 때 디자인을 먼저 한 후 그 디자인에 맞춰 기능이나 기술을 집어넣기도 한다.

한국은 한때 디자인 후진국이라는 오명을 쓴 적이 있다. 기능은 좋은데 제품 디자인, 패키지디자인의 수준이 미흡해서 늘 값싼 상품이라는 이미지에서 벗어나지 못했다. 물론 최근 한국의 디자인 수준은 많이 변했다. 특히 IT 제품의 디자인 수준은 세계 최고다. 한 예로 삼성전자의 애니콜 전화기는 유럽에서 명품으로 인식되고 있으며 한국 제품의 디자인을 모방하는 사례도 급증하고 있다. 디지털 강국의 면모가 IT 분야 디자인에서도 드러난 것이다.

한국의 IT 제품들은 최근 유럽 최고 권위의 디자인 공모전인 '레드닷 디자인 어워드(Reddot Design Award)' 와 'iF 프로덕트 디자인 어워드(iF Product Design Award)', 디자인계의 아카데미상이라 불리는 미국의 'IDEA(Industrial Design Excellence Awards)' 에서 최고의 평가를 받으며 상을 수상했다.

특히 삼성전자는 'iF 프로덕트 디자인 어워드 2005' 에서 총 12개 제품을 수상했다. 지난 2001년 11개, 2004년 8개 제품을 수상하는 등 최근 5년간 'iF 프로덕트 디자인 어워드' 에서만 40개 제품을 수상한 바 있다. 또한 삼성전자와 삼성테크윈은 미국산업디자이너협회(Industrial Designers Society of America : IDSA)의 'IDEA' 에서 2005년 총 3개 부문의 상을 수상했는데, 2004년에 이어 2년 연속 최다 수상 기업이 됐다. 삼성은 최근 5년간 이 대회에서 19개 제품을 수상했다.

LG전자는 'iF 프로덕트 디자인 어워드 2005' 에서 9개 제품을 수상했으며, '2005 레드닷 디자인 어워드' 에서는 11개 제품을 수상했다. 2002년 1개 제품, 2003년 9개 제품, 2004년에는 48인치 LCD프로젝션TV, LCD 모니터, GSM 휴대폰, 노트북 등 13개 제품을 수상한 바 있다.

팬택앤큐리텔은 'iF 프로덕트 디자인 어워드 2005'에서 2개 제품 수상을 비롯해 '2005 레드닷 디자인 어워드'에서도 수상했다. 레인콤의 MP3플레이어 아이리버는 '2005 IDEA'에서 은상을 수상했다. 이 밖의 엠피오의 MP3플레이어와 서울통신기술의 홈네트워크 시스템도 '2005 레드닷 디자인 어워드'에서 수상했다. 대기업뿐 아니라 한국의 중소기업도 세계적인 디자인상을 수상하는 등 IT 제품 분야의 디자인 수준은 이미 세계적인 수준에 이르고 있다.

이와 같이 디지털 시대에 가장 크게 성장할 산업이 디자인 산업이다. 최근 한국이 IT 제품에서 보여준 세계 수준의 디자인이 다른 영역 전반으로 확대되기 위해서는 보다 창의력 높은 디자인 환경을 조성해야 한다.

또한 공공 디자인의 질적 수준도 개선해야 한다. 길거리 표지판이나 간판, 화폐, 자동차 번호판, 여권이나 운전면허증, 주민등록증, 경찰이나 소방관 등 공무원의 제복이나 정부기관의 로고 등의 디자인부터 개선해야 한다.

국가의 전반적 디자인 수준을 높여야 산업에서의 디자인 수준도 자연스럽게 높아지고 디자인 마인드나 시각적 판단 수준도 높아질 수 있다.

정부에서 공공 디자인 요소를 주도적으로 개선하면 사회영역에서의 디자인 요소도 점진적으로 개선할 수 있다. 몇몇 기업의 몇몇 상품에 대한 디자인 경쟁력만 중요한 게 아니라 사회 전반적인 디자인 수준이 곧 그 사회가 가지는 경쟁력에 큰 영향을 미친다는 걸 인식해야 한다.

　디지털 사회는 이미지 소비의 사회고 이미지 소비에서 가장 중요
한 분야가 바로 디자인 산업이다. 디자인 산업과 디자인 경쟁력은
오늘날 주요 화두면서 동시에 향후에도 지속될 화두임을 잊어서는
안 된다.

스마트코트·하이테크푸드 8
디지털 시대의 의식주 혁명

디지털은 새로운 라이프스타일을 만들어내 의식주 전반의 변화를 가져온다. 스스로 환경에 맞추는 스마트코트는 심장의 박동, 몸의 통증까지 모니터링한다. 면역기능을 향상시키거나 알레르기 반응을 억제하는 하이테크 식품도 등장할 것이다. 이미 홈오토메이션이 구현된 인텔리전트 아파트는 의식주의 디지털화가 가장 먼저 이뤄지고 있는 분야다.

이미 우리는 디지털에서 놀고, 디지털에서 생각하고, 디지털에서 일한다. 아직 디지털에서 자고, 먹고, 입는 단계까지는 가지 않았지만, 우리가 느끼지 못할 정도로 의식주는 디지털화되고 있다. 이는 디지털이 생활 속 깊이 들어오고 있다는 얘기며, 디지털이 곧 생활필수품이 된다는 의미다.

소비는 의식주가 기본이다. 따라서 사업적 측면에서 볼 때 의식주의 디지털화는 새로운 소비시장이다. 다른 영역보다 의식주 관련 산업은 안정적이다. 개인의 요구를 떠나서 산업적 요구에 의해서라도 의식주의 디지털화는 당면한 필수과제다.

실제로 가전사들이 디지털 가전기기와 홈오토메이션 시장에 큰 관심을 가지는 이유는 기존의 가전시장 자체가 포화상태에 이르렀기 때문이다. 따라서 기존의 가전제품을 대체할 디지털 가전제품을 본격적으로 생산해 새로운 소비를 창출해야만 생존할 수 있다.

디지털은 새로운 산업을 만들고, 새로운 문화와 라이프스타일을 창출한다. 미리 새로운 산업과 문화, 라이프스타일을 안다는 것은 중요하다. 따라서 조만간 모두가 경험하며 누릴 의식주의 디지털화된 모습을 간단하게나마 그려보기로 한다.

디지털 시대의 패션 전략은 시각을 중심으로 하던 연구 영역을 크게 확대해 시각, 청각, 촉각, 미각, 후각의 오감을 최대한 활용하는 멀티 감각 디자인으로 발전하고 있다. 가상현실 기술을 도입해 오감이 통합된 감성적 디자인의 새로운 발전이 기대된다.

디지털 시대의 패션 시장에서 가장 주목받는 것은 스마트코트와 스마트 액세서리다. 첨단 디지털 기술이 패션 속으로 깊숙이 침투한 대표주자라 할 수 있다.

미국 듀퐁사는 주변 환경의 온도를 감지한 뒤 안락한 수준으로 온도를 올리거나 내릴 수 있는 지능형 옷감을 개발 중이다. 또 발톱과 발꿈치 뒷부분에 물집이 생기는 것을 막기 위해 충격 완화용 테플론을 사용해 양말을 생산하기 시작했다. 디지털 시대의 옷을 입으면 외모가 돋보일 뿐만 아니라 기분도 좋아진다.

앞으로는 옷감에 촉각이나 시각 또는 후각이나 청각, 미각을 첨가하는 감성섬유시대가 열릴 것이다. 시각을 으뜸으로 치는 감성섬유시대에는 자연의 아름다움을 재현하는 데 첨단기술을 총동원한다. 그래서 여러 종류의 냄새가 스며 있는 옷감들이 속속 선을 보이고 있다. 이런 옷감에는 향료가 든 마이크로 캡슐이 들어 있어 마찰이나 자극을 받으면 캡슐이 터지면서 향수가 밖으로 튀어나온다. 따라서 소비자들은 옷감의 용도에 따라 그에 걸맞은 냄새를 선택할 수 있다.

합성섬유로 만든 옷에서도 천연 명주실로 짠 듯한 비단 스치는 소리를 들을 수 있다. 원리는 섬유 올마다 미세하게 홈을 파놓아서 섬유끼리 스칠 때마다 비단옷이 스칠 때와 똑같은 소리를 내게 하는 것이다.

옷이 날개라는 생각은 디지털 시대에도 변함이 없다. 이런 소비자들의 줄기찬 욕구에 호응해 과학자들과 섬유회사들은 꾸준히 새로운 옷감을 개발하고 있다. 그 결과 환경에 맞춰 스스로 적응하는 스마트코트 옷감들이 속속 선을 보이기 시작했다.

예를 들어 형상기억섬유는 어떤 모양으로 성형한 뒤 섭씨 100도 이상으로 가열처리해 자신의 모습을 기억시켜 두면 그 뒤 모양에 변화가 일어나도 다시 가열하면 원 모습으로 회복된다.

이밖에도 물을 톡톡 튀겨내서 더러운 것이 묻을 수 없는 초발수성섬유가 등장한다. 이 섬유는 불소수지를 바른 프라이팬처럼 불소수지의 실로 짜여져 있기 때문에 다른 이물질이 달라붙지 않는다. 또한 물을 튀겨내는 힘이 상당히 세기 때문에 이런 유의 옷감에는 커피를 흘려도 스며들지 않아 손쉽게 닦아낼 수 있다. 성인들을 위해선 주변 환경이나 감정상태 등에 따라 색깔이 변하는 첨단의류도 등장할 것이다.

모든 최첨단기술이 그렇듯이 항상 제일 먼저 적용되는 분야가 군대다. 그 다음이 의학부문, 10대 청소년 순이다. 하지만 이 전자직

물의 컨셉은 아직도 많은 검증이 필요하다. 성장력도 있어야 하고 실용성도 있어야 한다. 그러기 위해서는 가격도 일반 고객에게 맞아야 한다.

이라크 전쟁에 투입된 특수요원은 e-유니폼을 입었다. 이 옷은 병사의 위치와 상황을 모니터링할 뿐만 아니라 병사가 다쳤을 때 치료방법을 신속하게 전송한다. 미국에서는 이미 이 셔츠를 병원에 판매하기 시작했는데, 아기들의 성장 성숙도를 모니터링하는 데 유용해 온도를 0.03도의 차이까지 측정한다고 한다.

전자 옷이 진보하면 스마트코트로 발전한다. 스마트코트는 심장 박동, 몸의 통증까지 모니터링할 것이다. 스마트코트에는 마이크로폰, 광섬유, 베이직 그리드, 데이터 버스, 센서, 멀티 기능 프로세서 등이 내장돼 있는데, 세탁도 가능하다. 일반 옷과 기능적인 측면에서는 엄청난 차이가 있지만 실제 외형상으로는 그냥 옷일 뿐이다.

스마트코트 못지 않게 스마트 액세서리(Smart Accessory)도 디지털 시대 패션에서는 중요한 코드다. 스마트 액세서리는 최신의 센서 기술과 휴대용 컴퓨터 기술에 바탕을 두고 있다. 첨단기술을 착용하기 간편하게 만드는 것이 바로 스마트 액세서리의 목표다. 그간 007시리즈나 SF 영화에서 각종 신기한 액세서리가 등장해 눈길을 끌었다. 그러나 앞으로 경험하게 될 스마트 액세서리는 이들보다 더 새롭고 신기할 것이다.

스마트 액세서리는 장신구에 그치지 않고 첨단기술을 도입해 좀 더 유용하고 편리한 도구로 기능한다. 패션이나 미용에 민감한 사람들은 아무리 기능적으로 우수해도 외형적으로 아름답지 않으면 관심을 갖지 않는다. 그러나 스마트 액세서리라고 해서 외형적인 아름다움이 없다고 할 수 없다. 머지 않아 명품브랜드 스마트 액세서리가 출시돼 여성들을 사로잡을 것이다.

예를 들어 반지는 신체의 이상 징후를 상시로 감지하고 필요하면 이를 주치의에게 송신할 수 있다. 귀걸이는 혈류 변화와 맥박을 감지해 스트레스를 측정할 수 있으며 안경은 눈살 찌푸리는 행동을 측정해 사용자의 기분을 파악하고, 신발은 피부 전도성을 측정하는 등 온갖 종류의 액세서리가 스마트 액세서리라는 이름으로 등장할 것이다. 이러한 센서는 착용자의 스트레스나 각종 신체징후를 감지해 유용한 정보를 제공할 것이다.

디지털 옷이나 스마트 액세서리는 시스템 온 칩이나 바이오칩, 유비쿼터스 컴퓨팅 등 각종 첨단기술이 종합적으로 만들어낼 산물이다.

아무리 디지털화되고 기술문명이 우리를 윤택하게 해준다고 해도 여전히 먹는 문제는 그 무엇보다 중요한 이슈다. 이제는 배를 불리기 위해 먹던 시대에서 맛을 즐기기 위해 먹는 시대가 됐다. 그런데 미래에는 맛을 즐기는 차원도 구시대적 접근이 될 가능성이 크다. 왜냐하면 이젠 건강과 기능성을 고려해서 먹는 시대이기 때문이다.

샐러드를 먹으면서도 스테이크의 맛을 느낄 수 있고, 조금만 먹어도 필요한 영양소와 칼로리를 모두 섭취할 수 있는 기능성 식품도 등장할 것이다. 약 성분이 포함되어 별도로 약을 먹을 필요 없이 음식을 통해서만 섭취해도 충분히 질병치료나 건강관리가 가능할 것이다.

하이테크푸드는 보조식품의 차원을 넘어서 사람의 건강에 도움을 주는 기능성 식품(Functional Food)과 사람에게 필요한 모든 영양분이 들어 있는 스마트 식품(Smart Food)으로 발전할 것이다. SF 영화에서 보았듯이 알약 한 알만 먹으면 모든 게 해결되는 시대가 도래할 것이다. 물론 음식을 먹는 즐거움을 사람들이 포기할 가능성은 희박하기 때문에 스마트 식품이 모든 식품시장을 장악하지는 않을 것이다.

하지만 비상시에는 상당히 유용할 것이며, 일반 사람들의 식생활 문화를 변화시키는 데 기여할 것이다. 아침식사를 안 하는 사람들이 증가하는 추세로 봐서, 아침식사를 스마트 식품으로 대체할 가능성도 충분히 예견된다.

또한 면역기능을 향상시키거나 알레르기(allergy) 반응을 억제하는 등 다양한 기능을 가진 식품이 등장할 것이다. 적당히 먹고도 포만감을 느낄 수 있어 다이어트에도 활용될 수 있다. 기능성 식품은 질병에 대한 처방 기능만 있는 것이 아니라 예방기능도 갖춘다. 과일이나 채소의 유전자를 조작해 흔한 질병에 대한 백신도 생산할 것이다.

기능성 식품이 늘어나면 슈퍼마켓은 단순히 식품을 파는 기능에 그치지 않고, 약국처럼 건강과 관련된 상품을 취급하는 장소로 바뀔 것이다. 식품을 살 때 슈퍼마켓에 갈지, 약국에 갈지도 고민해야 할 것이다. 물론 이것 때문에 슈퍼마켓 상인과 약국 약사들 간의 분쟁이 일어날 수도 있다. 왜냐하면 이 시장이 상당히 큰 시장이 될 것이기 때문이다.

주택문화의 대표격인 아파트도 이제는 최첨단전자시설 및 정보통신시설을 완비한 인텔리전트(intelligent) 아파트라는 개념으로 정착하고 있다. 초고속통신망을 갖추고 홈네트워크로 연결되어 홈오토메이션을 구현하는 모습이 우리가 그려볼 수 있는 인텔리전트 아파트다.

실제로 아파트 분양 광고에서 인텔리전트 아파트나 미래형 아파트, 유비쿼터스 아파트 등을 강조하는 사례가 급증하고 있다. 인텔리전트 아파트는 이미 수년 전부터 도입됐다. 건설회사와 가전회사는 인텔리전트 아파트를 차세대 주거문화로 정착시키기 위해 많은 노력을 하고 있다. 그 이유는 빌트인(built-in)을 통한 디지털 가전의 확산과 건설의 부가가치 상승 등으로 수익을 증대하기 위해서다.

홈네트워크를 통한 가전기기의 연결과 그로 인한 홈오토메이션 구현은 인텔리전트 아파트뿐 아니라 모든 미래형 주택의 근간이 되고 있다. 향후 가장 성장성 있는 IT 시장 중의 하나가 바로 홈네트워크 관련 시장이다.

인텔리전트 주택은 편리함 외에 안전성과 보안성, 경제성도 높여준다. 미래사회가 노령화된 사회이기 때문에 노령세대가 주거하기 위해선 각종 기능상의 편리함과 함께 원격진료 시스템과 연동하는 주택환경이 필요하다. 아울러 주택에서 발생하는 각종 안전사고를 방지하는 기능 또한 중요하다.

건망증 발생 개연성인 높은 노령세대에게 안전사고 방지 기능은 인텔리전트 주택이 가지는 중요한 기능이다. 건망증을 가진 사람들은 전기 스위치를 끄는 것을 잊거나 가스 불이나 수도꼭지, 혹은 현관문 잠그는 것을 자주 잊는다. 미래형 주택에서의 인텔리전트 기능은 바로 이러한 문제를 해결하는 주택자동관리 시스템을 구현하는 것이기도 하다.

인텔리전트 주택에 설치된 각종 카메라와 인식장치는 집에 사람이 있는지 없는지를 파악해 문단속도 하고, 외부인이 침입했을 때는 자동으로 대처하기도 한다. 그리고 이러한 주택자동관리 시스템은 에너지를 효율적으로 관리할 수 있다. 아울러 주택관리에 소요되는 시간을 대폭 절감할 수 있어 궁극적으로는 에너지 절감, 즉 경제적 효과도 가져온다.

또한 기가(GB)급 정보통신망에 휴대전화와 컴퓨터로 모든 디지털 가전기기를 집 밖에서 제어할 수 있는 홈네트워크 시스템이 기본적으로 설치돼 있고, 디지털 기기로 음성지시가 가능하며, 모든 가전기기를 통합제어하는 시스템이 가동된다. 컴퓨터가 얼굴을 인식해서 현관문을 열어주는 안면인식 시스템이나 홍채인식 자동문, 전동 창호, 지능형 무인감시 카메라, 자동온도 제어장치, 무인 택배 시스템 등이 가능하다. 먼 훗날의 이야기가 아니라 이미 선보인 미래형 주거문화의 단면이다.

친환경적인 주거문화에 대한 관심도 상당히 높다. 이미 친환경은 주거문화뿐 아니라 모든 라이프스타일에서 공통적으로 사용되고 있기에 다소 진부할 수도 있는 말이다. 하지만 미래형 주택에서는 더더욱 친환경에 관심을 갖기 때문에 앞으로는 강철과 플라스틱으로

지은 집을 주위에서 쉽게 볼 수 있을 것이다.

목재자원의 한계와 환경파괴의 위험성을 해결하기 위한 대안인 강철과 플라스틱은 미래형 주택의 외관이나 건설기법 등에도 많은 변화를 줄 것이다. 미래형 주택의 주택자동관리 시스템은 에너지 효율성을 높이고, 집안에서의 각종 환경진단도 할 것이다. 앞으로 우리가 살게 될 미래형 주택은 거주라는 1차적인 기능 외에도, 디지털 라이프를 누릴 수 있는 플랫폼으로서의 기능과 함께 건강과 친환경 지향적인 공간이라는 기능도 충족시키며 발전할 것이다.

의식주의 디지털화가 가장 선진적으로 이뤄지고 있는 곳이 바로 한국이다. 주(住)의 디지털화가 가장 먼저 이뤄지고 있으며, 초고속 인터넷망이 연결되지 않은 주택이 없고, 홈네트워크 시스템을 설치한 주택도 늘어나고 있다.

의(衣)와 식(食)은 아직 겉으로 두드러지지는 않았지만, 우리가 눈치채지 못하는 선에서 이미 상당 부분 디지털화되고 있다. 따라서 향후 의식주의 디지털화와 관련한 분야에서 새로운 틈새나 새로운 기회가 확대될 것이다. 의식주의 디지털화는 기존 산업의 새로운 대안산업으로 주목받고 있다.

9 홈스쿨
획일화된 교육은 거부한다

디지털 사회는 획일성에서 다양성으로, 수직구조에서 수평구조로 변하고 있다. 무엇보다 e-러닝의 발전은 획일적인 교육체계를 무너뜨릴 전망이다. 최근 가장 각광받는 대안교육 중의 하나인 홈스쿨은 디지털 기술과 초고속정보통신망이 보급됨에 따라 현실화되고 있다. 따라서 각자의 적성에 따라 자신만의 길을 갈 수 있는 시대가 도래할 것이다.

디지털 시대에 살아남기 위해서는 획일적 가치를 무너뜨려야 한다. 지금까지는 한 가지 기준을 정해놓고 그 기준에 맞춰 움직이는 사회였다. 그러나 이제는 다양화된 기준에서 다양한 가치를 생성하며 움직여 나가는 디지털 사회다.

사회 전반의 진보화, 개방화, 변화와 개혁은 디지털화의 영향이다. 디지털은 0과 1이라는 기술적 개념 이전에 마인드 개념이다. 디지털 마인드는 디지털적 사고를 낳는다. 디지털 사고는 보다 분명하고 이성적이고 냉철한 사고를 지향한다. 따라서 좀더 객관적이고 명확하게 사고하고 행동하는 문화를 확산시킨다. 아날로그 마인드가 정에 약하고 감정적이며 우유부단하다면, 디지털 마인드는 그 반대를 지향한다.

중요한 것은 디지털화는 획일적 가치를 붕괴할 환경과 마인드를 제공할 뿐이기 때문에 결국 이를 무너뜨리는 것은 이 시대를 살아가는 사람들의 몫이라는 것이다. 시대의 변화에 발빠르게 대응하면서 무너뜨릴 것은 무너뜨리고 세울 것은 다시 세우는 생활태도가 필요하다.

디지털 시대를 살아가는 사람들은 성공 기준도 다르다. 획일적 가치의 시대에서는 누구나 좋은 대학 들어가서 좋은 직업 얻고 돈 많이 버는 것이 성공이었다. 물론 디지털 시대에도 좋은 대학이나 좋은 직업, 돈에 대한 가치는 여전히 높다. 하지만 결과에 이르는 과정이나 방법은 좀더 세분화되고 다양하다. 자신이 원하는 일을 하면서 그 속에서 성취를 거두려는 욕구가 더 크며, 맹목적으로 앞으로만 전진하던 획일적인 성공관은 점점 사라지고 있다. 이는 사람들의 사고방식과 행동방식의 변화에서 기인한다.

디지털 사회는 사회문화 전반에 걸쳐 일방향성에서 쌍방향성으로, 획일성에서 다양성으로 변화를 요구하고 있다. 가부장적 권위주의와 획일적 가치관, 수직적 위계질서가 퇴조하는 대신 민주주의와 다원주의, 수평적 관계, 개인주의 등이 새로운 가치의 중심으로 부각되고 있다.

획일적 가치는 차별화의 배경이 된다. 장애를 가진 사람들이 한국을 벗어나고 싶어하고, 한국의 명문대를 나온 인재가 세계 수준에선 턱없이 미달되고, 한국에서 명문대를 못 들어간 학생이 세계적 명문대에는 합격하는 현실, 교육 때문에 이민을 가거나 기러기 부모를 자처하는 현실을 이제는 한번쯤 되돌아보고 깊이 생각해봐야 한다. 다양성을 인정하지 않은 채, 획일적 가치에서 정한 하나의 룰 모델만을 두고 모두가 맹목적으로 좇아가는 형국으로는 도저히 디지털 시대의 경쟁력을 따라잡을 수 없다.

디지털 시대에는 다양한 가치가 존중된다. 따라서 획일적 가치를 무너뜨리고, 개성과 다양성이 존중되고 확산되는 사회를 형성해야 한다. 디지털 사회가 가지는 발전의 원동력이 바로 다양성이다. 동성애자나 성전환자 등 성적 소수자들에 대한 사회적 시선이 관대해지고 있는 것도 획일적 가치가 지배하던 시대에서 다양한 가치가 지배하는 시대로 전환한 결과다. 단지 미모의 성전환자 한두 명이 바꾼 것이라기보다 사회 전반에 불고 있는 다양성의 가치가 이러한 변화의 원동력이었다.

사회 각 분야별로 다양한 '무너뜨리기 작업'이 확산되고 있다. 무너뜨려야 산다. 무너지지 않으려는 저항도 만만치 않지만, 그걸 무너뜨리지 않으면 새로운 시대에 맞는 새로운 사회문화를 창출하기 힘들다.

수직구조에서 수평구조로 변화하는 것도 사회적 요구다. 수직적 위계구조로는 원활한 쌍방향성을 이뤄내기가 어렵다. 사회적 소통이나 창의력, 자발성을 위해서는 수평구조로 전환할 필요가 있다. 따라서 수직구조를 고수하는 흐름에 대한 붕괴도 필연적인 트렌드다.

한국식 일등주의도 디지털의 힘으로 붕괴돼야 한다. 물론 아직까지 일등주의가 디지털 시대에서도 유효하게 작용하고 있지만, 획일적 가치가 붕괴되고 다양성의 가치가 높게 평가받는 환경이 조성되

면 일등주의도 사그라질 것이다. 한국식 일등주의가 낳은 입시위주
의 교육풍토는 결국 사회적으로 경쟁력 없는 학생들을 양산하는 배
경이 되고 있으며, 무한경쟁시대를 맞는 시점에서 한국의 위험요소
로 대두되고 있다.

획일적 가치가 붕괴되는 가장 치열한 현장이 교육 분야다. 학원
식, 입시위주의 획일적 교육시대가 붕괴되고 새로운 교육환경이 등
장할 것이다. 홈스쿨링의 확산도 새로운 교육환경의 일환이다. 기존
의 획일적 교육시대의 종말을 통해 보다 다양한 교육방법이 시도되
고 보다 창의적이고 경쟁력 있는 인재들을 양성해낼 기반을 조성할
것이다.

정규교육은 획일적인 교육에는 효과적이지만 개개인의 특성과
전문성을 살리는 특기적성교육이나 창의력 함양에는 한계가 있다.
특히 획일적인 교육이 가져다주는 낮은 성취도와 비실용적이고 형
식적인 학습도 문제다. 디지털 환경은 개개인의 교육환경을 학교 밖
으로 유도하고 있다. e-러닝의 발전은 획일적인 교육 및 공간적 교
육 개념의 결별로 이어질 수 있다.

'재택교육' 또는 '가정학교'로 불리는 홈스쿨(Home School)은 최
근 가장 각광받는 대안교육 중의 하나다. 세계에서 가장 먼저 홈스
쿨을 시작한 미국은 한때 홈스쿨러(Home Schooler, 홈스쿨 교육을 받은
학생)의 95%가 크리스천일 만큼 종교적 신념 때문에 홈스쿨링을 택
하는 사례가 많았으나 1980년대 말 들어서 교내 총기사고와 마약이
나 폭력 등에 자녀가 오염되는 것을 우려하는 부모들이 늘면서 일반
인 사이에도 급속도로 확산됐다.

　몇 년간의 법정공방 끝에 1993년 유치원부터 대학까지 모든 과정의 홈스쿨링이 합법화된 이래로 홈스쿨링 학생 수가 해마다 10~20%씩 늘어나 2003년에는 미국에서만 200여만 명이 홈스쿨링을 하고 있는 것으로 집계됐다.

　미국에서는 홈스쿨링을 공식적인 학력으로 인정하고, 수학능력 적성검사(SAT)를 치르면 차별 없이 대학 입학자격을 준다. 또한 2년제 대학인 커뮤니티 칼리지(Community College)를 홈스쿨러들에게 개방해 강의를 듣고 학점을 딸 수 있도록 배려하고 있다.

　한국에서는 현행법상 의무교육 과정인 초등학교와 중학교에 아이를 보내지 않을 경우 부모가 100만 원의 과태료를 물어야 한다. 미국에서는 본인과 부모의 의사에 따라 학교와 홈스쿨을 오갈 수 있지만 한국에서는 원칙적으로 초등학교를 자퇴시킬 수 없다. 법적인 문제 외에도 홈스쿨을 뒷받침할 만한 환경이 전혀 조성되어 있지 않은 것도 문제다. 미국에서는 홈스쿨러에게 학교 운동장과 교육기자재 이용을 허용하고 있지만 우리나라는 그렇지 않다.

　미국 교육부 통계에 따르면 홈스쿨링 학생의 학업 성취도가 일반 학생에 비해 초등학교 4학년까지는 1년 정도 빠르고 5학년 이후부터는 더욱 차이가 벌어져 중·고등학교에서는 2~3년 가까이 차이가 난다고 한다. 이 외에도 각종 평가에서 홈스쿨링 학생들이 일반 학교를 다닌 학생들보다 개성과 창의성, 독립성 등에서 더 뛰어난 것으로 나타나고 있어 홈스쿨에 대한 관심은 점점 커지고 있다.

　더욱이 디지털 기술과 초고속정보통신망의 보급은 홈스쿨의 환경을 현실적으로 개선하고 있다. 조만간 우리 주위에서 홈스쿨을 하는 아이들을 많이 보게 될 것이다. 물론 그 이전에 홈스쿨에 대한 법적인 문제부터 해결해야 할 것이다.

누구나 대학을 가야 하고 대학을 졸업해야만 사회적으로 인정받을 수 있다는 한국식 고학력지상주의는 더 이상 유효하지 않다. 이젠 대학 가는 것이 그리 어려운 일도 아니거니와 대학을 나온다는 것 자체의 의미가 크지 않기 때문이다. 아울러 한국식 입시교육으로는 도저히 국제경쟁력을 갖춘 인재를 양성할 수 없다.

한국 사회의 획일성이 가져다준 길은 극도의 치열한 경쟁논리를 만들어내고 있으며, 수많은 좌절과 각종 문제를 야기하고 있다. 획일적인 길이 아니라 각자의 적성과 관심사에 따라 틈새의 길과 자신만의 길을 갈 수 있는 용기가 일반화되는 시대가 도래해야 한다. 아니, 이런 시대를 먼저 맞이하는 사람이 바로 21세기의 경쟁력을 갖춘 사회구성원이 될 것이다.

한국에서 이런 현상이 가장 치열하게 드러나는 것이 교육분야지만, 그 외 사회문화 전반에서도 다양성 가치의 제고와 획일적 가치의 붕괴 현상이 도미노처럼 일어나고 있다. 획일적 가치가 붕괴되는 트렌드는 개인화 서비스가 대세를 이룬다거나, 나를 중심으로 하는 휴먼네트워크가 확산되는 것 등의 다른 트렌드 코드와도 밀접한 연관이 있다.

산업적 측면에서도 개인의 다양성과 개성을 살려줄 수 있는 서비스 분야가 확장될 것이며, 개인별 맞춤식, 개별화식 서비스 시장은 새로운 틈새영역으로 부각되고 있다. 획일적 가치가 줄어들고 개인별 개성이나 다양한 가치가 확대될 때 디지털 사회는 더욱 건강해질 것이며, 그 속에서 살아가는 이들의 만족도도 더 높아질 것이다. 따라서 획일적 가치에 지배당하는 사회구조에 대한 변화는 필연적 귀결이다. 디지털 환경이 주는 개별화는 이를 구현하는 시기를 앞당기고 있다.

휴머니즘 트렌드

인간을 향하는 디지털

지름신 1
감성적인 디지털 세대의 소비문화

디지털 시대에 필요한 것은 직관적 감성이다. 디지털 시대는 인간적이고 감성적인 경향이 지배적이다. 충동적인 물건 구입을 뜻하는 '지름신'이라는 용어 역시 디지털 세대의 소비문화를 대변하는 키워드 중 하나다. 감성 마케팅이 유행하는 것도 이 때문이다. 디지털 시대에는 얼마나 매력적인 경험을 제공하느냐가 사업 성공의 핵심요소다.

이젠 디지털도 감성으로 승부해야 한다. 냉정하고 딱딱하게만 받아들였던 디지털 기기도 이젠 감성적으로 소비자를 자극하지 않으면 외면당하기 쉽다. 디지털 문화가 소비의 대상이 되면서 한국의 IT산업은 단기간에 큰 성장을 거두었다. 실용적 차원에서 보면 굳이 디지털 기기를 사거나 디지털 문화를 즐기지 않아도 되는데 사람들은 신드롬처럼 번진 디지털 문화소비에 빠지고 있다.

아날로그 시대에는 논리 정연한 지식을 확보하는 지식의 '직렬연결'이 필요했으나 디지털 시대에는 환경의 변화에 빠르게 대응할 수 있는 '병렬연결'이 필요하다. 디지털 시대에 필요한 것은 직관적 감성을 통한 창조력이다. 지금 존재하는 지식을 논리적으로 얼마나 잘 연결하는지는 발달된 기계와 컴퓨터의 몫이고, 인간은 무형의 지식을 창조하고 느끼는 일을 맡아야 한다. 그렇기 때문에 지능이 뛰어난 인간보다 감성이 뛰어난 인간이 부각하는 것이다.

이성의 시대에서 감성의 시대로 변모하는 디지털 시대에는 새로운 인간형을 창출하는 게 필수명제다. 디지털 시대를 자칫 기계적이고 기술적인 것으로 인식하는 경향이 있는데, 실상은 지극히 인간적이고 지극히 감성적이다.

광고에서도 감성화가 대두되고 있다. 광고는 상품을 팔기 위한 도구다. 광고에서 상품의 기능이나 장점을 얘기하는 것이 이성적 접근이라면, 해당 상품이 가지는 경험이나 이미지를 주로 보여주는 것이 감성적 접근이다. 아날로그 시대에는 이성적인 정보를 통해 소비자에게 소구했다면, 디지털 시대에는 감성적인 정보를 통해 소비자에게 소구한다.

이제 소비자는 이성적인 정보를 찾으려면 언제든 찾을 수 있다. 인터넷이 정보의 접근성을 높여주었기 때문이다. 따라서 이성적 정보로는 더 이상 광고를 통해 소비자에게 다가갈 수 없다. 왜냐하면 감성적으로 소비자를 유인하는 시대이기 때문이다.

올림푸스는 디지털카메라를 광고할 때 처음엔 기능에 초점을 맞췄다. 그러나 매출은 기대 이하였다. 그후 '마이 디지털 스토리(my digital story)'라는 감성적 코드로 광고를 했더니 매출이 급증했다고 한다. 실제로 초기 광고에서는 디지털카메라 자체가 핵심이었지만, 이후 광고에서는 디지털카메라를 통해 뭔가를 경험한다는 게 핵심이었다. 디지털카메라의 기능은 언급도 하지 않았다. 여행지에서 디지털카메라로 찍은 사랑이야기가 전부다. 결국 디지털 기기의 판매에서도 기술이나 기능이 아닌 감성이나 경험이 우선한다는 것을 보여준 사례다.

덴마크의 미래학자 롤프 옌센(Rolf Yensen)은 자신의 저서 《드림 소사이어티(Dream Society)》에서 정보화 사회 다음에는 인간의 꿈과 신화와 감성을 중요시하는 시대가 도래할 것이라고 예견했다. 실제로 마케팅 현장에서 대두되고 있는 '감각 마케팅(sense marketing)' '체험 마케팅(experiential marketing)' '문화 마케팅(culture marketing)' 등이 모두 감성가치에 기반하고 있다. 마케팅에서의 감성 지향성은 향후에도 계속될 것이며 사회 곳곳의 여러 영역에서도 더욱 활성화될 것이다.

이와 같이 감성을 주축으로 하는 디지털 문화는 신소비영역을 확대하고 있다. 즉, 디지털 시대에는 즐기기 위한 사회적 비용이 증가한다. 기업은 점점 소비자의 문화적 소비를 부추기고 소비자는 그 부추김에 조응하고 있다. 문화는 소비의 대상이기도 하지만 소비촉진의 도구로 활용되기도 한다.

따라서 소득은 늘지 않았는데 문화소비는 늘어났다. 국민소득은 10년 전에 비해 크게 나아지지 않았는데 디지털 문화가 만들어낸 신소비영역은 점차 확대되고 있다. 과연 무슨 돈으로 그 문화를 소비하는 걸까? 결국 다른 곳에 써야 할 것을 디지털 문화소비에 쓰는 셈이다. 의식주가 절대 소비영역이었던 적이 있었지만 이젠 디지털 문화소비가 의식주의 소비영역을 침범하고 있다. 안 입고 안 먹는 한이 있더라도 디지털 문화를 소비하려는 사람들이 생겨나고 있는 것이다.

휴대폰, 초고속인터넷 요금이 지금은 당연히 써야 할 비용이 됐다. 기업은 계속 디지털 문화에 대한 소비를 부추긴다. 소비자는 그 부추김에 넘어가 결국 중독에 이르러 빠져나올 수 없게 된다. 마약 얘길 하는 게 아니다. 디지털 문화도 한번 빠지면 그만큼 중독성이 크다는 의미다.

인터넷과 관련한 수많은 사업자에게 인터넷 중독자들은 사업적 토양이다. 그들의 중독이 사업자들의 수익으로 이어지기 때문이다. 온라인 게임 산업의 강대국이라는 허울 아래 온라인 게임으로 피폐해지는 수많은 게임 중독자가 양산되고 있다. 온라인 게임 사업자가 돈을 버는 것이지 국민이 돈을 버는 게 아니다. 디지털 문화소비를 부추기는 것은 단지 상품 하나를 파는 것과는 다르다. 소비를 통해 발생하는 파급효과가 엄청나게 커질 수 있는 것이 바로 문화소비다.

SKT에서 나온 1mm 서비스도 새로운 디지털 문화소비를 전제로 한다. 지능형 서비스가 가진 기술력이 중요한 게 아니다. 중요한 건 지능형 기술을 통해 새로운 디지털 문화소비를 만들어냈다는 것이다. 물론 부추기는 대로 소비자들이 새로운 디지털 문화를 적극 소비해줄지는 미지수다.

DMB도 새로운 디지털 문화소비 영역이다. 위성 DMB를 보려면 DMB를 수신하는 휴대폰을 사야 하고 또 매달 고정비용이 들어간다. DMB 사업자들은 소비자들이 DMB라는 디지털 문화에 중독되어 한껏 소비해주길 바란다. 그리고 그렇게 될 것이라고 전망하며 그 사업에 투자한 것이기도 하다. 새로운 기술산업은 대부분 소비자의 적극적인 소비를 전제로 시장을 추산한다. 디지털 시대에는 소비자들에게 새로운 기술문화를 통해 다양한 경험을 할 수 있다고 적극 강조해 디지털 문화소비를 부추기는 것이다.

이처럼 새로운 디지털 기기나 기술문화는 소비자의 디지털 문화에 대한 끌림의 정도에 따라서 사업의 성패가 갈라진다. 얼마나 매력적인 기술이냐가 아니라 얼마나 매력적인 경험 혹은 문화를 제공하느냐가 사업성공의 핵심요소인 셈이다.

소비자를 부추기기 위해 기업은 다양한 신조어를 만들어내기도 하고, 트렌드의 이름을 빌려 유도하고 유인하기도 한다. 메트로섹슈얼(metrosexual)은 웰빙, 건강, 스킨 케어, 패션에 관심이 많은, 여성적 특성이 가미된 남성을 의미한다. 메트로섹슈얼이라는 부류를 만들어낸 것은 어쩌면 마케터들일지 모른다. 메트로섹슈얼이 존재해서 그들을 대상으로 마케팅을 하는 게 아니라 그런 마케팅 대상이 필요해서 메트로섹슈얼을 만들어내도록 부추긴 것이다.

테크노섹슈얼(technosexual)은 메트로섹슈얼 성향에 최신 IT 기기에 투자하는 성향이 더해진 남성을 의미한다. 메트로섹슈얼로 주로 패션과 웰빙 관련 상품을 팔았다면, 테크노섹슈얼은 첨단 디지털 기기를 팔기 위한 접근이다. 엄밀히 말해 메트로섹슈얼과 테크노섹슈얼이라는 신조어는 광고회사에서 만들었고 그것이 트렌드의 이름으로 확대재생산됐다.

이와 함께 웰빙(wellbeing)이라는 트렌드도 마케팅의 힘이 만든 것이다. 새로운 소비를 창출하기 위해서 건강을 볼모로 사람들에게 웰빙이라는 코드를 심어주었고, 사람들은 그 코드를 받아들여 새로운 소비에 유인됐다. 이렇듯 각종 신조어는 문화적으로 접근된 마케팅의 부추김이라 할 수 있다. 초기 누군가의 부추김으로 시작됐지만 보편적 트렌드로 자리잡으면서 마케팅이 만든 것이라는 사실을 사람들은 잊어버릴 뿐이다.

부추기면 그에 조응하는 사람이 있게 마련이다. 아니, 기업 입장에서 보면 꼭 있어야 한다. 예를 들어 디지털 세대의 소비문화를 대변하는 키워드가 바로 지름신이다. 지름신은 재미있는 말장난이 아니라 디지털 시대 소비자들의 구매를 촉진하는 문화다. 지름신문화를 만들어낸 건 네티즌이지만 이 문화를 확산하고 활성화한 건 기업이다.

음모론적 시각에서 보면 지름신이라는 것 자체를 만들어낸 것도 기업의 마케팅 부서라고 할 수 있다. 지름신이라는 용어는 '물건을 구입하다' 라는 뜻으로 젊은이들 사이에 흔히 쓰이는 '지르다' 라는 단어에 신을 붙여서 만든 신조어다. 의식주와 관련된 생활필수품을 사는 것은 지름신과 상관없다. 디지털 세대가 지름신이라는 표현을 쓰는 것은 생활필수품 외에 굳이 사지 않아도 되는 것을 자신의 경제적 형편을 무시하고 살 때만 사용된다.

대개 신제품의 디지털 기기나 취미용품, 디자인 소품이나 문화상품 등에 적용된다. 즉, 문화적 소비에서 지름신이 주로 등장한다. 네티즌들에게 지름신이 유행하고 있는 것은 사회적으로 문화적 소비를 부추기고 있는 것과 무관하지 않다. 대개 경제능력이 높지 않은 1020세대의 네티즌들에게는 사회적으로 부추기는 문화적 소비를 제어할 힘이 많지 않다. 그렇기 때문에 그들의 문화적 소비를 부추기는 기업 입장에서는 지름신이라는 유행어가 반가울 수밖에 없다.

앞으로 기업은 얼마나 잘 부추길 것인지가 관건이고 소비자는 얼마나 효과적인 소비를 할 것인지가 관건이다. 디지털 문화소비는 안 할래야 안 할 수 없는 영역이 돼버렸다. 아날로그 세대에겐 이해되지 않을 일이기도 하지만 디지털 세대 입장에선 디지털 문화소비가 끊을 수 없을 만큼 생활 속 깊숙이 자리잡아 버렸다.

2 온라인으로 맺는 인간관계
우리 친구할래?

디지털 시대의 네트워크는 혈연, 지연, 학연 같은 개인적인 관계보다 정보교환이나 사회적 역할을 기반으로 하는 사회적 관계가 중심이 된다. 디지털 중심의 인간관계로 전환함에 따라 개개인이 가지는 사회적 관계성의 패러다임도 변했으며, 이로 인해 친구, 애인, 하객 등을 빌려주는 사업까지 생기게 됐다.

아날로그 시대에도 휴먼 네트워크의 개념은 있었으나 단선적 관계에 불과한 라인워크(linework)의 연장이라 할 수 있다. 아울러 수직적 계층구조, 상하관계가 분명한 서열식 구조였다. 그런 반면 디지털 시대의 휴먼 네트워크는 수평적 구조 속에서 보다 평등해진 상호관계를 가지며, 자기 중심적 경향성과 함께 필요에 따른 일시적 연대가 보편적이다. 자신이 주도권과 선택권을 능동적으로 가진다는 특성이 있다.

디지털 시대는 이런 특성을 바탕으로 다양한 휴먼 네트워크에 좀 더 많은 관심과 연결 기회를 가지려고 노력한다. 또한 개인과 개인, 생산자와 소비자, 개인과 기업 등 세계의 모든 구성원이 네트워크로 연결되는 고리를 통해 신속한 정보와 영향력을 주고받는 이른바 네트워크 시대가 됐다.

우리가 맞이한 네트워크 사회에서의 휴먼 네트워크는 기존의 혈연을 비롯한 전통적인 인맥구조가 가지는 계층적 조직이기보다 수평적 조직이며 개방적이어서 들어오고 나가는 것이 자유롭다. 구성원 간의 관계도 상호평등이 보장된다. 기존의 혈연을 비롯한 전통적 인맥구조는 그 존재 자체가 끈끈한 유대감과 영속성을 지니는 반면, 네트워크 사회의 휴먼 네트워크는 유대감이 약하기 때문에 지속적으로 관리하고 신경 써주지 않으면 네트워크의 고리가 사라질 수 있다.

디지털 시대의 네트워크는 단순한 커뮤니티가 아니라 디지털 사회의 근간을 유지하고 있는 사회체제다. 네트워크에 편입되고자 노력하고 네트워크에서 중심역할을 수행하려고 노력하는 등 자신이 속한 네트워크에서 능력을 검증받고 구성원들에게 신뢰받기 위해 활동하는 것은 디지털 사회의 기본적인 행동양식이다.

디지털 시대의 네트워크는 혈연, 지연, 학연이라는 개인적인 관계이기보다 정보교환과 전문성, 사회적 역할 등을 중심으로 하는 사회적 관계다. 디지털 시대의 네트워크는 시간적, 공간적 한계도 극복해 전 세계 어디서나, 어느 곳의 누구와도 네트워크를 형성할 수 있다. 네트워크화는 세계화를 보다 현실적인 개념으로 정착시킨다. 디지털 시대가 네트워크의 시대로 점점 발전하는 상황에서는 경쟁력을 갖춘 구성원들만 살아남고 그렇지 못한 구성원들은 급격히 도태하는 현상을 겪을 것이다.

디지털 세대의 네트워크는 이전 시대와는 다르다. 그들에겐 디지

털 인맥이 중요하다. 따라서 전통적인 혈연, 학연, 지연의 네트워크
는 퇴색한다. 또한 휴먼 네트워크에서는 편의적 집단성을 가진다.
집단적인 경향에서 목적성과 자기 중심적 집단화가 두드러진다.

디지털 세대는 함부로 뭉치지 않는다. 자기 이해관계에 맞아야만
뭉친다. 아울러 개개인이 가지는 사회적 관계성의 패러다임도 변했
다. 나를 중심으로 하는 다소 이기적인 네트워크 문화가 주류를 이
룬다.

2004년 12월, 대구의 어느 가정집 장롱 속에서 어린 아이가 죽은
채 발견됐다. 주요 매체는 이 사건을 '이웃의 무관심'을 지적하는
논조로 일관했다. 어린 아이가 가난과 질병으로 사망했다는 것이 디
지털 코리아에서 일어났다는 것 자체가 충격적이긴 했지만, 과연 그
것이 이웃의 무관심 탓인지는 의문이다. 아니, 우리나라가 언제부터
이웃의 관심이 정부의 복지 공백을 메우는 도구가 됐던가?

사실 디지털 세대에게는 이웃이라는 말이 생경하기만 하다. 우리
는 더 이상 주거공간을 기준으로 형성된 공동체의 영향력을 기대할
수 없다. 옆집에 누가 사는지 전혀 관심을 갖지 않는 아파트 주민들
이 얼마나 많은가? 그렇다고 그런 사람들이 비난받을 대상인가?

이미 디지털 시대에는 이웃이라는 사회적 관계의 의미가 퇴색된
지 오래다. 이웃의 무관심을 운운하는 논리는 이제 버려야 한다. 디
지털 세대에게 더 이상 공간적 개념에서의 이웃은 의미가 없다. 그
들에게 휴먼 네트워크는 나에게 도움되는 사람과의 실용적 인맥이
존재할 뿐이다. 다소 안타깝고 씁쓸하지만 그것이 현실이다.

이제 개개인이 가지는 사회적 관계성의 패러다임이 바뀌었음을

인지해야 한다. 휴먼 네트워크 내에서의 개인주의 팽배도 거스를 수 없는 현실이지만 사회적 관계에서 발생하는 문제를 개인주의 팽배 탓으로 돌리는 것도 문제다.

개인주의의 패러다임이 향후 새로운 틈새산업을 성장시킬 것이다. 그 중 하나가 친구, 애인, 하객 등을 빌려주는 사업이다. 이는 한국적 문화인 체면과 형식을 중요시하는 것과 휴먼 네트워크의 변화 시기가 교묘히 맞아떨어진 시점에서 나온 독특한 사업이다. 실제로 이런 유사 사업을 하는 웹사이트가 2005년 7월 현재 네이버 디렉토리에만 28곳이 올라와 있으며, 그중 상당수가 성업 중이다.

이런 산업은 아날로그 세대와 디지털 세대가 공존하는 과도기적 현상에서 발생하지만 디지털 세대로 모두 전화하면 소멸될 것이다. 아날로그 세대는 사회적 관계, 즉 남들의 이목을 중요시하는 반면 디지털 세대는 사회적 관계보다 개인적 관계를 더 중요시한다. 자신에게 직접 도움이 되지 않는 사회적 관계는 더 이상 의미가 없어질 수도 있다.

지금과 같은 과도기에는 개인적 관계를 중요하게 여기지만 아직 사회적 관계를 무시할 수는 없다. 그래서 사회적 관계를 인위적으로 만들어 남들에게 보여줄 '사람대여산업'이 등장한 것이다. 디지털 세대에게 네트워크는 기술과 문화적 연결이자 사회문화적 연결, 그리고 휴먼 네트워크의 연결이다. 그들은 네트워크 기반 아래서 모든 것을 수행한다. 보다 유기적이고 긴밀하게 연결된 네트워크 덕분에 개인이 가진 운신의 폭은 넓어지고 있다. 이 점이 디지털 세대가 네트워크 중심적일 수밖에 없는 이유다.

인터넷에서는 나를 중심으로 하는 이른바 1촌문화가 형성된다. 싸이월드의 미니홈페이지에서 1촌 맺기 기능이 인기를 끌었는데, 이러한 자기 중심적 인맥관리문화가 네티즌들의 보편적 정서다. 개인화된 커뮤니티 외에 대중적인 커뮤니티, 즉 카페를 직접 만드는 것도 1촌문화의 경향이다.

2005년 7월 기준으로 국내 인터넷에서 개설되어 운영되는 커뮤니티 숫자만 1,500만 개 이상이다. 1인당 한 개씩만 만들었다고 해도 1,500만 명의 운영자가 존재하고, 1인당 몇 개씩 만들었다면 수백만 명의 운영자가 있다는 계산이 나온다. 나를 중심으로 하는 네트워크 문화가 얼마나 보편화됐는지를 보여주는 증거다.

커뮤니티를 만들어 운영하면서 얻는 이익이 있는 한 운영자들은 적극적으로 커뮤니티를 운영하면서 구성원과의 관계를 유지할 것이다. 결국 자기에게 도움이 되는 자기 중심적 네트워크이자 커뮤니티인 셈이다.

예전과 달리 인맥을 형성하는 가장 보편적인 공간으로 온라인이 부각되고 있다. 기존의 혈연, 학연, 지연의 인맥고리를 떠나 보다 자신에게 필요한 실용적인 인맥을 직접 만들기엔 온라인 공간이 효과적이기 때문이다. 대개 온라인 커뮤니티의 동호회활동을 통해서 인맥을 쌓는다. 공통의 관심사로 모였기 때문에 자연스럽게 실용적인 인맥으로 연결되기가 쉽다.

2003년 아이앤알(www.inr.co.kr)의 인터넷 조사에 따르면, 온라인 동호회에서 정보를 교류하는 인맥이 있느냐는 질문에 조사대상 2,772명 중 73.32%가 있다고 대답했다. 그리고 비즈니스 인맥을 만난 적이 있느냐는 질문에 26.68%가 있다고 대답했다. 정보를 교류하는 인맥 수준으로는 4분의 3 정도가, 직접 비즈니스와 연결되는 인맥 수준으로는 4분의 1 정도가 온라인 동호회를 통해 인맥을 만들어내고 있다.

디지털 인맥 서비스도 확산되고 있다. 자동 주소록 소프트웨어를 개발한 쿠쿠 커뮤니케이션의 쿠쿠박스도 디지털 인맥관리의 대표적인 예다. 국내에서는 싸이월드가 1999년 처음으로 인맥 서비스를 실시했다. 미니홈페이지의 1촌문화가 바로 인맥의 개념이다. 블로그나 커뮤니티 서비스를 제공하는 포털사이트에서도 대부분 인맥 서비스를 제공하고 있다.

인맥 서비스는 세계적인 추세다. 미국을 비롯한 다른 나라에서도 온라인으로 인맥을 조성하고 관리하는 서비스를 확대하고 있다. 사람들 간의 교류가 가장 활발한 곳이 온라인이다 보니 자연스럽게 온라인에서 인맥을 만들어가는 문화로 이어지고 있다.

새로운 인맥을 만드는 것도 활발하지만 기존의 인맥을 재생산하고 활성화하기도 한다. 온라인에서 일어나는 여러 커뮤니티나 온라인 교류가 기존의 인맥 중심으로 이뤄지고 있는 비중도 크다. 대표적인 사례가 학연이라는 기존의 인맥에 대한 접근 사례다. 한국에서 온라인 동창회와 친구찾기 열풍을 불러일으켰던 아이러브스쿨(www.iloveschool.co.kr)은 학연이라는 인맥을 온라인에서 비즈니스 모델화시킨 사례다. 몇 년 전 한국에서 폭발적인 관심을 받으며 1년여 만에 가입자 수 1,000만 명을 넘어섰던 아이러브스쿨이 최근 영국에서 관심을 보이고 있다. 폭발적인 관심을 끌며 회원 수 증가와

함께 한국에서의 온라인 동창회 열풍을 불러 일으켰던 당시의 사회
문화적 현상들도 재현되고 있다. 온라인 동창회를 통해 잊혀진 친구
를 다시 찾는 문화가 확산되고, 온라인 동창회에서 만난 친구와 이
성교제를 하기도 하고, 중년의 경우 이혼도 늘어났던 그 현상이 그
대로 재현되고 있는 것이다.

영국의 프렌즈 리유나이티드(www.friendsreunited.co.uk)라는 사이
트는 2005년 10월 기준으로 가입자 수가 1,200만 명이 넘는다.
2000~2001년 한국에서 유행됐던 디지털 문화의 선행적 사례가 수
년이 지난 2004~2005년에 영국에서 이어지고 있는 셈이다.

결국 대중적인 디지털 문화는 유사한 경향성을 띠며 진화하게 마
련이고, 가장 선행적인 국가인 한국에서 드러난 디지털 문화현상이
수년 내에 다른 나라에서도 이어짐을 보여준 사례라 할 수 있다. 단
지 유사한 인터넷 비즈니스 모델뿐 아니라 그것이 사회문화적으로
초래한 현상들도 그대로 재현되고 있다.

사람에 좀더 가깝게 3
친인간적인 디지털이 승리한다

디지털은 이제껏 우리가 향유하던 아날로그 문화보다 더욱 친인간화를 지향한다. 디지털은 명확하고 분명하다. 아날로그는 인간적이고 감성적이다. 디지털의 분명함과 아날로그의 따뜻함이 공존하는 것이 인간이 추구하는 바이므로 가장 좋은 디지털은 아날로그처럼 느껴지는 디지털이다.

컴퓨터 기술이 친인간화로 거듭나고 있다. 기술 중심에서 이제 기술은 뒤로 숨고 인간을 내세우는 형국으로 바뀌었다. 컴퓨터 기술은 점점 컴퓨터를 인간과 친숙하게 만들기 위해 노력한다. 결국 기술은 기술이고 도구는 도구일 뿐 그것이 전부일 순 없다. 즉, 기술과 도구는 인간을 위한 것이기 때문에 친인간화하는 것이야말로 지극히 당연한 일이다.

디지털이라는 키워드를 떠올리면 상당수의 사람들이 첨단의 기계문명, 정보화와 미래사회, 컴퓨터나 로봇, 0과 1, 비인간화 등 차갑고 딱딱한 이미지를 연상한다. 그런데 디지털의 지향점이나 외형적 이미지가 절대 차갑고 딱딱하지만은 않다. 오히려 디지털이 아날로그보다 더 부드럽고 따뜻하고 말랑말랑하기까지 하다. 디지털은 이제껏 우리가 향유하던 아날로그 문화보다 더더욱 친인간화와 인간 편의주의를 지향한다는 사실을 인식해야 한다.

가장 좋은 디지털은 아날로그처럼 느껴지는 디지털이다. 디지털은 명확하고 분명하다. 아날로그는 모호하고 불분명하지만 인간적이고 지극히 따뜻하며 감성적이다. 그래서인지 요즘 디지털은 점점 아날로그를 닮아가려고 노력한다. 디지털의 분명함과 아날로그의 따뜻함이 공존할 수 있다면 그만큼 환상적인 것도 없다.

인간적인 디지털 기술의 사례로 컴퓨터와 관련된 친인간화 기술에 대해서 몇 가지 살펴보자. 컴퓨터와 관련해서 우리가 일반적으로 떠올리는 이미지는 책상 위에 놓여진 데스크 탑 혹은 노트북 PC다. 키보드와 마우스를 작동하면 네모난 모니터에 창이 뜨고, 스피커를 통해서 청각적인 효과를 내는 수준일 것이다.

만약 옷을 입고 다니는 것처럼 컴퓨터를 몸에 부착해서 필요한 기능을 구현한다면 어떨까? 자신이 컴퓨터를 활용한다는 생각을 못할 정도로 아주 자연스럽게 사람과 일체화된 컴퓨터를 입고 안경 모니터로 보는 모습을 상상해보라.

그리고 모니터를 평소에는 주머니 속에 접어뒀다가 필요할 때 꺼내서 크게 펼쳐서 볼 수 있거나 종이잡지처럼 휴대하기 편한 일회용 미디어 디스플레이어가 나온다면 어떨까? 마우스를 통해 손끝으로 전해지는 미미한 촉각까지도 디지털화해 느낌을 전달해준다면 어떨까?

아니면 컴퓨터상에 보이는 사물의 냄새나 향기를 구현해낸다면, 즉 맛있는 음식이나 향수, 아로마 등을 디지털화한 후각 구현을 통해서 표현한다면 어떨까? 사용자의 시선을 통해 컴퓨터가 모든 것을 읽어낸다면, 즉 눈이 마우스의 역할을 대신한다면 어떨까?

컴퓨터 스스로 바이러스에 대한 면역이나 자가방어기능을 가질 수 있다면 어떨까? 생물 컴퓨터라고 할 수 있는 DNA 컴퓨터나 뉴로 컴퓨터(Neuro Computer)가 실용화된다면 어떨까? 언제 어디서나 네트워킹에 접속할 수 있는 유비쿼터스 컴퓨팅(Ubiquitous Computing)이 상용된다면 어떨까?

입는 컴퓨터, 즉 웨어러블 컴퓨터(Wearable Computer)는 미국 MIT에서 1960년대부터 본격적으로 연구하기 시작했다. 1968년에 개발된 HMD(Head-Mounted Display)가 본격적인 시초라 할 수 있다. 웨어러블 컴퓨터는 컴퓨터의 발달과 더불어 책상 앞에만 놓여 있던 컴퓨터를 몸에 착용(wear)해 사용한다는 뜻을 포함하고 있다.

일반적으로 웨어러블 컴퓨터란 휴대성뿐 아니라 인체(의복)와의 융화성, 사용자와의 인터페이스(interface, 사람과 컴퓨터를 연결해 주는 장치) 등이 기존 컴퓨터 또는 휴대용 컴퓨터보다 훨씬 진보한 형태를 뜻한다. 웨어러블 컴퓨터는 정보수집과 기록 및 재생, 공유자끼리의 다양한 지식 및 경험의 공유, 통합된 지식공유, 개인 안전 시스템 등이 해당 개인의 구조물(몸과 옷) 안에서 이뤄지기 때문에 보안과 안전에 유리하다. 따라서 뛰어난 이동성과 휴대성, 컴퓨터 활용을 통한 인간의 다양한 상승효과, 질적 생활수준의 향상 등을 구현해낼 것으로 기대된다.

단지 입고 다니는 것이 목적이 아니라 입고 있으면서 우리에게 직접적인 도움을 주는 스마트 기술로도 활용될 것이다. 웨어러블 컴퓨터는 차세대 PC 산업의 핵심 중 하나다.

웨어러블 컴퓨터 기술의 발전은 섬유와 패션 산업에도 큰 변화를 줄 것이며, 스마트 웨어와 스마트 액세서리 등을 통한 보다 유기적이고 친인간화된 유비쿼터스 기술로도 구현될 것이다. 우리가 생각하는 일반 컴퓨터를 소형화시켜 옷에 넣어 입고 다니는 게 아니라 우리가 느끼지 못할 정도로 작은 컴퓨터가 옷에 붙어 있음으로써 언제 어디서나 컴퓨팅 기술의 편의를 누릴 수 있는 것이다.

말이 웨어러블 컴퓨터이지 막상 입고 있는 사람이나 그것을 지켜보는 사람이 일반 옷과 다른 점을 크게 발견하지 못할 만큼 자연스럽게 진화하는 것이 장기적인 지향점이다.

국내의 웨어러블 컴퓨터를 포함한 차세대 PC 관련 연구는 대덕연구단지에 기반을 둔 정보통신연구진흥원과 한국전자통신연구원, KAIST 등이 맡고 있다. 연구결과를 바탕으로 2004년 10월 차세대 PC 산업전시회 때 국내 최초로 웨어러블 컴퓨터 패션쇼를 개최하기도 했다. 그리고 2005년 들어 섬유도시인 대구광역시가 웨어러블 컴퓨터 산업 육성도시를 자처하고 나섰다. 이로써 한국의 웨어러블 컴퓨터의 기술개발과 산업화가 본격화되고 있는 셈이다.

차세대 디스플레이의 두 가지 지향점은 종이처럼 얇게 만드는 것과 현장에서 보는 것처럼 생생한 영상을 보여주는 것이다. 이런 차세대 디스플레이를 위한 대표기술이 유기발광소자(EL), 전자종이, 플라스마디스플레이패널(PDP), 초박막 트랜지스터 액정표시장치(TFT-LCD) 등이다. 이미 휴대전화의 외부 창에 사용되고 있는 유기 EL은 브라운관에 맞먹는 영상혁명을 예고하고 있다. 스스로 빛을

내는 유기EL은 디스플레이의 두께를 1mm 이하로 줄일 수 있고 접을 수도 있어 휴대전화, PDA 같은 이동통신기기에 디스플레이 혁신을 일으킨다.

휴대전화나 PDA에서 둘둘 말린 유기EL 디스플레이를 빼내면 노트북 PC만한 화면을 볼 수 있다. 유기EL은 소비전력이 매우 적어 한 번 충전하면 오래 쓸 수 있고, 동영상도 TV처럼 선명하게 나온다. 유기EL처럼 말거나 접을 수 있는 차세대 디스플레이 시대가 오면 공간의 제약이 사라진다. 벽에 디스플레이를 붙이면 그대로 TV가 된다. 볼일을 보거나 설거지를 하며 TV를 보고, 옷이나 모자에도 디스플레이를 달아 정보를 주고받는다.

접는 모니터는 세계적으로도 많은 연구가 있었다. 그 중에서 필립스(Philips Electronics)가 개발한 LCD 제작용 '사진단층기술'은 물체의 표면에 액정 크리스털과 특수 혼합물을 칠하고 이를 컴퓨터에 연결시켜 일반 LCD처럼 화면을 표시하는 기술이다. 이 기술을 이용하면 플라스틱 판이나 옷 표면 등 재질에 상관없이 특수 혼합물을 바르기만 하면 휴대용 LCD를 만들 수 있다.

접는 모니터가 상용화되면 LCD를 종이처럼 접거나 말아서 휴대하다가 필요할 때 큰 화면으로 펼쳐서 컴퓨터 작업을 할 수 있다. 이는 웨어러블 컴퓨터와 함께 휴대성이 강화된 컴퓨터 기술임과 동시에 인쇄매체처럼 정보를 전달하는 미디어 디스플레이어로도 적극 활용될 수 있어 정보 디자인과 콘텐츠 비즈니스에도 유용한 기술이다. LG전자는 두루마리처럼 말아서 휴대할 수 있는 디스플레이 제품을 2010년경 출시할 계획이라고 발표한 바 있다.

가까운 미래에는 전자종이가 기존의 종이를 대체할 것이다. 전자종이는 종이처럼 얇은 디스플레이를 통해 신문, 책 등을 볼 수 있다. 매일 새로운 내용을 내려받아 거리나 지하철에서 볼 수 있고 자신이 쓴 글을 저장할 수도 있다. 영화 〈마이너리티 리포트〉에 전자종이로 된 잡지를 보는 장면이 나온다. 종이처럼 구기거나 접을 수 있는 전자종이 잡지에 실시간으로 정보가 업데이트되는 영화 속 장면은 조만간 경험할 가까운 미래의 디지털 라이프라 할 수 있다.

실제로 SF 영화 속에는 미래에 우리가 접할 다양한 신기술의 단서들이 들어 있고, 상당수는 과학적 근거를 가지고 있다. 그러니 SF 영화를 볼 때 미래 디지털 사회의 단서를 찾아보는 것도 또 다른 즐거움이 될 것이다.

한국에서는 아직 디지털 미래를 제대로 다룬 SF 영화가 나와 있지 않다. 그간 몇 번의 시도가 있었지만 디지털 미래사회를 제대로 그려내지는 못했다. 어쩌면 디지털 코리아가 보여주는 오늘의 모습도 다른 나라에서 보기엔 미래가 될 수 있다. 그만큼 우리는 디지털 환경 면에서는 첨단을 달리고 있다. 그 환경에 기술적 상상력을 조금만 더 보태면 시행착오 없이 SF로 디지털 미래를 그려낼 수 있을 것이다.

한국에서 SF 영화를 본격적으로 만들고, 아울러 디지털 미래를 설득력 있고 현실감 있게 그려낼 수 있다면 그것이야말로 디지털 미래를 가장 쉽게 대중에게 전파하는 인포테인먼트 스토리텔링이 될 것이다.

수년 내에는 게임방, 영화관, 박물관 등에서 3차원 디스플레이를

선보일 것이다. 지금처럼 특수안경을 쓰지 않아도 된다. 기술이 좀
더 발전하면 영상을 보는 대신 홀로그램으로 만든 3차원 영상 안에
서 영화나 게임을 즐길 수 있다.

〈마이너리티 리포트〉에서 남자 주인공이 죽은 아내를 홀로그램으
로 회상하는 장면이 바로 3차원 디스플레이의 사례다. 이미 일본의
샤프에서는 영화와 비슷한 3차원 입체화면을 선보이고 있다.

이미 수년 전부터 디지털 시대가 되면 종이 없는 세상이 된다고
수많은 사람이 호언장담했지만 실제로 디지털화가 가속화되면서도
종이 사용량은 줄어들지 않았다. 오히려 제지회사들의 매출은 성장
세를 지속할 뿐이다.

인쇄출판이 e-북에 의해 치명적인 위기에 봉착할 것이라는 이야
기 또한 아직까지는 문화적 타당성을 가지지 못한 기술낙관론자의
예측에 불과하다. 아무리 초강대한 힘을 발휘한다는 디지털이라 해
도 수천 년을 이어온 종이문화를 하루아침에 꺾어버릴 수는 없다.
이는 종이에 대한 익숙함과 디지털 디스플레이에 대한 생소함에 기
인한다.

차세대 디스플레이 기술은 점점 종이 같은 전자종이를 지향한다.
앞으로도 종이의 외형적 형태는 절대 사라지지 않을 것이다. 다만
나무로 만든 종이는 사라지고 디지털 디스플레이로 구현되는 전자
종이가 그 자리를 대신할 뿐이다. 아무리 뛰어난 기술이 첨단 디지
털로 우리를 유혹해도 문화적 기반에 반해서는 성공할 수 없음을 보
여준 대표적인 사례다. 전자종이가 보여준 교훈은 디지털화의 방향
이 기술 중심적이지 않고 문화 중심적, 즉 인간 중심적이어야 한다

는 것이다.

시각, 청각에 이어 후각의 감각까지 활용해 마치 실제 상황처럼 느끼게 하는 디지털 기술이 현실화되고 있다. 이 기술은 컴퓨터, 텔레비전 등에 내장해 가상환경을 구축할 수 있을 뿐만 아니라 공조 시스템과 결합해 쾌적한 주거환경을 제공할 수도 있고, 또 제3의학으로 각광받고 있는 아로마 테라피, 품질관리분야 등에 응용할 수도 있다.

촉각은 컴퓨터가 모터와 기계를 구동해 힘과 촉감을 느끼게 하는 햅틱스(haptics) 기술로 구현한다. 햅틱스란 '만진다'는 뜻으로 인공 촉감기술을 의미한다. 사람은 시각이나 청각보다 촉감에 훨씬 빠르게 반응하기 때문에 촉각을 이용한 햅틱스 기술의 활용처는 무한하다. 현재 컴퓨터의 출력장치는 모니터와 스피커뿐이지만 앞으로는 인공촉감을 출력하는 햅틱스 장치가 거의 모든 컴퓨터에 장착될 것이고, 컴퓨터는 시각, 청각, 후각에 이어 촉각까지도 점령할 것이다.

컴퓨터가 스스로 바이러스를 자가진단하고 방어할 수 있는 기술도 개발하고 있다. 컴퓨터에 바이러스 방어방법을 지원하는 것이므로 인간의 면역 시스템과 아주 유사한 방식이다. 이런 기술이 진일보한다면 자가점검과 자가치료를 하는 컴퓨터, 즉 점점 인간화되고 지능화되는 컴퓨터가 등장할 것이다.

DNA 컴퓨터는 생물의 DNA가 컴퓨터와 마찬가지로 정보를 저장한다는 점에서 착안한 것으로, DNA의 기본 염기신호를 이용한 4진법 계산으로 훨씬 빠르고 방대한 양의 정보를 아주 작은 크기의 소자에 저장할 수 있는 기술이다. 뉴로 컴퓨터는 단순한 계산이나 주어진 학습을 통해서가 아니라 경험을 통한 학습, 복잡한 추론이나 독자적 사고까지도 가능한 컴퓨터를 의미한다.

지금까지 언급한 것처럼 컴퓨터나 디지털 기술은 기본적으로 인간을 닮아가는, 그리고 인간이 좀더 편리하고 자연스럽게 활용하는 것을 기본으로 진화하고 있다. 컴퓨터는 더 이상 도구나 수단이 아니라 생활의 일부다. 더 이상 컴퓨터의 물신성(物神性)을 우려하지 않아도 되는 이유는 점점 컴퓨터가 인간화될 것이기 때문이다. 이는 컴퓨터 기술, 좀더 범위를 넓혀서 디지털 기술에 이르기까지 앞으로의 기술이 친인간화하지 못하면 결국 도태될 수밖에 없음을 의미한다. 기술은 결국 인간을 위해 개발하는 것이고 그 기술의 선택 역시 인간이 하는 것이기 때문이다.

4 라이프 로그
맞춤 서비스를 넘어 개인 서비스로

지금은 맞춤화 서비스에서 개개인에게 개별화된 서비스를 제공하는 개인화 서비스로 진화하고 있다. 기업에서도 원투원 마케팅, CRM 마케팅이 점점 강조되고 있다. 검색사이트나 온라인 게임에서는 아바타 등을 통해 개인화 서비스를 제공한다. 이 같은 개인 서비스가 원활히 진행되기 위해서는 개인정보보호에 대한 제도적 장치를 마련하는 일이 시급하다.

사전적 의미의 개인화(personalization)란 축적된 고객의 프로파일(profile) 정보를 활용해 정황에 맞는 서비스를 적절한 시간과 방법으로 고객에게 제공하는 일련의 부가가치창출 과정을 말한다. 개인화 이전 단계가 맞춤화(customization)다. 개개인의 특성을 모두 파악해서 대응하지는 못하지만 세분화된 고객대상별로 대응할 수 있다. 불특정 다수를 대상으로 하는 서비스에서 진화해, 특정 그룹별 특정 대상별로 타겟팅하는 맞춤화 서비스로 1차 진화를 거치고, 개개인 모두에게 개별화된 개인화 서비스를 구현하는 2차 진화를 거친다.

디지털 시대에는 2차 진화인 개인화 서비스가 대세를 이룰 것이다. 앞으로 개인화는 선택이 아닌 필수이자 특화가 아닌 기본이 될 것이다.

개인화 서비스를 위해서는 개인을 알아야 한다. 개인을 알기 위해서는 몰래 개인을 훔쳐보거나 아니면 개인의 동의를 얻어 엿보는 수밖에 없다. 물론 인공지능으로 추론이 가능하긴 하지만 이를 위해서도 개인정보는 필요하다.

개인화 서비스의 명제가 힘을 얻는 만큼 개인정보의 노출 위험성도 확대되고 있다. 디지털 시대에는 우리의 일상이 기록될 수 있고, 그 기록이 흔적으로 남아 마케팅에 활용되거나 통제수단으로 활용될 수 있다. 결국 개인화 또한 디지털이 주는 편의와 위험성이 이중으로 교차하는 영역이다.

아날로그 시대에는 개개인을 배려하기가 현실적으로 어려웠지만 디지털 시대에는 개개인을 배려할 수 있다. 개개인의 맞춤소비나 맞춤교육 등이 이미 현실화되고 있으며, 기업은 마케팅활동에서 개인화를 강조하는 원투원 마케팅이나 타겟마케팅을 점점 강조하고 있다.

아날로그 시대의 개인은 집단과 조직의 일부이자 구성원으로서의 역할이었다면, 디지털 시대의 개인은 그 자체만으로도 독자적인 활동개체이자 영향력을 발휘하는 역할을 한다. 이는 네트워크의 발달이나 각종 디지털 기기의 발전 등으로 이뤄진 하부구조의 토대 위에 사회적으로 개인의 능동성과 창의성을 강조하는 문화적 상부구조가 발전하면서 이뤄진 결과다. 디지털 시대에는 개인의 영향력이나 비중이 점점 커질 것이다.

디지털 시대에는 우리의 일상이 디지털로 기록된다. 컴퓨터의 로그 파일처럼 우리가 무엇을 했는지 언제든 기록으로 남겨진다. 우리가 인지하건 인지하지 못하건, 자발적으로 동의하건 동의하지 않았건 간에 지금도 우리의 일상은 어디엔가 디지털로 기록되고 있다. 이를 라이프 로그(life log)라고 한다.

디지털 문화는 우리에게 기록문화, 흔적남기기 문화를 덤으로 안겨주었다. 개인이 기록문화의 주체가 되고, 누구나 자신의 기록과 흔적을 남길 수 있는 환경은 인간이 가진 커뮤니케이션 욕구를 극대화시켜 준다는 측면에선 긍정적이다.

대표적인 개인기록 매체인 미니홈페이지나 블로그 등의 1인 미디어를 통해서 자신의 감정을 표현하거나 그 날 있었던 일을 적어두고 자신의 주장을 펼치기도 하며, 자신의 관심 정보를 담아둔다. 아울러 누구나 가지고 있을 만큼 보편화된 디지털카메라로 텍스트뿐 아니라 이미지 정보도 다량 기록하고 있다. 내가 언제 어디서 무엇을 했는지를 텍스트와 함께 이미지 정보로 상세하게 기록하고 있는 셈이다.

우리가 의도해서 기록하지 않더라도 디지털의 힘으로 자동적으로 기록되는 정보도 점점 늘고 있다. 곳곳에 설치된 CCTV는 우리의 동선을 디지털 영상으로 기록하고 있다. 신용카드를 언제 어디서 얼마를 썼는지, 어떤 물건을 주로 사는지, 누구와 언제 전화통화를 하는지, 어떤 이메일을 주고받는지 등 모든 기록이 디지털화돼 흔적을 남긴다.

디지털로 이뤄지는 모든 환경은 네트워크로 서로 연결돼 있고, 하나하나의 행동이 실시간으로 남는다. 언제 어디서 무엇을 사고 무슨 일을 했는지를 추적하려면 충분히 추적할 수 있는 환경 속에 살고 있는 것이다. 그 흔적과 기록이 우리의 커뮤니케이션 욕구와 정보편의를 제공하기도 하지만 엄청난 위험에 빠트릴 수도 있다.

아울러 데이터 스모그를 낳기도 한다. 데이터 스모그는 말 그대로 데이터 공해다. 기록이 데이터로 남고, 그 데이터가 디지털 공간을 점유하고, 불필요하게 돌아다니거나 유출되기도 한다. 데이터 스모그가 낳는 사회적 소요비용도 점차 커지며, 이는 모두 우리가 감당해야 할 몫으로 돌아온다.

실제로 라이프 로그를 통해서 우리의 모든 일상을 누가 들여다보기라도 한다면 어떨까? 개인정보나 사생활의 노출이 위험한 수준에 이를 수 있다. 자신도 모르게 빅브라더의 위험에 내몰리는 격이다. 빅브라더가 들여다볼 개인정보를 우리가 직접 라이프 로그라는 이름으로 기록하고 있거나, 자동적인 기록에 동의하고 있으니 말이다.

라이프 로그는 디지털 문화의 이중성을 보여주는 또 다른 사례임에 틀림없다. 자발적인 라이프 로그이건, 비자발적인 라이프 로그이건 간에 개인의 일상이 어딘가에 기록으로 남는다는 사실은 유효하다. 라이프 로그가 주는 편의의 무게만큼이나 그 위험성의 무게도 만만치 않음을 인지해야 한다.

기록은 역사를 만들고, 역사는 현재와 미래를 조망하는 기준이 된다. 즉, 기록문화가 발달하는 것은 긍정적이다. 하지만 디지털 시대의 라이프 로그는 장미빛으로만 볼 게 아니라 그 속에 숨은 가시부터 보는 게 순서일 것이다.

최근 몇 년 동안 인터넷에서 가장 인기있는 키워드가 CRM(Customer Relationship Management)이었다. 고객 개개인을 파악해 이를 기반으로 고객관리를 한다는 개념은 비즈니스를 하는 이들에게도 희망사항이었지만, 고객의 입장에서도 희망사항이었다. 원래 CRM은 금융서비스 분야에서 먼저 시작됐지만 지금은 모든 분야에서 공통적으로 적용되고 있다.

CRM 기술이나 장비를 설치하는 것도 중요하지만 그보다 CRM을 서비스 개념으로 접근하고 아울러 수집·분석한 정보를 바탕으로 개인화 서비스를 구현하는 것이 더 중요하다. 따라서 CRM 서비스 설계의 가치는 비즈니스 전체의 가치를 결정할 만큼 중요하다. 이렇듯 모든 비즈니스나 서비스에서 개인화는 기본적인 도구이자 환경이 되고 있다.

2005년 7월에 국내 포털사이트들은 대대적인 개편을 단행했다. 물론 개편에서 가장 두드러진 것은 개인화 서비스다. 미디어다음에서는 개인마다 다른 초기화면을 제공하는 등 이용자마다 다른 메인 페이지를 볼 수 있도록 했고, 야후코리아도 사용자의 편의를 위해 개인화에 초점을 맞춰 개편을 진행했다. 네이버는 지식인 서비스를 통한 사용자 편의 증대를 도모했고, 엠파스도 매일 새로운 스킨을 적용할 수 있도록 했다. 이 밖의 싸이월드와 프리챌도 개인화에 초점을 맞춰 개편을 진행했다.

실제로 인터넷에서 개인화는 상당히 보편화되고 있다. 포털사이트를 비롯한 큰 웹사이트를 가보면 'my'라고 붙은 메뉴가 눈에 많이 띈다. 사용자가 직접 자신의 요구에 맞게 설정하고 구성할 수 있도록 하는 각종 'my' 서비스는 이제 필수적인 메뉴로 정착됐다.

이와 같이 앞으로는 인터넷에서 누가 더 개인화 서비스를 잘 구현하느냐가 경쟁력이 될 것이다. 개인화 서비스 구현으로 성공한 대표 사례는 네오위즈의 아바타와 싸이월드의 미니홈페이지다. 개인의 취향에 맞게 자신의 분신을 꾸밀 수 있도록 한 아바타 서비스가 유료화에 성공한 이래 이는 네티즌들이 가장 좋아하는 대표적인 서비스가 됐다.

미니홈페이지는 이미 2004년에 1,000만 가입자를 확보할 만큼 전 국민적 관심을 받았고, 1020세대 중에서는 미니홈페이지를 가지지 않은 사람이 없을 정도로 대중화됐다. 이들 모두 자신이 원하는 대로 꾸밀 수 있는 도구들로 구성돼 있다. 즉, 자신에 대한 서비스 공간을 통해 개인화를 상품화한 셈이다.

검색 사이트에서도 개인화 서비스가 속속 도입되고 있다. 자신이 자주 찾는 검색어를 직접 등록할 수 있게 하고, 이에 최적화된 검색 결과를 보여주는 방식이다. 로그인한 후에 자신이 검색한 검색어들을 히스토리 목록으로 제공하기도 한다. 다음의 '리모컨' 기능, 구글의 'Google Alert' 등을 비롯하여 엠파스, 네이버, 야후코리아 등에서도 개인화된 검색기능을 제공하고 있다.

개인화된 서비스에서 온라인 게임도 빠질 수 없다. 대표적인 사례가 엔씨소프트에서 개발 중인 알터라이프(AlterLife)다. 기존의 게임 아바타들은 단순히 헤어스타일, 의상, 피부색 등 외모만을 취향에 맞게 꾸밀 수 있었다. 그러나 알터라이프에서는 한층 진일보한 아바타를 만날 수 있다. 예전에는 아바타 꾸미기가 자신의 온라인 정체성 표출방법의 전부였다면 다양한 기술이 도입되고 있는 요즘은 보다 전면적인 정체성 표현이 가능하다. 알터라이프의 아바타는 스스로 생각하고 행동할 수 있기 때문에 플레이어가 각 상황에 하나하나 대응하지 않아도 아바타가 그동안의 플레이어의 성향을 파악해 스스로 반응한다.

쇼핑에서도 개인화 서비스는 두드러진다. 개인화 서비스가 가장 보편화되고 가장 먼저 발전하고 있는 분야는 온라인 쇼핑 분야다. 개인화 서비스가 매출에 직접적인 영향을 주기 때문에 더더욱 개인화에 대한 접근을 다양하게 시도하고 있다.

아마존이 시작하면서 보편화된 추천 서비스를 비롯해, 다음의 디앤샵(d&shop)에서 제공하는 '빨간 구두' 서비스, 그 밖의 수많은 온라인 쇼핑몰에서 제공하고 있는 평가 및 추천 서비스 등이 있다. 개인 미디어인 블로그를 제공하는 온라인 쇼핑몰도 점점 늘어나고 있는데, 이는 블로그를 통해 개인화 서비스에 접근하는 것이다.

향후 개인화 서비스의 사례는 더욱더 많아질 것이며 기술, 문화, 산업 모두 개인화 서비스 전성시대를 맞이할 것이다. 개인화 서비스를 구현하지 않으면 개인에게 외면받을 것이며, 반대로 개인화 서비스를 제대로 구현한다면 새로운 비즈니스 원동력이 될 것이다.

그런데 개인화 서비스를 하기 위해서는 개인정보를 훔쳐볼 수밖에 없다. 독심술을 부릴 수 있는 것이 아니기에 제대로 개인화된 서비스를 하려면 개인에게 직접 물어보거나 개인정보를 통해 분석해야 한다. 때문에 개인정보를 엿보는 첨단광고와 마케팅 기법이 디지털 경제시대를 위한 진화이자 산업적 수단인지, 아니면 감시와 통제의 전체주의시대를 여는 빅브라더의 수단인지는 좀더 두고봐야 한다.

　하지만 한 가지 분명한 것은 개인정보를 매개로 하는 마케팅 기법이 악용되는 것을 방지하기 위해서라도 개인정보를 보호하는 법적 기준과 제도장치를 마련해야 한다는 것이다. 앞으로 디지털 기술을 이용한 첨단광고와 마케팅 기법은 날로 발전할 것이다. 그러므로 우리의 모든 것을 누군가가 엿볼 수 있다는 사실을 간과해서는 안 될 것이다.

경계해야 할 트렌드

화려한 디지털의 어두운 이면

디지털 금치산자 1
무엇이 가상이고 무엇이 현실인가

익명성과 가상성이 보장된 인터넷에서의 활동이 확대되면서 가상과 실재를 혼돈하는 경우가 있다. 가상과 현실을 넘나드는 대표적인 사례는 바로 온라인 게임이다. 인터넷의 폭력적 콘텐츠에 노출된 사람들은 실재 공간에서의 범죄를 심각하게 인식하지 않는다. 따라서 이들을 규제하기 위한 법적 기준을 강화해야 한다.

디지털 세대들은 인터넷이라는 가상공간 속에서 자신을 대신하는 새로운 자아를 만들어낸다. 아바타라는 이름으로 외형적인 자아를 표현하는 것에서 진화해 그 속에 자신의 새로운 정체성을 부여하기도 한다. 초기에는 자신을 그대로 표현하는 가상의 자아를 만들어냈다면 이후에는 자신이 되고 싶은 다양한 가상의 자아를 만들어낸다. 일탈의 욕구를 반영한 자아가 있는 반면에 공격적이고 폭력적인 자아도 만들어낸다. 이른바 다중자아다. 자신 속에 내재된 여러 가지 욕구를 사이버 공간에서 분출시키는 것이다. 이는 긍정적인 욕구해소가 되기도 하지만 사회적인 문제나 범죄로 연결되는 부작용도 있다.

가상공간에서의 활동은 디지털 문화의 근간을 이룬다. 채팅이나 게임, 온라인에서의 교류 등이 모두 가상공간에서 이루어지는 대표적인 활동이다. 따라서 이러한 활동이 보편화되고 대중화되는 만큼 사이버 다중자아와 디지털 금치산자의 확산도 수반된다. 네티즌들은 가상과 실재에서 혼돈을 겪기 때문이다.

전자신문사와 온라인 리서치 전문업체 엠브레인에서 2003년 6월 14일부터 17일까지 전국 13세 이상 59세 이하 인터넷 이용자 2,280명(남자 1,130명, 여자 1,150명)을 대상으로 실시한 '아바타 사용실태 조사'에 따르면 전체 응답자 중 79.9%가 아바타를 갖고 있다고 응답했다.

인터넷에서 아바타 문화가 본격화된 것은 네오위즈의 세이클럽에서다. 2000년 11월에 처음으로 유료 사이버 캐릭터 사업을 시작한 이래, 주요 포털사이트를 비롯한 대형 웹사이트에서 대부분 아바타 서비스를 하기에 이르렀다. 2001년 국내 아바타 시장은 240억 원, 2002년에는 800억 원, 2003년에는 1,500억 원 규모다. 아바타 시장은 이전에는 존재하지 않던 신규 시장이었으며, 국내 인터넷 산업의 효자 수익 모델로 기능했다.

디지털 세대는 아바타를 통해 가상의 자신을 설정해두고 그것을 꾸미며 자아를 느낀다. 여러 가지 아바타를 동시에 가질 수 있기 때문에 자신의 모습을 다양하게 설정할 수도 있고 자신의 평소 이미지를 부정해보기도 한다. 이른바 사이버 다중자아인 셈이다.

그동안 현실에서 표출하지 못했던 다중성을 가상공간에서 표출할 수 있게 됐다. 그래서 평소에 조용하던 사람이 가상의 공간에서 익명성을 덮어쓰고 나면 굉장히 공격적으로 변하기도 한다. 이른바 사이버 다중자아가 형성되는 것이다.

자신과 다른 또 다른 자신을 만들어내고자 하는 욕구도 강하다. 사이버 다중자아는 현실에서보다 운신의 폭이 넓고 자유롭다. 따라서 사이버 다중자아를 만들어내는 사람들은 가상공간에서의 자유를 이용해 현실에서 받는 욕구불만을 해소하려는 경향이 있다.

실제로 인터넷상에서 자신의 신분을 속이는 경우는 비일비재하다. 대부분 악의적이라기보다 인터넷이 주는 익명성과 가상성의 매력을 즐기는 것이다. 이는 현실에서 억눌린 감정을 표출하는 것으로, 가상성이 주는 즐거움이기도 하다.

인터넷상에서 다른 사람들과 교류할 때 자신의 신분을 속이는 사람이 3~4명 중 1명꼴이라고 한다. 한국정보문화진흥원의 '2004 인터넷 이용실태조사'에 따르면, 조사대상 2,000명 중 28.6%가 자신의 신분을 속인 경험이 있다고 한다.

다음 표에서 알 수 있듯이 조사대상자의 절반 정도는 나 자신을 숨기고 싶어서 신분을 속인다고 대답했다. 이것이 바로 인터넷이 가

▌인터넷상에서 신분을 속인 이유 (N=572, 단위 : %)

나 자신을 숨기고 싶어서	47.7
특별한 목적을 가지고	14.2
다른 사람들의 관심을 얻고자	11.2
남을 속이는 것 자체가 재미있어서	10.7
내가 바라는 사람이 되고 싶어서	9.3
기타	7.0

출처 : 한국정보문화진흥원, 2004 인터넷 이용실태조사

지는 익명성과 가상성 환경에 조응하여 자신을 가상 속의 새로운 개체, 즉 다중자아로서의 자신을 만들어내는 것이다. 물론 이러한 다중자아가 긍정적 차원뿐 아니라 범죄를 비롯한 부정적 차원으로도 사용된다는 점을 간과해선 안 된다.

가상과 현실을 넘나드는 대표적인 사례가 바로 온라인 게임이다. 가상공간에서 이뤄지는 일이지만 게임은 실재하는 사람과 한다. 네트워크로 연결된 누군가와 가상의 게임 공간에서 게임을 벌이지만 게임의 결과에 따라 자신과 게임한 사람을 찾아가 폭행하는 일도 비일비재하다. 자신이 시간과 돈과 노력을 들여 키워놓은 게임 캐릭터가 상대에게 무참하게 지면 그것은 현실에서 두들겨 맞은 것과 맞먹을 정도로 분함을 느끼는 것이다. 그래서 그 분함을 풀기 위해 게임을 한 사람과 싸움을 벌인다. 심지어 살인까지도 저지른다. 이미 그들에겐 게임이 가상이 아닌 현실이기 때문이다.

게임은 시뮬레이션 효과가 있다. 살인이건 강간이건 사회적, 도덕적 기준에 어긋나는 범죄라 하더라도 게임상에서는 자유롭다. 게임에서의 그런 행동은 일종의 시뮬레이션 학습 효과로 이어질 수 있다. 자연스럽게 자신의 행동이 게임 안에서만 머물지 않고 현실공간에서 나타날 수도 있다. 그 이유는 게임을 하면서 은연중에 학습됐고, 그 학습을 통해 자연스럽게 행동하기 때문이다. 이때 그들은 자신의 행동을 범죄나 나쁜 짓이라고 생각하지 않는다. 그들의 입장에서는 그럴 수밖에 없다. 단지 게임에서 이루어진 자유로운 행동이 공간만 옮겨서 현실에 적용됐을 뿐이기 때문이다.

물론 아날로그 세대들의 시각으론 절대 이해할 수 없는 변명처럼 들릴지 모르지만, 디지털 세대들의 시각에선 그럴 수 있다. 아니, 그런 상황과 환경을 고려해야만 한다. 이미 사회는 디지털 중독으로 디지털 금치산자를 양산하고 있기 때문이다.

실제로 게임을 모방해 범죄를 저지르고 경찰서에 잡혀온 10대들은 전혀 죄책감이 없다. 오히려 자신의 행위가 게임과 같이 장난처럼 이뤄진 것이라는 말을 자연스럽게 내뱉는다. 이와 같이 디지털 세대들은 상식의 기준이 다르다. 디지털 네이티브의 각종 범죄도 그들의 기준으로 보면 대수롭지 않은 행위에 불과하다.

인터넷에서 본 동영상이나 폭력적 콘텐츠에 노출된 그들은 현실에서 저지르는 범죄를 잘못으로 인식하지 못한다. 그들은 가상과 실재에 대한 모호한 경계 속에서 길을 잃은 셈이다. 이렇게 가상과 실재의 경계를 혼돈하면서 정체성의 혼란을 겪는 이들은 금치산자나 한정치산자와 다를 바 없다. 그래서 필자는 그들을 디지털 금치산자라 부른다.

따라서 이들을 다룰 때 법정에서 금치산자와 한정치산자를 다루듯 해야 한다. 디지털이 그들의 정체성에 혼란을 주고, 그들에게 복합정체성 혹은 정체성 상실을 불러일으킨 셈이다. 디지털 금치산자에 대한 사회적 대책을 마련하지 않으면 청소년 전과자만 대량 양산할 것이다.

디지털 금치산자를 양산한 건 결국 디지털 사회만 도래해놓고 그속에서 디지털 문화를 제대로 만들어내지 못한 사회의 공동책임이다. 따라서 그들의 행위를 비난하거나 처벌만 할 게 아니라 문제를 해결할 수 있는 근본적인 대안을 마련할 수 있도록 좀더 사회적으로 관심을 기울여야 한다.

예를 들어 인성교육과 함께 네티켓이나 사이버 범죄에 대한 교육을 병행하고 관련 법적 기준을 강화해야 한다. 계도와 예방 없이 법만 적용해서는 곤란하다. 디지털 격차가 가진 심각성만큼이나 디지털 금치산자들에 대한 심각성도 크다는 것을 인식해야 한다.

가상과 실재를 혼돈하는 현상은 예견된 사회적 문제였으며, 이제는 그에 대한 현실적인 대응책을 마련해야 할 시기다. 우리가 생각하는 것보다 그 심각성은 훨씬 클 수 있음을 간과해선 안 된다.

디지털의 그림자 2
디지털 중독이 낳은 사이버 범죄

디지털화가 가속화됨에 따라 디지털 중독에 빠지는 사람이 늘고 있다. 디지털 중독은 사이버 폐인, 칩거증후군, 사이버 관음족, 디지털 치매 등의 형태로 나타난다. 한편 디지털 중독은 사이버 범죄로 이어지기도 한다. 해킹, 바이러스 유포, 불법복제, 통신사기 등은 가장 일반적인 사이버 범죄의 유형이다.

디지털의 빛이 밝아지면 밝아질수록 그림자는 더욱 어두워진다. 이처럼 디지털의 0과 1이라는 이분법적 구도가 사회적 트렌드에서도 유효하게 나타난다. 디지털은 인간에게 무한자유를 주는 듯하지만 동시에 그 속에서 무한구속을 주기도 한다.

우리는 디지털 사회를 장미빛으로만 봐서도 안 되고, 그렇다고 회색빛으로만 봐서도 안 된다. 다시 말해 두 가지가 공존하는 디지털의 이중성을 제대로 이해해야 한다. 이중성의 경계를 어떻게 타느냐가 향후 디지털 트렌드를 주도하는 코드이기 때문이다.

디지털은 인간의 행동반경을 극대화시킨다. 인터넷 기술, 유비쿼터스 기술 및 각종 모바일 문화, 각종 디지털 기술과 문화는 시공간의 한계를 없애고 있다. 사람이 물리적으로 시공간을 넘나들진 못하지만 디지털 기술의 힘을 빌려 시공간을 넘나드는 효과를 누린다. 아울러 이런 환경에 적응한 디지털 노마드들은 시공간의 자유를 행동의 자유로 진화시킨다.

그러나 자유는 자유로서 그치지 않는다. 빅브라더와 스몰시스터가 공존하는 시대이다 보니 권력을 통한 개인감시, 개인끼리의 개별감시 등 전방위적인 감시가 가능하다.

아울러 디지털 중독의 폐해도 심각하다. 디지털에 중독된 사람이 스스로 자신을 고립시켜 가상공간 속에 자신을 구속시키는 현상도 심화되고 있고, 사회에 적응하지 못해 공격적인 성향으로 변하기도 한다. 사회적 생산성을 따라가지 못해 사회에 적응하지 못하고 스스로를 디지털 공간 속에 감추기에 급급하다. 디지털 중독은 디지털이 가져다준 대표적인 그림자 중의 하나다. 아무리 좋은 기술이라도 과하면 문제가 된다.

이처럼 디지털은 자유와 구속이라는 양면을 모두 가지고 있다. 디지털 기술이나 디지털 문화는 우리에게 자유를 무한정 주기만 하는 게 아니다. 반대급부가 뚜렷하게 존재하는 영역 중의 하나가 바로 디지털이다.

디지털의 수혜를 가장 많이 받는 것도 디지털 네이티브고, 디지털의 폐해를 가장 많이 경험하는 것도 디지털 네이티브다. 디지털 네이티브는 디지털의 이중성을 모두 겪는 것이다. 디지털로 태어나 디지털로 생활하는 이들에게 이런 것은 당연한 일인지도 모른다. 디지털이 만든 빛과 함께 디지털의 그림자도 동시에 받아들인 세대다 보니 디지털 그림자에 가장 많이 노출된 것이 전혀 이상하지 않

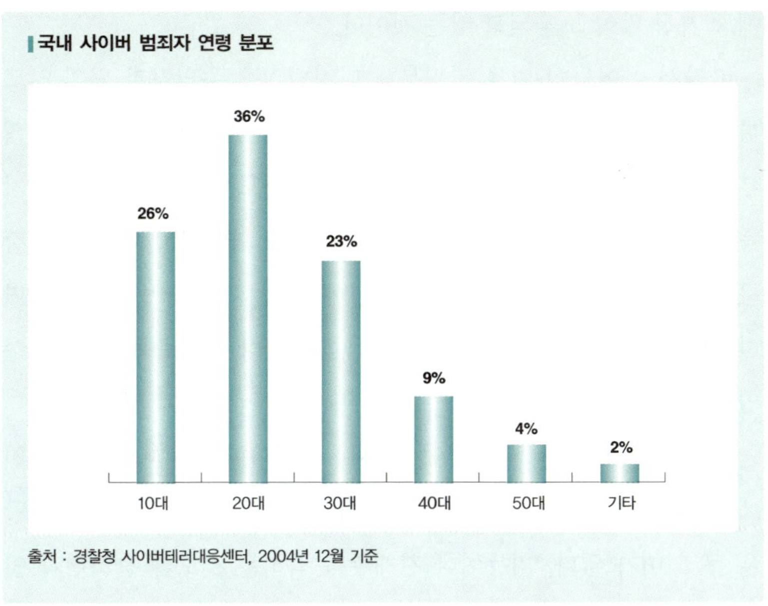

기도 하다.

하지만 그냥 둬서는 안 된다. 디지털 세대 중 디지털 네이티브는 가장 친디지털 성향을 띤다. 그러다 보니 디지털의 폐해를 가려내고 피해갈 여유를 못 가진 채 디지털을 맹신하고 디지털 만능주의에 쉽게 빠진다.

디지털 네이티브라고 할 수 있는 10대와 20대가 전체 사이버 범죄자 중 62%를 차지하고, 디지털 네이티브가 부분적으로 속해 있는 30대까지 포함시키면 전체 중 85%가 된다. 즉, 디지털 시대에 가장 잘 적응한 디지털 세대가 사이버 범죄도 가장 많이 저지르고 있다. 디지털 시대의 빛을 가장 잘 누리는 사람들이 디지털 시대의 그림자에도 가장 많이 노출되고 있는 것이다.

따라서 아이들이 너무 일찍부터 디지털 만능주의자가 되지 않도록 주의시켜야 한다. 컴퓨터나 인터넷 등 디지털 환경을 너무 일찍부터 접하는 것은 분명 장단점이 있다. 적어도 디지털 기술이나 기능을 익히기 전에 그로 인해 발생할 문제를 파악하고 대응책을 강구해야 한다. 맹목적으로 컴퓨터 앞에 어린 아이를 방치해둔다면 디지털 만능주의나 디지털 맹목주의, 각종 디지털 중독에 빠질 수 있다.

디지털은 도구일 뿐 그것이 전부는 아니다. 결국 디지털의 원천에는 아날로그가 있고 그것을 채워내지 못하는 도구로서의 디지털은 큰 의미가 없다. 기능이나 잔재주를 익히는 것보다 창의력과 인성을 익히는 게 더 중요하기 때문이다.

그런 점에서 디지털 네이티브에 대한 사회적 관심이 필요하다. 디지털 네이티브가 겪는 각종 문제를 이제는 개인이 아닌 사회가 직접 감당해 해결해야 한다.

중독은 개인의 문제가 아니다. 사회 전체가 디지털 중독에 빠졌다고 해도 과언이 아닐 만큼 사회구성원들의 디지털 중독은 심각한 문제다. 과거에는 신체적이고 생물학적인 중독이 경계대상이었지만 디지털 시대에는 정신적이고 사회적인 중독이 경계대상이다. 뭐든 지나치면 안 좋다는 것을 알면서도 막상 지키기 힘들 때가 많다. 아무리 좋은 것이라도 지나치면 부족한 것만 못하다. 하물며 좋지 않은 것이라면 두말할 나위 없다.

그러나 인터넷으로 대표되는 디지털 문화와 정보소비 문화는 적당한 선을 지키기 어렵다. 쏟아지는 무수한 정보와 자극적이고 말초적인 콘텐츠, 사회적 제약 없이 누구나 주도적으로 뭔가를 해낼 수 있는 각종 사이버상의 게임이나 커뮤니케이션 도구들이 중독과 몰입을 가져온다. 빠지기는 쉽지만 헤어나긴 쉽지 않다.

중독과 몰입은 개인적인 문제가 아니라 사회적 문제이기도 하다. 중독자 유형이 확산되면 사회적 생산력 기반이 취약해지고, 소모적인 디지털 문화소비에만 치중하며 중독에 따른 이상행동을 일삼는 잠재적 문제아를 대량 양산할 수 있다.

디지털 중독은 남녀노소를 가리지 않는다. 초기에는 주로 청소년들의 디지털 중독이 심각한 문제였으나, 이젠 삼십대 이상 세대에게도 디지털 중독이 심각한 문제로 대두되고 있다. 한때는 호환마마보다도 더 무서운 게 불법 비디오였다. 그런데 요즘은 디지털 중독이 가장 무서운 것으로 꼽힌다. 개인의 중독이 곧 사회 전반의 광범위한 중독으로 이어질 수 있기 때문이다.

디지털 시대의 중독자 유형은 다음과 같다. 마니아적 기질이 잘못 표출되거나 인터넷 문화에 과도하게 집착하는 사이버 페인, 고립된 공간에 칩거하는 은둔족 혹은 디지털 히키코모리(Digital ひきこもり), 이메일·웹서핑·채팅 등 인터넷에서 보편적으로 사용하는 기본적 도구에 중독된 인터넷 중독자, 성적 욕구를 온라인에 접속해서 해결하고 심한 경우 가까이에 이성을 두고도 인터넷에서 성적 욕구를 해결하기도 하는 사이버섹스 중독자, 훔쳐보고자 하는 관음욕구에 중독돼 몰입하는 사이버 관음족, 무조건 디지털이면 좋고 디지털에 의존하는 것이 문명의 이기라고 생각하는 디지

털 숭배자, 컴퓨터나 휴대폰 등 디지털기기의 사용이 보편화되면서 자신이 기억하고 있던 전화번호나 기념일, 중요한 약속 등을 잊어버리는 현상에 빠지는 디지털 치매, 현실에서 자신보다 가상공간에서 존재하는 자신의 분신을 통해 정체성을 확인하고 성취와 만족을 거두는 아바타족, 컴퓨터에 이상이 생기면 바로 리셋버튼을 눌러 시스템을 다시 실행시키는 리셋 증후군에서 나온 리셋족 등이 있다.

이 외에도 새로운 유형이 속속 등장한다. 새로운 기술이나 새로운 디지털 문화가 나오면 그에 따르는 새로운 중독 현상들이 나타나게 마련이다. 중독문제를 해결하기 위해서는 개인뿐 아니라 사회가 함께 노력을 기울여야 한다. 디지털 중독은 개인문제가 아니라 사회적 생산력에도 영향을 미치는 중요한 문제라는 것을 인식하고, 국가가 나서서 디지털 중독문제를 공론화하고 다양한 대응책을 마련해야 하는 것이다.

중독이 간접적인 그림자라면 사이버 범죄는 직접적인 그림자다. 아울러 중독자가 사이버 범죄자로 이동할 수도 있다. 즉, 중독자의 증세가 심해지면 사이버 범죄를 저지를 잠재적 문제아가 될 수도 있다는 것이다. 향후 사이버 범죄가 전체 범죄유형 중에서 가장 많은 비중을 차지할 날이 멀지 않았다. 특히 해킹과 바이러스 유포, 불법복제, 통신사기, 게임 사기, 음란물 유포와 사이버 테러, 명예훼손과 사생활침해 등은 가장 일반적인 사이버 범죄의 유형이자 사례다.

게다가 매년 사이버 범죄 발생은 증가하고 있다. 2004년 총 사이

▌사이버 범죄 발생 및 검거 현황 (단위 : 건)

사이버테러형 범죄

	연도	합계	해킹	바이러스
발생	2004년	15,390	15,348	42
	2003년	14,241	14,159	82
	대비	8% 증가	8% 증가	49% 감소
검거	2004년	10,993	10,955	38
	2003년	8,891	8,844	47
	대비	24% 증가	24% 증가	19% 감소

일반 사이버 범죄

	연도	합계	통신 사기 게임 사기	명예훼손 성폭력 등	개인 정보 침해	불법 사이트 운영	불법복제 판매	기타
발생	2004년	61,709	40,263	3,667	3,137	2,308	1,064	11,250
	2003년	54,204	37,453	3,068	2,863	1,821	664	8,335
	대비	14% 증가	8% 증가	20% 증가	10% 증가	27% 증가	60% 증가	35% 증가
검거	2004년	52,391	30,268	3,751	2,065	2,410	1,244	12,633
	2003년	42,831	26,875	2,976	2,015	1,719	677	8,569
	대비	22% 증가	13% 증가	26% 증가	2% 증가	40% 증가	84% 증가	47% 증가

출처 : 경찰청 사이버테러대응센터(2004년 12월 말)

버 범죄 발생건수는 7만 7,099건으로 전년 대비 13% 증가하였다. 이 중 불법복제 판매가 60%, 불법사이트 운영 27%, 명예훼손 및 성폭력 범죄가 20% 증가했다. 범죄 종류별로 보면 통신 사기와 게임 사기가 4만 263건으로 전체 사이버 범죄 중 52.2%를 차지했다. 한 번 터질 때마다 수백에서 수천 명 이상에게 피해를 끼치는 온라인 쇼핑몰 사기가 통신 사기의 한 사례다. 사이버 테러형 범죄인 해킹은 전체 사이버 범죄 중 19.9%를 차지했다. 이로써 통신 사기와 게임

사기, 해킹이 전체 사이버 범죄 중 70% 이상을 점유하는 것으로 나타났다. 발생 범죄 대비 검거율은 82%이며, 2004년 한 해 동안 사이버 범죄로 구속된 사람만 4,231명에 이르렀다.

개인의 사생활침해 문제는 정보화가 급속하게 진행됨에 따라 사회적, 윤리적 문제로 등장했다. 사생활침해 문제는 과거에도 존재했으나 정보화 사회에서는 컴퓨터 사용 범위가 확대됨에 따라 개인정보 유출이라는 새로운 위협으로 나타난 것이다. 정보화 사회에서 사생활의 의미는 부당하게 개인정보에 접근하는 것을 통제하고 자신의 동의하에 정보가 유통되기를 바라는 권리의 개념으로 이해돼야 한다. 개인정보에 접근하기 쉬운 가상공간에서는 개인의 사생활에 특히 주의를 기울여야 할 것이다.

인터넷 사용이 급증하면서 인터넷상의 음란, 마약, 폭력 등 불건전 정보를 담고 있는 사이트가 어린이나 청소년 등의 미성년자들에게 여과 없이 유출되어 새로운 사회적, 윤리적 문제로 대두됐다. 수많은 웹사이트들이 지나치게 성과 관련된 사진이나 동영상을 제공하고 있으며, 심지어는 마약 사용을 조작하거나 환각을 느낄 수 있는 방법을 자세히 알려주는 사이트나 자살 사이트까지 출현하여 정보수용자들에게 심각한 악영향을 미치고 있다.

불건전한 정보의 유통 문제는 기존의 미디어인 인쇄 미디어나 비디오와 같은 영상 미디어에도 있었다. 하지만 인터넷을 기반으로 한 가상공간에서의 불건전 정보는 인터넷 자체가 개방성에 근간을 두고 있기 때문에 효과적으로 차단하기가 매우 어렵다는 데 문제가 더 심각하다.

특정한 컴퓨터 시스템에 불법적으로 침입하는 범죄유형을 해킹 (hacking) 혹은 크래킹(cracking)이라고 하는데, 이는 정당한 자격을 갖지 않거나 인가를 받지 않고 타인이나 타기관의 컴퓨터에 불법적으로 접근, 침입하여 시스템의 자료 또는 프로그램을 이용, 유출하거나 손상시키는 행위를 말한다. 침입 의도의 순수성을 떠나 침입 자체만으로도 이미 범죄다. 악의적인 크래커들은 통신망을 통해 남의 컴퓨터에 접속해 바이러스를 유포할 뿐만 아니라 컴퓨터 범죄를 행하고 있다.

컴퓨터 소프트웨어 복제는 널리 퍼져 있는 악의적 관행 중 하나다. 소프트웨어의 복제와 저작권 문제는 소프트웨어가 복제된 이후에도 원본이 전혀 손상되지 않고 보존되며 복사본 또한 원본과 아무런 차이가 없다는 디지털 정보의 특성에서도 그 원인을 찾을 수 있다. 디지털 복제에 따른 저작권침해는 컴퓨터 소프트웨어뿐 아니라 영화, DVD, 음반 등 영역이 광범위하다.

소프트웨어저작권협회의 자료에 따르면 저작권자 혹은 저작권자의 허락을 받아서 정당하게 복제 배포된 프로그램이 정품이고, 저작권자에게 부여된 권리를 침해해 제작되거나 사용되는 프로그램은 모두 불법복제물이라고 명시돼 있다.

사이버 범죄는 대개 가상공간에서 발생하지만 실재하는 가치에 심각한 피해를 준다. 그리고 사이버 범죄는 개인적 범죄 수준이 아니라 사회적 범죄로 다뤄야 할 영역이다. 그만큼 사이버 범죄는 파괴력과 위험성이 심각하다.

사이버 범죄는 디지털 사회가 발전할수록 더 늘어날 것이며, 범

죄 유형도 다양해질 것이다. 디지털의 대표적인 그림자가 바로 사
이버 범죄이기 때문이다. 디지털의 밝은 빛만큼 더욱 어두운 그림
자로 나타나는 사이버 범죄를 막기 위해 근본적인 대응책을 강구해
야 한다.

<h1>데이터 스모그 3</h1>
<h2>정보도 공해다</h2>

정보가 많으면 수많은 정보 속에서 자신이 원하는 정보를 찾는 것도 일이다. 정작 쓸 만한 정보는 없는데 일단 다운로드부터 하는 것을 두고 다운증후군이라고 한다. 습관적으로 정보를 다운로드받다 보면 정보비만에 빠지게 돼 정보를 분별하는 능력도 떨어진다. 이처럼 정보가 많으면 정보의 가치도 떨어진다.

인터넷이 정보의 바다라고 해서 각광받은 지 10여 년 만에 우리는 정보가 넘치는 시대에 살고 있다. 이를 두고 정보홍수(information deluge), 데이터 스모그(data smog), 정보비만(information fatness) 등으로 표현하는데, 이 책에서는 정보비만으로 얘길 풀어나가기로 한다.

최근 한국사회에서 가장 큰 이슈가 된 것이 바로 다이어트다. 몸짱열풍이 불면서 다이어트 산업이 사상 최대의 호황을 누리고 있다. 그런데 몸만 다이어트를 할 게 아니다. 몸에 대한 다이어트만큼 중요한 것이 정보에 대한 다이어트다. 비만해결이 현대인에게 건강과 미용의 두 마리 토끼를 잡는 일이라면, 정보비만 해결은 디지털 세대에게 두 마리 이상의 토끼를 잡는 일과 같다.

정보가 많으면 좋지 뭐가 문제냐고 반문할지 모르겠지만, 문제는 불필요한 정보와 중복되는 정보가 많아서 공해가 된다는 데 있다. 불필요한 정보나 중복정보를 담아내려면 서버 용량도 커야 하기 때문에 필요없는 비용이 발생한다. 한 대만 있으면 되는데 중복해서 담느라고 서너 대를 쓴다면 불필요한 비용을 낭비하는 것이고, 그 낭비는 곧 사회적 낭비로 돌아온다.

네트워크 트래픽도 문제다. 네트워크 자원은 한정돼 있는데 너나 할 것 없이 정보를 퍼가서 저장해둔다면 서버의 부하만큼이나 네트워크의 부하도 만만치 않다.

그리고 정보가 많으면 자신에게 필요한 정보를 찾는 데도 많은 시간이 소요된다. 필요한 정보를 찾기 위해 검색 엔진에서 키워드를 두들겨보라. 감당하지 못할 만큼 많은 정보가 검색되어 사람들을 질리게 할 것이다. 정작 필요한 건 한 개인데, 그 한 개를 찾기 위해 수백, 수천 개로 걸러진 검색 데이터를 뒤져야 하고, 그걸 뒤진다고 해서 정말 찾고자 하는 것을 찾아낸다는 보장도 없다. 이는 일종의 검색정보의 거품이다. 질적 수준은 따라가지 못하고 양적 수준만 넘친다고 해서 정보강국이라고 말할 수 없다.

데이비드 셍크는 자신의 저서 《데이터 스모그(Data Smog)》에서 정보공해를 산업사회가 낳은 대표적인 폐해인 스모그 현상처럼 정보화사회에서는 데이터 스모그라는 정보공해가 큰 위험요인이 될 것이라고 경고했다. 아울러 '정보란 유용하게 쓰이는 경우에만 가치 있는 존재'라는 메시지를 전한다.

데이비드 셍크의 저서 이전에도 정보홍수 시대의 정보비만이나 정보과부하를 우려한 사람들이 꽤 있었다. 그 중의 한 명이 움베르토 에코다.

움베르토는 1996년 〈조선일보〉와의 인터뷰에서 "인터넷은 지구촌의 총체적 규범화와 획일화를 가져올 수도 있고, 정반대로 다양성과 차이를 가져올 수도 있다. 오히려 인터넷의 진정한 문제는 정보과잉으로 인해 오히려 정보의 부재현상이 일어날 가능성이 있다는 것이다. 오늘 아침 책정보를 알기 위해 인터넷을 사용했는데 무려 3,000개의 사이트가 검색됐다. 결국 이같은 정보과잉은 실질적으로 꼭 필요한 정보를 얻는 일을 힘들게 만든다"라고 말한 바 있다. 이처럼 10여 년 전에도 인터넷의 정보과잉을 문제삼았는데, 지금은 더 말할 나위 없다.

몇 년 사이 컴퓨터의 하드디스크 용량은 기하급수적으로 늘어났다. 몇 기가바이트(GB)로도 충분할 것 같았던 하드디스크 용량이 120GB나 160GB로 훌쩍 뛰어넘었다. 심지어 기가바이트를 넘어 테라바이트(TB)까지 욕심내는 사람도 있다. 과연 일반 개인이 160GB에 무엇을 채워놓을까? 채워놓은 데이터가 과연 가치가 있는 걸까? 채워놓고 그것을 활용할까? 이런 의구심이 생길 수밖에 없다.

일반인은 동영상이나 게임 등 고용량 데이터가 아니고서야 그 많은 용량을 채울 수 없다. 아마 하드디스크에 채워놓은 것들은 야동이라 일컫는 음란동영상이나 DVD, CD, 혹은 소프트웨어를 다운받은 것이 대부분일 것이다. 거의 비생산적인 정보인 데다 지적재산권을 침해하는 정보 일색이다. 과연 비싼 돈을 들여 하드디스크 용량을 늘리는 것이 저런 정보를 담아두기 위해서인가? CD 백업도 마찬가지다. 요즘에는 컴퓨터에 CD-R이 기본으로 장착돼 있어서 누구나 쉽게 데이터를 CD에 백업받을 수 있다. CD보다 용량이 많은 DVD도 백업받을 수 있는 DVD-R도 최신 컴퓨터엔 웬만해선 장착돼 있을 정도다. 그야말로 데이터를 다운받고 백업받아둘 환경으로는 최상이다. 그 환경을 만드는 데 들어간 비용을 사회적으로 따져보면 엄청난 액수가 될 것이다. 그 엄청난 액수를 들여서 고작 야동이나 담아두고 불법 소프트웨어나 복사해둔다면 낭비가 아닐 수 없다.

개인 컴퓨터뿐 아니라 인터넷도 마찬가지다. 실제 인터넷에 떠도는 데이터 중에는 상당수가 쓰레기다. 대표적인 것이 각종 포르노그래피와 스팸메일, 유인물이나 홍보성 자료 등과 관리되지 않고 버려진 웹사이트 등이다. 대다수의 블로그나 미니홈페이지에는 다른 데서 본 것을 펌질해 확보한 데이터가 잔뜩 들어 있다. 블로그 서비스를 하는 회사는 엄청난 비용을 들여 서버와 네트워크 환경을 제공하지만 그 속에 담아두는 정보는 상당수가 중복된다. 서로서로 긁어오고 퍼가기 때문이다. 이들 정보는 가치 없이 서버와 네트워크에 부담만 주는 존재다.

다음 표는 1인당 1일 평균 몇 개의 스팸메일을 받는지를 측정한 조사결과인데, 그나마 다양한 근절책을 통해 많이 줄어든 것이 2004년 11월 기준으로 13.8통 정도다. 13.8통도 결코 적은 양이 아니다. 2003년 3월에는 1인당 1일 평균 50통에 이르는 스팸메일을 받은 것으로 조사됐다.

이러한 현상은 강박증에서 나타난다. 더 좋은 컴퓨터가 나오면 그에 맞춰 업그레이드해야 하는 강박증, 새로운 정보가 나오면 그것

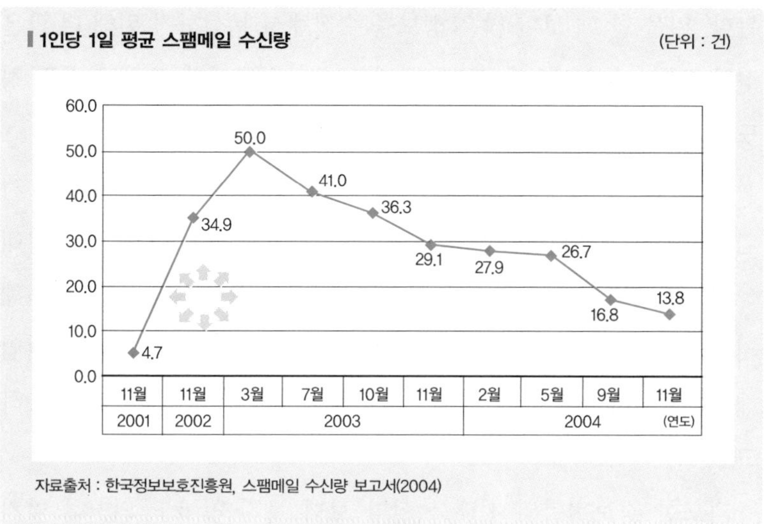

자료출처 : 한국정보보호진흥원, 스팸메일 수신량 보고서(2004)

을 봐야 하는 강박증, 새로운 디지털 기기가 나오면 그것을 써봐야 하는 강박증 등이다. 그런 강박증이 디지털 중독을 조장하고, 정보 과식을 통한 정보비만을 만들어낸다. 실제로 상당수의 사람들이 눈에 띄는 것마다 컴퓨터에 저장해두려고 한다. 인터넷에서 신기한 것만 보면 일단 무조건 다운로드받고 본다. P2P(Peer to Peer)를 통해 수 많은 데이터를 한꺼번에 다운받아두기도 한다.

자신의 컴퓨터에 어떤 정보가 들어 있는지 모를 정도로 다운로드와 저장에 열심인 것을 다운증후군(Down-Syndrome)이라고 한다. 다운로드 증후군을 줄여서 쓴 말인데, 다운로드에 중독돼 습관적으로 정보를 다운로드받다 보면 정보비만에 빠지고 아울러 정보를 분별하는 능력도 떨어진다.

접근할 수 있는 정보의 양이 많다 보니 정보과잉 스트레스도 받는다. 일을 할 때 보다 많은 정보를 수집해서 분석하기 위해 더 많은 정보를 찾는 데 시간을 보낸다. 과로사가 정보사라는 말로 바뀔 정도라고 직장인들은 농담을 한다.

비즈니스 인포메이션이라는 기관이 영국, 미국, 호주 5개국의 기업체 매니저 1,300명을 대상으로 조사를 실시했다. 그 결과 조사대상 중 약 절반이 과중한 정보로 가뜩이나 높은 스트레스가 더 심해지고 있으며, 이 때문에 건강을 해칠 수 있다고 했다. 현대의 기업체 간부들 사이에서는 '정보피로증후군' 이 새로운 병으로 등장하고 있다.

과도한 정보비만의 시대를 살다 보니 보지 않아도 되거나 알지 않아도 될 정보에까지 노출되고 있다. 음식으로 따지면 과식을 하는 셈이다. 정보과식은 이른바 인터넷 중독이나 검색중독 등을 통한 정보중독에 이른 결과다. 많은 정보를 얻는다고 그것이 다 자기 것이 되느냐 하면 그렇지 않다. 오히려 너무 많은 정보는 사람의 인지 수준을 넘어서기 때문에 다 소화할 수 없게 만든다. 즉, 너무 많아서 질린다는 얘기다.

예전에는 배가 나오면 부유해 보여, 이른바 '사장 스타일' 이라고 얘기했다. 가난하고 못 먹던 시절에는 비만이 동경의 대상이었지만, 먹고살 만한 시대에는 오히려 비만은 보편화된 질병이고 건강의 적신호일 뿐이다. 정보도 마찬가지다. 초기 인터넷 시대에는 인터넷을 통한 정보공유를 극찬했다. 하지만 막상 인터넷이 활성화되고 과도한 정보가 쏟아지자 정보비만을 우려하기 시작했다.

컴퓨터를 켜면 습관적으로 검색 포털사이트에 들어가 뉴스를 보고, 카페나 블로그를 통해서도 습관적으로 정보를 본다. 이런 습관은 중독이 되어 소모적인 정보검색에 시간을 소비하게 한다. 포털사이트나 카페, 블로그 등의 미디어들은 우리의 눈을 사로잡기 위해 보다 자극적이고 시선을 사로잡는 헤드라인을 내놓는다. 그렇게 해서 사람들을 현혹시키고 있는 것이다.

정보비만으로 겪는 문제도 일종의 문화지체 현상이다. 우리가 정보화사회를 처음 살아봐서, 정보를 개인이 자유롭게 확보하고 활용하는 시대를 처음 살아봐서 겪는 지체이자 과도기 현상이다. 따라서 지난 10년간 정보비만의 문제가 가시화된 만큼, 이제 앞으로는 정보비만을 극복할 수 있는 구체적인 대안을 마련해야 한다.

한계효용체감의 법칙처럼 정보에서도 정보 한계효용체감의 법칙이 유효하다. 정보가 많아서 오히려 해가 되기도 하고, 정보가 많으면 정보의 가치도 떨어진다. 수많은 정보에 관심을 가지며 정보비만에 빠지는 것은 그동안 정보에 대한 개인의 접근이 제한됐기 때문이다. 정보를 마음껏 가질 수 있고 무한정으로 접근할 수 있는 시기를 맞아 그 자유를 주체하지 못하는 것이라 해석할 수도 있다. 해석이야 다양할 수 있지만 결론은 한 가지다.

이젠 꼭 알아야 할 것들만 제대로 아는 게 현명한 정보습득 노하우다. 무조건 많이 습득하는 것이 아니라 꼭 필요한 양질의 정보를 제대로 습득하는 지혜가 필요하다. 그리고 잠시 디지털의 강박증에서 벗어나 볼 필요가 있다. 가끔 컴퓨터를 끄고 산으로 간다거나 컴퓨터에서 쏟아지는 정보를 보지 말고 책을 찾아 도서관을 찾아가보자.

아직도 "좋은 정보는 인터넷보다 책 속에 있다"는 얘길 하는 사람들이 많다. 정보홍수 시대의 정보비만 문제가 해결돼 효율적인 정보 활용 시대가 온다면 책보다 인터넷 속에서 더 좋은 정보를 찾을 수 있을 것이다. 인터넷에는 여전히 좋은 정보가 많다. 하지만 데이터 스모그에 묻혀 제대로 찾아내기 어려운 게 현실이다.

정보의 홍수만큼 트렌드도 홍수다. 우리는 눈 돌릴 틈 없이 많은 트렌드를 접한다. 정보와 각종 트렌드가 난무하게 된 것은 미래를 보고픈 인간의 본원적 욕구 때문이다.

미래를 먼저 보는 자가 이긴다. 결국 트렌드를 읽는 눈은 난무하는 트렌드 정보 속에서 제대로 된 트렌드를 찾아내는 일에서 시작된다. 최근 트렌드라는 이름을 단 정보가 넘치는 것은 그만큼 미래에 대한 불안심리가 커지고 있다는 반증이다. 트렌드 홍수는 정보비만과 별개의 문제가 아니다.

정보비만처럼 트렌드 홍수도 개인에게 혼란을 줄 수 있다. 개인에게는 많은 양의 정보보다도 자신이 직접 해독하고 이해할 수 있는 정보가 필요하다. 그것이 단 하나이더라도 말이다. 우리에게 정말 필요한 것은 정보의 양이 아니라 수많은 정보 속에서 자신에게 필요한 것을 선택하는 정보선택의 과학이다.

해킹 · 바이러스 · 스팸메일 4
디지털 공포가 몰려온다

디지털이 보편화됨에 따라 데이터 소실, 디지털 증후군, 바이러스, 스팸메일, 사생활침해, 사이버 범죄와 같은 디지털 공포가 우리 주변에 만연하게 됐다. 하지만 이러한 전방위적인 공포가 비즈니스에서는 새로운 기회가 되기도 한다. 디지털 공포를 해소할 대안이 효과적인 상품일 수 있기 때문이다.

디지털의 편리는 곧 의존성을 낳는다. 의존성의 심화는 디지털이 몰고 올 부작용에 대한 심각한 공포를 내재할 수밖에 없다. 공포라는 표현이 다소 비약적일지는 모르겠다. 하지만 디지털이 주는 부작용을 경험해본 이들이라면 공포라는 표현에 공감할 것이다.

데이터 소실의 공포, 각종 디지털 증후군, 바이러스 공포, 이메일 공포, 사생활침해의 공포, 사이버 범죄대상의 공포 등 일상적인 디지털 공포가 우리 주변에 만연해 있다.

향후 디지털 의존도가 높아질수록 그에 따른 부작용을 해소할 새로운 서비스도 등장할 것이다. 따라서 새로운 디지털 공포를 찾아내고, 그것을 해결할 대안을 찾아보는 것도 미래의 틈새산업을 보는 눈이 될 것이다.

데이터 소실의 공포

많은 사람이 데이터를 날릴까봐 두려워한다. 아날로그의 흔적은 물리적으로 버려야 하지만, 디지털에서는 버튼 한 번으로 버릴 수 있다. 그렇기 때문에 실수로 날려버리는 데이터도 생길 수 있고, 의도치 않은 컴퓨터 다운이나 바이러스 감염으로 소중한 데이터를 날려버릴 수 있다. 복구가 불가능할 땐 큰 낭패가 아닐 수 없다.

종이 위에 적어놓은 아날로그의 정보는 찢어지면 다시 붙이면 되고 좀 지워지더라도 흔적을 따라 다시 살려낼 수 있지만, 디지털은 좀체 그렇질 못하다. 지식정보사회가 심화되면 될수록 디지털화된 지식정보 데이터를 날리지 않을까에 대한 두려움도 커질 수밖에 없다. 결국 데이터 백업만이 살 길인 셈이다.

각종 디지털 증후군

오십대에 온다고 해서 오십견인 어깨통증이 요즘에는 이십대에도 온다고 해서 이십견이라고 한다. 어깨를 비롯해 허리와 관절 등 각종 신경통 증세가 젊은 연령에게 확산되는 것은 컴퓨터를 장시간 사용하기 때문에 나타나는 현상이다. 물리적인 질환 외에 정신적인 질환도 여러 가지가 있다. 디지털 중독 질환도 디지털 증후군의 일종이며, 이것이 가진 심각성은 우려를 넘어서 공포 수준에 이른다.

디지털 치매도 디지털 증후군의 하나다. 디지털에 대한 의존성이 높아지면서 뇌의 기억활동이 줄어들어, 결국 뇌의 기억능력이 떨어지는 것이다. 노하우 없이 노웨어에만 의존하다 보면 결국 디지털 치매라는 공포 상황에 직면할 것이다. 실제로 디지털 치매는 전방위

적으로 확산되어 나타난다. 휴대폰의 단축번호만 기억하다 보니 전
화번호를 못 외우는 사람들이 늘어나고 있는데, 이것도 디지털 치매
의 한 현상이다.

바이러스 공포

때만 되면 반기지도 않는데 어김없이 나타나는 게 바이러스다. 바이
러스의 피해는 디지털에 대한 의존성이 높아지면 높아질수록 심각
하다. 자신의 컴퓨터에서 바이러스 피해를 당해본 사람이라면 더욱
공감할 것이다. 바이러스도 점점 교묘해져서 주의를 기울이지 않으
면 바이러스에 쉽게 노출될 수 있다.

이메일에 첨부된 파일을 열지 않아도 바이러스에 감염되는 경우
도 있고 특정 웹페이지를 열어본 것만으로도 바이러스에 감염되기
도 한다. 스스로 바이러스를 조심한다고 했는데도 불구하고 워낙 바
이러스의 공격이 전방위적이다 보니 자신도 모르게 바이러스에 감
염되고 만다.

감염된 컴퓨터는 흡혈귀의 전파처럼 자신의 의지와 무관하게 자
신의 이메일 주소록에 등재된 이들에게 무작위로 바이러스를 살포
한다. 바이러스의 진화만큼이나 이를 막아내는 기술에서도 진화가
이뤄지고 있지만 바이러스의 공포를 불식시키지는 못한다.

이메일 공포

이메일에 대한 의존성이 높아지면 높아질수록 이메일이 가져다주는
공포도 만만치 않다. 이메일은 결코 안전한 커뮤니케이션 수단이 아니

다. 메일이 전달되지 않거나 혹은 기대한 도착 시간보다 한참이나 늦게 가기도 한다. 심지어는 상대방이 보낸 지 일주일 만에 이메일이 도착하기도 한다. 어떤 서버에 묶여 있다가 날아왔는지 모르겠지만, 빛의 속도를 얘기하는 디지털 시대에 이러면 정말 곤란하다. 상대방은 보냈다는데 자신은 받지 못한 경험이 누구나 한번씩 있을 것이다. 그나마 친구들 사이에서 발생한 일들은 타격이 적지만 업무상으로 보낸 이메일에서 이런 문제가 발생할 경우에는 문제가 심각하다. 그래서 이메일을 보내고서 문자 메시지로 확인하는 것이 습관인 사람들도 생겨났다.

실수로 원치 않은 상대에게 이메일이 날아가기도 한다. 무심코 이메일의 주소록을 잘못 건드려 메일이 모든 주소록 등록자에게 날아간다면 낭패가 아닐 수 없다. 그나마 요즘엔 그런 문제에 대응할 소프트웨어가 나오고 있긴 하지만, 그것으로도 모두 해결될 수는 없다.

실제로 비밀정보에 해당되는 일명 X파일들이 의도치 않았는데 유포되는 사건에서 유포의 진원지로 이메일 실수가 거론되기도 한다. 대사관의 부탁을 받고 관련 인물에 대한 평가를 소위 말하는 X파일식으로 작성했다가, 의뢰한 사람에게 보낸다는 것이 실수로 주소록에 있는 전체에게 보내는 바람에 사건이 된 일이 있었다. 보내고 나면 되돌릴 수 없다는 점에서 이메일 실수에 따른 대가는 가혹하다.

사생활 노출의 공포

언제 어디서나 누군가의 눈에 띌 수밖에 없는 환경에 살고 있다. 디카와 폰카, 캠코더의 확산과 함께 CCTV의 확대, 각종 몰카의 확산도 사생활 노출의 공포를 가중시킨다. 각종 X파일 파문과 도청 파문도 사생활 노출의 공포를 극대화시킨다. 디지털 시대가 빅브라더에 힘을 실어줌과 동시에 스몰시스터에게도 새로운 힘을 부여함으로써 우리가 직면하는 사생활 노출의 위험성은 이중적으로 강화된 셈이다.

인터넷을 통한 사생활 노출이나 인권침해의 사례에서 확인했듯이 디지털 주홍글씨라고 할 정도로 사생활 노출과 침해의 결과가 아주 치명적이다. 디지털 시대를 살아가는 사람들은 사생활 노출의 공포에서 어느 누구도 자유로울 수 없다.

사이버 범죄 대상의 공포

누가 사이버 범죄의 대상이 될지 모른다. 디지털화에 익숙하면 익숙할수록 사이버 범죄의 표적이 될 가능성은 높다. 온라인으로 은행, 주식 등 금융거래를 한다거나 쇼핑몰에서 결재를 한다거나 게임을 하는 등 각종 온라인에서 펼쳐지는 활동들이 사이버 범죄의 대상이 될 수 있다. 그로 인해 발생하는 피해도 크다. 실제로 은행의 거래정보가 피싱을 통해 노출돼 통장에 있는 돈이 유출되거나 게임 아이템을 도난당하는 사건이 종종 발생한다.

점점 디지털 의존성이 높아지는 사람들에게 디지털 공포는 무섭고 두려운 대상일 수밖에 없다. 따라서 이를 적극적으로 근절시키고 자신을 보호하는 방법에 대한 사회적 수요도 커질 것이다. 덕분

에 이러한 전방위적인 공포가 비즈니스에서는 새로운 기회가 되기
도 한다. 디지털 공포를 해소할 대안들이야말로 효과적인 상품이
기 때문이다. 따라서 디지털 공포는 위기이자 동시에 기회인 트렌
드다.

IT선진국이자 보안후진국 5

국가정보를 사수하라

대한민국은 IT강국이면서 동시에 보안후진국이라는 오명을 쓰고 있다. 디지털 시대에 가장 중요한 위기관리 요소는 바로 해킹과 바이러스에 대한 대응체계의 구축이다. 해킹과 바이러스를 통한 사이버 전쟁은 심각한 국가보안의 위험요소이며, 기업과 개인에게도 심각한 손실을 줄 수 있는 위험요소라는 것을 간과해서는 안 된다.

어느새 우리는 인터넷 없이는 살 수 없을 지경에 이르렀고 집안 구석구석까지 디지털 네트워크와 연결된 시대를 살고 있다. 홈네트워크의 대중화는 편리함과 함께 새로운 문제를 야기한다.

따라서 디지털 시대에 보안은 국력이자 경쟁력이다. 진정 디지털 코리아가 되기 위해서는 보안과 관련해 더 많은 대안을 마련해야 한다. 그런 점에서 보안산업은 향후 가장 매력적인 성장산업이 될 것이며 보안 분야의 고급 인력의 가치는 더 높아질 것이다.

한때 10만 해커 양병설이라는 농담이 떠돌았지만 요즘 들어 그 얘기가 더욱더 설득력이 있다. 단지 산업적 측면 때문만이 아니라 국가적 측면에서 보면 사이버 전쟁이나 정보 해킹 등의 위험이 국가적 위기를 초래할 수 있기 때문이다. 적극적으로 대처하기 위해서는 관련 산업과 관련 인력을 양성하는 게 급선무다. 이는 한국뿐 아니라 세계의 공통적인 현상이다. 그동안 10년은 디지털의 가치를 만드는 것에 치중했다면, 앞으로 10년은 디지털의 가치를 지키는 것에 더 큰 관심을 기울일 것이다.

집 안이라고 해서 보안을 비켜갈 수는 없다. 앞으로는 바이러스에 걸린 냉장고, 현관문 해킹 등의 문제가 발생할 것이다. 누군가가 우리 집 냉장고를 해킹하여 식생활 패턴을 알아낼 수 있고, 냉장고의 기능을 자기 맘대로 제어할 수도 있다. 이와 같이 우리는 전방위적 해킹 시대에 살고 있다.

모든 가전기기가 디지털화되고 모든 것이 네트워크에 연결된다는 것은 편리와 함께 위험성도 내재한다. 홈네트워크의 대중화는 각종 보안문제를 야기할 것이다. 따라서 더 이상 해킹으로부터 안전한 사각지대는 없다고 해도 과언이 아니다.

해킹의 위험성은 PC를 몇 대 망치거나 인터넷 서버를 죽이거나 홈페이지 화면을 바꾸는 정도가 아니라 국가정보로 유출되거나 사이버 전쟁에 활용되어 심각한 국가적 손실을 초래할 수 있다. 또한 기업의 고급 비밀정보를 빼내거나 개인의 개인정보를 빼내기도 한다. 이들 모두 개인을 비롯한 기업, 국가에 재산상의 손실을 비롯한 신변이나 안전에 심각한 위기를 야기할 수 있다. 그럼에도 불구하고 우리의 안전불감증은 여전하다.

매년 수많은 바이러스와 해킹 사건이 발생하고, 외국의 해커들이 한국의 서버나 PC를 경유지 삼아 다른 나라의 해킹 사건을 저지르는 일이 다반사다. 그리고 우리나라의 주요 국가기관이나 공공기관,

기업과 언론사 등도 해커들의 주요 표적이 돼 해킹 사고에 노출돼
있는 게 현실이다.

영화 〈미션임파서블〉에서 탐크루즈가 CIA 본부의 메인컴퓨터를
해킹하기 위해 첨단 보안장치로 무장된 공간에 곡예와 같은 기술로
침입하는 장면을 본 기억이 있을 것이다. 지문인식은 기본이고 홍체
인식이나 적외선 그물망으로 된 감지 센서 등도 다수 소개된 바 있
다. 영화 속에서 선보였던 보안기술은 이미 상용화된 기술이고 국산
화도 이뤄진 수준이다. 지문인식을 하는 노트북 컴퓨터나 휴대폰,
지문인증센서가 탑재된 은행 현금입출금기, 바이오인증인터넷뱅킹
서비스, 보안용 로봇 강아지나 휴대폰과 연결된 실시간 감시 카메
라, 키보드 입력정보 암호화 솔루션, 1회용 가상 카드 번호 기술, 문
서보안 소프트웨어 등은 대중화되었다.

이 밖의 네트워크나 컴퓨터의 정보에 대한 일반적인 보안제품인
바이러스백신, 방화벽, 가상사설망, 침입탐지시스템, 서버보안, PC
보안, 공개키기반구조, 통합보안관리솔루션, 관제서비스 등의 산업
도 활성화되고 있다. 보안제품은 점점 첨단화되고, 지능화되고 있는
추세다. 향후 가장 성장성 높은 산업으로 보안산업이 손꼽히고 있으
며 디지털에 대한 사회적 의존이 높아지면 높아질수록 보안산업의
성장세는 더 커질 것이다.

2004년 6월부터 한 달 사이 중국에 거점을 둔 해커 조직이 우리나
라의 국가 공공기관 10여 곳의 컴퓨터 211대를 해킹하는 사건이 있
었다. 대개 개인의 해킹은 과시용이 많아서 주로 웹사이트를 해킹하
거나 서버를 다운시키는 등 겉으로 드러나는 것을 무력화하는 경향

이 짙은데, 이번의 국가기관 해킹에서는 겉으로 거의 드러나지 않을 정도로 은밀하게 진행됐다는 점과 상당히 많은 인력이 투입된 조직적인 해킹 수법이라는 점, 그리고 국방연구원, 해양경찰청, 원자력연구소, 국회 등의 주요 국가 공공기관을 대상으로 삼았다는 점에서 심각한 사이버 전쟁의 징후로 분석하기도 한다.

물론 이것을 해킹이 아니라 변종 핍(peep)이나 변종 리벡(revacc) 바이러스 악성코드에 의한 바이러스 공격으로 추정하면서 해킹이 아니라고 분석하는 시각도 있다. 하지만 이것이 해킹이건 바이러스 공격이든 간에 주요 국가 공공기관의 보안문제가 심각하다는 사실만큼은 명백하다.

실제로 상당수의 국가에서는 공격적인 사이버전을 수행하는 해커 부대를 양성하고 있다. 이미 미국과 중국 간의 해킹 공격도 있었고 중국 해커들의 대만 공격도 있었다. 즉, 해킹을 통한 사이버전쟁의 가능성은 이미 가시화된 것이고 이번 국가 공공기관의 해킹 사건도 그런 차원에서 심각성이 우려된다.

국방부 자료에 따르면 세계적으로 20여 개 국가가 사이버전 수행 능력을 가지고 있다고 한다. 그중 가장 대표적인 국가가 미국과 중국이다. 미국의 CIA는 해킹 능력에서 세계 최고 수준으로 평가되고 있다. 미국 군은 1999년부터 합동작전부대를 창설해 적의 통신망과 작전 소프트웨어를 마비시키는 훈련을 해왔으며, 2001년에는 '향후 모든 전쟁에서 사이버전 개념이 포함된 작전을 수행하기로 결정했다'고 발표하고 컴퓨터 특공대(Computer Commando)를 별도 양성하고 있으며, 2003년에는 '사이버 방위군'을 양성하기 위해 예산을 집행했다고 한다. 이라크 전에서 이미 사이버 공격을 본격적으로 시도한 바 있다.

중국 군은 1990년대 중반 총참모부 산하에 전자방어 레이더부를 창설하고 각 군구, 집단군 및 오토바이 보병사단에 전자방어연대를 편성했다. 1999년에는 바이러스 해커부대를 창설해 실전에 배치한 것으로 알려졌다. 아울러 군 첨단현대화 계획의 일환으로 2003년에는 정보화 부대를 창설했으며 컴퓨터 바이러스로 전자전 장비를 공격하거나 방어하는 해커 전쟁 훈련을 실시하기도 했다.

미국과 중국 못지않게 우리가 눈여겨봐야 할 국가는 일본과 북한이다. 일본은 2001년 5개년 방위력 정비계획을 세워 자위대의 '사이버전 부대' 창설을 밝힌 바 있다. 아울러 해킹과 사이버테러를 막기 위한 컴퓨터 보안설비 시스템을 구축하기 위해 '경제신생 특별예산'을 129억 엔 편성하기도 했다.

북한은 평양자동화대학 졸업생 가운데 수재들을 선발해 인민무력부 정찰국 예하 해킹부대 군관(장교)으로 발령했으며 연간 100명 규모의 전문 해커를 양성하고 있는데 해킹능력은 미국 CIA에 버금갈 수준이다. 특히 북한의 해킹 부대와 해킹 수행능력은 우리에게는 심각한 위험요소가 아닐 수 없다.

아직 우리나라는 공격적인 사이버전을 수행하는 해킹 전담부대를 창설하지 않고 있다. 한때 해커 10만 양병설이 농담삼아 오가고 민간 차원의 해커 조직들과 해커 부대들이 만들어지긴 했지만 사실상 국가 차원의 해커 양성이나 보안수준 강화는 미비한 상황이다. 다만 국가정보원과 국군지휘통신사령부의 국방사이버상황실과 국

군기무사의 국방정보전대응센터 등에서 방어와 대응체제만 갖추고 있을 뿐이다.

공격적인 해킹부대 없이 소극적인 방어에만 그치는 것이 문제가 아니라 부실한 방어체제 때문에 보안에 허점이 많다는 게 문제다. 디지털 시대에는 해킹 능력, 즉 사이버 전쟁 수행능력도 중요한 국력에 속한다. 전투기와 미사일 사는 것만 군사력 강대화 방안이 아니라 사이버 전쟁에 대비할 해커 부대를 양성하는 것 또한 군사력 강대화 방안이다. 단지 파괴적 군사력뿐 아니라 정보의 우위를 통한 힘의 우위를 가진다는 것은 매우 중요하다.

대한민국은 IT강국이면서 동시에 보안후진국이라는 오명을 쓰고 있다. 실제로 세계적인 해킹 사건에서 해커들이 가장 많이 이용하는 경유지가 한국이라고 한다. 그만큼 보안에 허점이 많다는 얘기다. IT 강국이라는 허세만 부릴 게 아니라 보안후진국의 오명을 떨쳐버리는 일부터 해야 한다.

국가정보원의 '2002 국가 공공기관 해킹사고 대응현황분석서'에 따르면 국가 공공기관이 당하는 해킹과 바이러스 사고는 2000년 102건에서 2001년 277건, 2002년 539건으로 매년 95~171% 증가하고 있다. 매년 해킹과 바이러스 사고가 증가하는데도 불구하고 아직까지 우리나라의 보안수준은 위험요소가 많다. 이는 심각한 안전불감증과 무사안일주의라 하지 않을 수 없다.

우리에게 진정으로 필요한 것은 위기관리 능력과 상황별 대처 시나리오, 그리고 문제해결을 위한 실질적인 시스템이다. 늘 닥치면 해결하자는 식의 접근으로는 소 잃고 외양간 고치는 악순환만 반복할 뿐이다. 디지털 시대에 가장 중요하고 심각한 위기관리 요소는 바로 해킹과 바이러스에 대한 대비책이자 대응체계를 구축하는 것이다. 네트워크 확산과 전 국가의 디지털화를 이뤘다면 보안도 국가적 차원에서 좀더 적극적으로 해야 한다.

해킹의 진화는 이제 사이버 전쟁을 현실화하는 데 이르고 있다. 전방위 해킹 시대에서 국가와 기업, 개인 모두 보안위기에 대한 경각심을 가지고 현실적인 대안을 마련해야 한다. 해킹과 바이러스를 통한 사이버 전쟁은 심각한 국가보안의 위험요소이며 기업과 개인에게도 심각한 손실을 줄 수 있는 위험요소라는 점을 간과해서는 안 된다.

향후 정보보안산업이 성장하는 것과 비례해서 한국의 보안 수준도 높아져야 할 것이다. 자칫 보안산업은 선진국 수준인데 국가의 실제 보안수준은 후진국 수준이라는 상황이 발생해서는 안 될 것이다.

6 정보공유인가, 저작권 침해인가
대안은 정보 트러스트 운동

지적 재산권의 논란은 인터넷의 뜨거운 감자다. 정보공유를 주장하는 사람들은 자발적으로 정보 생산에 참여하기도 하는데, 가장 대표적인 형태가 지식검색이다. 하지만 저작권을 외면한다면 궁극적으로 지식정보산업의 성장은 불가능하다. 따라서 정보 트러스트 운동을 통해 공적 영역의 정보에 대한 기부문화를 확산시켜야 한다.

디지털 기술은 원본과 똑같은 복제본을 우리에게 선물로 주었다. 그런데 그 선물이 카피라이트를 침해하는 무서운 무기가 됐다. 최근 다양한 복제방지기술과 저작권관리기술이 나오긴 했지만 그 기술 또한 새로운 기술이 등장해 카피라이트를 침해할 우려가 있다. 기술의 발전에서도 카피라이트와 카피레프트의 대립구도가 이어지고 있고, 사회적으로나 문화적으로나 산업적으로도 그 대립구도는 계속된다. 결국 그 대립 속에서 대안을 찾아야 한다.

카피레프트(copyleft)는 저작권을 의미하는 카피라이트(copyright)에 반대되는 개념이다. 모든 지적재산은 원래 인류 전체의 것이므로 모든 정보는 제한 없이 공유돼야 한다는 것이 이들의 주장이다. 저작자의 권한보다는 인류 전체의 복지를 증진하는 데 정보를 사용해야 한다는 것이 카피레프트의 지향점이다.

이들은 정보를 공유하기 위해 자발적으로 정보생산에 참여하기도 한다. 가장 대표적인 형태가 지식검색이다. 네이버에서 처음 시행한 지식검색 서비스는 네티즌의 자생적인 정보생산과 공유를 근간으로 하고 있다. 자신의 시간과 노력을 들여 모두가 공유할 지식을 대가없이 만들어내는 것이다. 물론 이런 자발적 지식을 네이버는 하나의 서비스 기반으로 만들어 결국 자사의 수익기반으로 만들었다. 이는 일종의 정보공유운동을 활용한 수익 모델이다.

현실에서 일부 카피레프트의 주장은 본질을 다소 왜곡하는 경우도 있다. 카피레프트 운동에서 말하는 것이 정부나 공공기관의 정부가 막힘없이 공유됨을 의미하는 것이고 정보의 가치로 폭리를 취하는 기업에 대한 대응적 견제 차원인 것이지, 사적 영역인 상업적 정보까지 모두 무상 공유하자는 것은 아니다. 그것은 지식정보산업을 정면으로 부정하는 격이다.

지식정보가 부가가치화되지 않는다면 그것은 산업적으로 성장할 수 없다. 저작권을 외면한다면 궁극적으로는 지식정보산업의 질적, 양적 성장은 불가능하다. 따라서 카피레프트 운동의 본질을 다소 왜곡하는 일부의 경향은 경계할 필요가 있다. 정보공유를 표방하지만 실제로는 공짜 공유로 변질될 가능성도 높은 것이 카피레프트다. 일부 네티즌들이 무료로 정보를 다운로드받고 무료로 소프트웨어를 설치하는 것에 정당성을 부여하려고 하지만 이는 분명 저작권침해다. 따라서 정보공유의 원칙이 필요하다.

궁극적으로 정보공유와 정보공짜를 같은 개념으로 이해해서는 안 된다. 지식공유가 무조건 지적재산권을 침해하면서 공짜로 나누는 것이 아니라 지식정보에 대한 접근권을 높일 수 있도록 다양한 제도와 정책을 마련해서 누구나 지식정보를 공유할 수 있되 저작자는 권리를 인정받고 그로 인한 부가가치도 생성할 수 있어야 한다. 다소 상반될 수 있는 두 가지가 균형을 이루며 상호만족을 시킨다는 것은 쉽지 않으나 그런 묘안을 현실적으로 도출해내지 못한다면 지식정보의 산업화에 많은 한계가 따를 것이다.

카피라이트와 카피레프트의 대립은 그대로 상존할 것이다. 그렇다면 정보공유는 어떻게 해야 할까? 카피라이트의 손을 들어줘서 모두 돈을 내고 정보에 접근할 수 있는 개념의 공유를 선택할 것인지 아니면 카피레프트의 손을 들어줘서 모두 돈을 내지 않고 정보에 접근할 수 있는 개념의 공유를 선택할 것인지 결정해야 하지만 사실 둘 다 모순이 있고 한계가 있다.

그러나 정보공유는 결코 요원한 게 아니다. 이에 대한 대안이 바로 정보 트러스트 운동이다. 정보 트러스트 운동이란 '인터넷상에서 사라져가고 있는 디지털 정보를 복원하고, 보전할 가치가 있는 사이버 공간의 지식과 정보를 시민들이 자발적으로 참여하고 모금을 통해 공공화하는 운동'을 말한다. 정보 트러스트 운동은 내셔널 트러스트(National Trust) 운동에서 비롯됐다. 정보 트러스트는 1895년 영국에서 산업혁명으로 파괴된 자연을 되살리기 위해 일어난 운동이다. 보존해야 할 자연이나 명승지를 시민들이 공동으로 사들여 이를 국가나 단체에 위탁(trust)하는 것이다.

한국에서도 동강이나 서울의 우면산 등 시민들이 나서서 땅을 사들이자는 내셔널 트러스트 운동을 벌인 바 있다. 내셔널 트러스트 운동이 환경운동에 뿌리를 두고 있다면 정보 트러스트 운동은 정보 공유와 디지털 격차 해소에 뿌리를 두고 있다.

미국에서는 2001년에 이미 정보 트러스트 운동이 시작됐다. 인터넷 아카이브(www.archive.org)라는 이름의 비영리기구가 발족돼, 인터넷의 역사를 기록하고 있다. 웨이백머신이라는 검색 로봇을 이용해, 1996년부터 지금까지 만들어진 수백억여 개 사이트의 홈페이지를 모아 관리하고 있다.

한국에서는 2003년부터 정보 트러스트 운동이 시작됐다. 다음세대재단, 문화연대, 사이버문화연구소, 정보공유연대, 진보네트워크센터, 함께하는 시민행동의 6개 단체가 (사)정보트러스트센터추진위원회(www.infotrust.or.kr)를 구성했다.

실제로 정보 트러스트 운동이 카피라이트와 카피레프트의 대립 사이에서 효과적인 정보공유와 디지털 역사복원의 성과를 거둬들이는 데에는 한계가 있다. 웹에 있는 웹사이트 정보 위주의 복원과 정보공유에는 효과적일지 모르지만 지적재산권을 포기하고 정보를 기부하는 문화가 정착되기 위해서는 좀더 많은 시간이 필요하다. 그것이 자발적이든, 강제적이든 개인이 자신의 지적재산권을 제대로 행사하지 못한다는 점에서는 같다.

대개 고급정보나 상업정보에서 지적재산권은 새로운 정보를 생산하는 밑거름이 된다. 정보 트러스트 운동으로 공적 영역의 정보에 대해서 기부문화를 확산시키는 것은 충분히 지향해야 하나, 상업적 정보에 대해서는 정보공유라는 명목으로 기부를 강요해서는 안 될 것이다. 따라서 정보 트러스트 운동을 위해서는 정보를 가진 자가 기부하는 문화와 함께, 공적 영역에 해당되는 정보를 확보한 후 공동의 재원을 마련해 구입하는 문화를 확대시켜야 한다.

지식정보산업이 차세대산업이라는 얘기는 이미 많이 들어왔다. 그런데 곰곰이 생각해보면 과연 우리나라에서 지식정보가 차세대산업으로 각광받을 만한지에 대해서는 의문이 생긴다. 지식정보는 소프트웨어나 각종 콘텐츠 등으로 대표되는데, 그것이 산업이 되기 위해서는 제값을 받고 팔려야 한다. 아직까지 우리나라의 지식정보는 대접이 그리 좋은 편이 아니다. 지식정보의 가치는 싸게 보면서, 물질적 재화의 가치는 비싸게 보는 것은 후진성의 전형임을 인식해야 한다.

전 세계 소프트웨어 불법복제율을 조사한 미국사무용소프트웨어연합(BSA)의 발표에 따르면 우리나라 소프트웨어 불법복제율은 50% 수준이며, 이는 OECD 국가 중 7위에 해당한다고 한다. 그나마 이건 최근 들어 많이 줄어든 거다. 몇 년 전까지만 해도 80~90%에 육박할 정도로 불법복제율이 성행했었다.

소프트웨어뿐 아니다. 음악을 비롯한 영화, 책에 이르기까지 불법복제되는 지식정보는 무수히 많다. 개인에게는 당장 얼마의 이익이 될지 모르겠지만, 이런 행태가 지속되는 한 지식정보가 산업이 되긴 힘들다. 세상엔 완전한 공짜란 없다고 하지 않던가? 지금 공짜인 듯 보이지만 결국 나중에 우리나라가 입을 손실을 따져보면 절대 공짜가 아니다.

지식정보산업은 앞으로 우리나라가 먹고살 몇몇 주력분야 중 하나다. 법이나 제도적 장치를 통해서 강제화하는 것도 필요하지만,

그에 앞서 지식정보에 대한 인식과 지적재산에 대한 가치인식을 바꿔야 한다.

빌게이츠가 우리나라에서 태어났다면 아마 오늘의 마이크로소프트사와 같은 회사는 없었을 거란 얘기를 농담삼아 하곤 한다. 한국에서 제2의 빌게이츠를 노리는 사람들이 많지만 결국 그들이 한국에 있는 한은 이루지 못할 꿈이 될 가능성이 높다는 자조 섞인 얘기도 오간다. 지식정보가 산업이 되기 위해서는 적극적인 투자와 함께 안정적인 유통시장이 있어야 한다. 말로만 지식정보산업이 차세대 산업이라고 떠들지 말고 정말 지식정보가 산업이 될 수 있도록 토양을 만드는 데 앞장서야 할 것이다.

그러기 위해서는 우선 카피라이트가 안정돼야 한다. 카피라이트가 안정된 기반에서 카피레프트도 존재하고, 정보 트러스트도 존재하기 때문이다. 카피라이트 자체를 부실한 기반으로 만들어 놓고 있는 한국으로서는 정보공유라는 것이 자칫 정보공짜라는 것으로 변질될 우려가 있다. 향후 지식정보산업은 한국의 디지털 미래를 먹여 살릴 분야 중의 하나라는 사실을 잊어선 안 된다.

카피라이트와 카피레프트는 서로 상반된 것이기에 서로 평행선을 달릴 수밖에 없다. 한 가지 분명한 것은 카피라이트와 카피레프트의 대립이 정보의 생산과 정보공유에 긍정적인 동력이 돼야 한다는 것이다. 서로 양보할 수 없을 것 같은 팽팽한 대립 속에서도 뭔가의 교차점과 대안을 찾아야 한다. 그렇게 해야만 지식정보산업의 발전과 정보공유를 통한 정보접근권이 향상되고, 디지털 격차 해소라는 여러 마리의 토끼를 잡아낼 수 있다.

대한민국 디지털의 어제와 내일

환상 속에 보낸 꿈같은 시절?

디지털 10년의 가장 큰 성과라면 한국이 세계적인 IT 강국이 됐다는 사실이다. 한국의 GDP는 세계은행이 2004년 기준으로 산정한 결과 세계 11위 수준이다. 한국의 GDP에서 IT 분야가 차지하는 비중은 크다. 1997년 IMF 구제금융 이후 한국의 성장원동력이 IT 분야라는 사실은 누구도 부정할 수 없다. 그만큼 한국에서 디지털은 중요한 산업적 원동력이면서 중요한 사회적 기반인 셈이다. 그 어떤 나라보다 디지털에 사회, 경제, 문화, 정치가 많이 의존하고 있는 셈인데, 한국경제의 위기를 극복할 돌파구로 IT를 삼으면서 보다 절실하게 디지털에 매달린 덕분이다. 디지털 선도성을 가지고 순위를 매긴다면 분명 상위권일 것이다.

한국을 디지털 선도국으로 이끈 원동력은 인터넷이다. IT 관련 기술분야의 발전과 관련 산업의 발전에서 가장 근간이 되는 촉매제 또한 세계 최고 수준의 인터넷 이용률이라고 할 수 있다. 인터넷 이용은 한국에서 디지털화를 자연스럽게 정착시켰고, 덕분에 디지털 관련 산업에서부터 디지털 경제, 디지털 사회, 디지털 문화, 디지털 정치 등 다양한 디지털화를 가장 빠른 속도로 이뤄냈다.

표에서 보듯이 한국의 인터넷 이용률은 세계 2위 수준이다. 세계 1위인 아이슬란드가 인구 30만 명에 불과하니 실질적인 인터넷 이용률에서 한국의 수준은 매우 높다고 할 수 있다. 한국의 인터넷 이용률은 2004년 12월 기준으로 70%를 넘어섰다. 인구에 대비해 70%의 수치는 놀라운 수치다. 그렇기 때문에 디지털 코리아의 놀라운 힘은 인터넷에서부터 나온다고 해도 과언이 아니다.

10년이면 강산도 변한다는 말을 실감할 정도로 인터넷이 상용화된 10년 동안 우리는 엄청나게 많은 변화를 겪었다. 간혹 그 변화가 너무 급작스러워 당혹스러울 때도 있었고, 돌이켜 되돌아보면 10년 전 인터넷 없던 시절이 상상도 되지 않을 정도다. 그만큼 인터넷 없이는 생활도, 일도 할 수 없는 단계에 와 있다.

인터넷의 양적 팽창이야말로 빛의 속도를 내달리는 인터넷의 속도만큼이나 빨랐다. 모뎀에서 킬로바이트(KB)를 다투던 속도가 ISDN을 거쳐 초고속인터넷으로 오면서 메가바이트(MB)를 넘어선 지도 이미 오래됐다. 하물며 무선인터넷에서도 메가바이트의 속도를 구현하고 있을 정도다. 인터넷의 속도는 곧 한국사회의 디지털 변화의 속도와 규모를 가늠하는 기준이라 할 수 있다. 빨라지는 인터넷 속도만큼 한국에서의 디지털 이슈들이 무수히 등장했으니 말이다.

우리나라에서 인터넷이 상용화된 건 1994년이었다. 1994년 12월 당시 국내 인터넷 사용자가 13만 8,000명 정도였는데, 2004년 12월

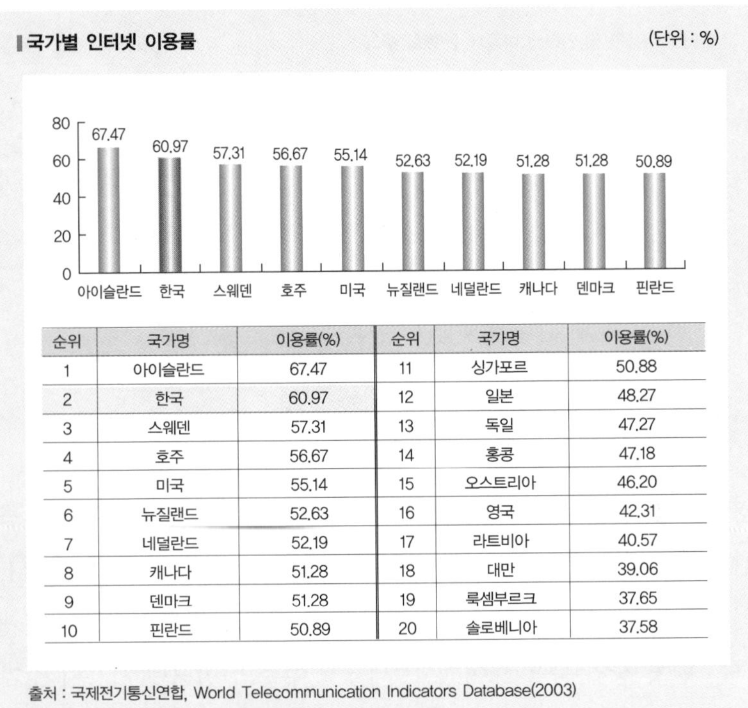

순위	국가명	이용률(%)	순위	국가명	이용률(%)
1	아이슬란드	67.47	11	싱가포르	50.88
2	한국	60.97	12	일본	48.27
3	스웨덴	57.31	13	독일	47.27
4	호주	56.67	14	홍콩	47.18
5	미국	55.14	15	오스트리아	46.20
6	뉴질랜드	52.63	16	영국	42.31
7	네덜란드	52.19	17	라트비아	40.57
8	캐나다	51.28	18	대만	39.06
9	덴마크	51.28	19	룩셈부르크	37.65
10	핀란드	50.89	20	솔로베니아	37.58

출처 : 국제전기통신연합, World Telecommunication Indicators Database(2003)

기준으로 국내 인터넷 사용자는 3,158만 명 정도로 늘었다. 자그마치 229배 정도의 놀라운 증가율이다.

디지털 코리아의 근간은 인터넷에 있다고 해도 과언이 아니다. 한국의 디지털 10년이 곧 한국의 인터넷 10년과도 괘를 같이한다. 1994년 코넷(KORNET), 데이콤 인터넷(DACOM Internet), 아이네트(INET)가 직접 전용선을 미국에 설치하고 상업 서비스를 시작하면서 국내에서 마침내 인터넷 상업망 시대가 열렸다.

그로부터 10년이 지났다. 지난 10년 동안 인터넷은 통신수단에서

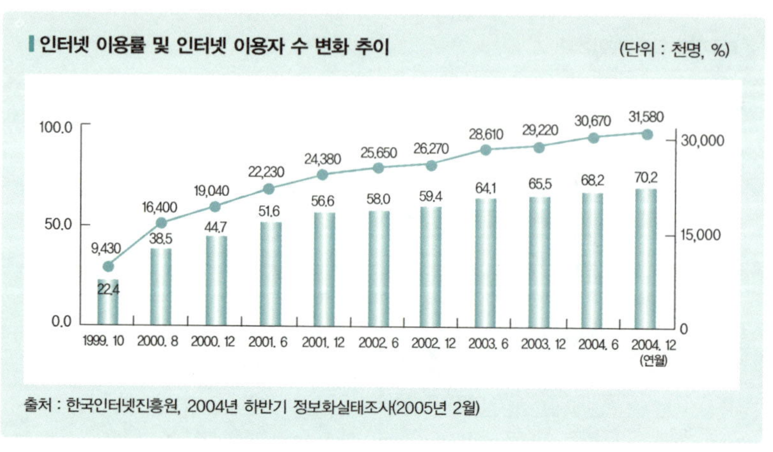

영향력 있는 매체로 발돋움했으며, 인터넷 산업은 영향력이 가장 큰 산업으로 성장했다. 한국의 IT 상품은 세계적인 히트상품이 되었다. 인터넷비즈니스는 누구나 도전하며 한때 디지털 골드러시를 방불케 하는 벤처 창업 붐을 보여줬고, 세계적 수준의 인터넷 사용자 숫자에 걸맞게 수많은 인터넷 중독자와 디지털 페인, 디지털 레밍스들도 양산했다.

사실 디지털 10년이 이뤄놓은 가시적 성과물보다 그 속에 숨겨진 위험도 만만치 않다. 한때 샴페인을 너무 일찍 터트렸단 얘기가 유행한 적이 있었다. 또다시 그 시행착오를 반복해선 안 될 것이다. 따라서 지난 10년의 외형적 성과를 두고 한국이 곧 디지털로 부흥할 것이라는 장미빛 꿈만 키워간다면 곤란하다. 분명 가능성은 있지만 결코 쉽지 않은 길이다. 지난 10년을 외형을 키우는 데 주력하고 환상을 만들어나가는 데 주력했다면 이제 내실을 다지고 환상을 현실로 연착륙시키는 데 주력해야 한다.

한국이 본격적인 디지털 시대를 맞이했던 10년 동안, 매년 새로운 이슈와 문화가 쏟아져 나왔다. 결국 그것이 조합되고 진화해 결국 오늘이 있게 되었다. 이미 우리의 발밑에 10년간의 이슈가 퇴적물처럼 쌓여 있는 셈이다(부록 참조).

하지만 이젠 디지털 그림자도 제대로 봐야 하는 시기가 됐다. 환상만으로 디지털 코리아를 볼 게 아니라 좀더 냉철한 시각으로 바라봐야 한다. 이제 그 역할은 디지털 코리아의 오늘에 달려 있다. 따라서 오늘을 제대로 파악하기 위해서는 디지털 시대를 관통하는 트렌드 코드를 제대로 읽어야 한다.

대한민국이 디지털에 강할 수밖에 없는 8가지 이유

대한민국이 어떻게 세계가 가장 주목하는 디지털 선도국이 됐을까? 세계인의 시각에서 한국은 놀라운 곳일 수밖에 없다. 과연 그 배경은 무엇이고 어떤 원동력이 있었기에 무수한 세계 선진국을 제치고 한국이 가장 파워풀하고 선진적인 디지털 선도국이 된 것일까?

이른바 싹수가 보였다. 될 성 부른 나무는 떡잎부터 알아본다고, 한국은 아주 예전부터 디지털 시대에 어울리는 속성을 갖추고 있었다. 그것이 디지털 시대에 어떻게 쓰여질지는 미처 계산하지도 못한 채 말이다. 디지털 선도국의 원동력은 우리의 문화적 자산이자 한국인의 특성에서 찾아볼 수 있다.

첫째, 우리나라는 하이테크에 강한 민족이었다.

우리의 조상은 세계 최초로 금속활자를 만들었다. 직지심경은 1377년 청주 흥덕사에서 금속활자로 찍어낸 것으로 독일의 쿠텐베

르크 활자보다 78년 앞선 것이다. 인쇄술은 정보의 대량생산과 지식의 축적을 이루는 근간이다. 금속활자는 당시 최고의 하이테크로서 한국인의 기술적 우수성을 증명하는 사례다. 금속활자의 발명은 지난 1000년 동안 가장 위대한 발명품 1순위에 꼽힐 정도로 혁명적인 기술이다. 세계 인류사에서 지식정보와 관련해서 금속활자가 첫 번째 혁명을 일으켰다면 인터넷이 그 바통을 이어받아 두 번째 혁명을 일으켰다고 할 수 있다.

인쇄술이 지식정보의 대량생산화 유통혁명을 일으켰다면, 인터넷은 지식정보의 산업화와 지식정보가 주도하는 라이프스타일 혁명을 일으켰다. 아마 당시에 금속활자를 가지고 세계로 진출했다면 우리나라는 좀더 세계적 인지도를 형성했을 것이고 문화적으로도 세계 주류가 됐을 것이다.

거북선도 놀랄 만한 하이테크다. 세계적인 조선 강국이던 영국이 1800년대에 건조했던 철갑선을 우리의 조상은 300년이나 앞선 1500년대에 건조했다. 그 밖의 측우기, 해시계, 거중기, 물시계, 첨성대 등 우리 조상들의 하이테크 산물은 무수히 많다.

이렇듯 우리는 대대로 하이테크에 강한 민족으로 태어났고 자라왔다. 다만 조선말 쇄국정책, 그리고 이어진 일제강점과 6.25 전쟁을 치르면서 하이테크 능력을 제대로 발휘하지 못했을 뿐이다. 그후 한국은 급속도로 기술적 진화를 이뤄왔다. 이제 디지털 시대를 맞아 한국의 하이테크 역사는 다시 시작되고 있다. 이미 전 세계의 디지털화를 여는 데 한국의 하이테크가 기여한 부분도 크다. 세계인이 사용하는 IT 제품 중 상당수는 한국 제품이다.

둘째, 빨리빨리 문화가 있다. 우리가 가진 빨리빨리 문화는 조급증 혹은 냄비근성이라 폄하되기도 했지만 디지털화를 촉발시키고 대중화시키는 데 그보다 더한 원동력도 없다. 순식간에 전 국민이 네티즌이 됐고 모티즌이 됐다. 인터넷과 이동통신 등의 디지털 네트워크의 전파속도는 세계가 놀랄 만큼이나 빨랐다. 그 덕분에 기술을 우리가 먼저 개발하고 주도하지는 않았지만 그 기술을 보편화시키고 대중적으로 사용하는 데는 늘 먼저 앞장섰다.

디지털 기기를 세계에서 검증받으려면 미리 한국에 선보여야 한다는 얘기가 나올 정도다. 디지털 시대를 맞아 생각의 속도가 빛의 속도에 비유된다면 이미 우리는 빛이 속도에 버금가는 행동의 속도를 가지고 있었다. 말이 떨어짐과 동시에 행동을 해야 하고 그 행동이 바로 결과로 이어지길 바랄 만큼 성미 급한 사람들이 바로 한국인이다. 인내심 없고 즉흥적이라 할 수도 있겠지만, 일의 처리속도는 엄청나다.

디지털 시대의 경쟁력 중 하나는 속도다. 누가 더 빨리 생각하고 더 빨리 행동하느냐가 엄청난 경쟁력이자 기회의 척도다. 그런 점에서 우리의 빨리빨리 문화는 굉장한 배경이 아닐 수 없다. 디지털 시대의 사고속도와 행동속도에서 빨리빨리 문화가 적용되는 것은 우리에겐 상당히 긍정적인 일이다. 빨리빨리 문화에 길들여진 덕분에 기술도 빨리 개발하고, 산업도 빨리 개척하고, 생각도 빨리 하고, 행동도 빨리 하고, 문화도 빨리 확산하고, 유행도 빨리 선도하고 있는 것이다.

셋째, 사촌이 땅을 사면 배가 아프고 동시에 부러워하는 문화가 있다. 이걸 나쁘게만 보지 말고 긍정적으로 뒤집어 보자. 부러움은 동기부여 면에서 가장 좋은 도구다. 남만 잘되는 걸 보질 못한다. 배 아파서라도 자기도 잘되려고 덤벼든다. 부러워서 따라하고 싶어하고, 그러다 보면 자신도 더 잘되려고 노력한다. 사촌이 땅 사면 배 아파서 자신도 땅을 사려고 더 노력하고, 친구가 장에 가면 나도 부러워 따라가려 하다 보니 무엇이든 금세 붐이 조성된다.

사회적 가치의 전파속도도 남들보다 빠르게 붐을 조성해 사회적 열풍을 일으킨다. 이렇듯 부러움과 시기, 따라하기가 중첩되는 문화적 속성은 디지털화를 촉발시키고 대중적으로 확산시키는 데 유용한 원동력으로 작용한다. 물론 이러한 대중적 확산으로 관련 산업을 부흥시키는 것만큼 개별 국민에게 실질적인 생산성을 부여하지는 못할 수 있다.

하지만 IT 산업의 부흥과 대중화가 일반인들에게 디지털을 기술이 아닌 문화나 생활로 인식할 수 있는 좋은 계기가 된 것은 분명하다. 실제로 한국의 디지털화 과정에서 여러 차례의 붐이 조성됐다. 인터넷 붐에서부터 초고속 인터넷 가입 붐과 이동전화 가입 붐, 인터넷 비즈니스 붐, 묻지마 투자로 이어진 투자열풍, 창업과 벤처 열풍도 있었다. 이밖에도 수많은 붐이 조성되면서 디지털 사회로 진화해나가는 힘을 마련했다.

빨리빨리 문화가 속도의 문화라면 시기와 부러움, 따라하기는 동기부여와 대중적 확산의 문화다. 부러움과 배아픔의 문화는 치맛바람을 비롯한 수많은 극성스러운 바람문화를 만들어내기도 한다. 극성스러움과 유별남이 한국인의 부정적인 모습이기도 했지만 디지털 시대에는 그렇지 않다. 오히려 한국인의 바람문화는 디지털 시대와 궁합이 잘 맞는다. 치맛바람보다 더 강력한 디지털 바람이 한국을 휩쓸고 간 덕분에 한국은 세계에서 가장 선진적인 디지털 사회가 될 수 있었고, 여전히 디지털 바람을 전 세계에 과시하고 있다.

넷째, 치열한 경쟁문화에 익숙하다. 우리나라는 땅도 좁고 자원도 부족하며 국력도 강하지 않다. 오로지 믿을 것은 사람밖에 없다. 그래서 아주 오래 전부터 우리 사회는 교육에 열을 올렸다. 치열한 경쟁을 뚫고 가려면 인재가 되는 수밖에 없었기 때문이다. 이는 한국에서 일등주의와 학력지상주의를 양산했으며 모두 치열한 경쟁구도에서 이기지 않으면 살아갈 수 없는 열악한 환경 때문이다.

열악한 환경에서 나오는 전투력, 혹은 헝그리 정신, 깡 등이 모두 우리가 가진 경쟁문화의 소산이다. 지는 것을 좋아할 사람은 없겠지만, 한국인 만큼 지는 것을 싫어하는 사람도 드물다. 경쟁구도에서의 싸움은 재미로 가려보는 승부가 아닌 생존과 직결되는 문제다. 이러한 치열한 경쟁구도 때문에 비롯된 한국의 학력지상주의는 폐해도 크지만 반대급부의 장점도 있다.

모두가 교육에 목숨걸고 투자한 덕분에 한국의 보편적 교육수준은 세계 상위권이다. 디지털 시대는 기술문화를 배경으로 한 지식정보사회다. 이런 환경에 잘 적응하려면 아무래도 교육수준이 중요하다. 덕분에 전 국민이 PC를 손쉽게 다루고 누구나 인터넷에 접속하며 누구나 이동통신으로 자유로운 커뮤니케이션을 하고 첨단 디지털 기기가 일반소비재처럼 대중화됐다. 기본적인 교육 수준이 이렇다 보니 새로운 기술과 문화가 유입돼도 쉽게 그것을 익히고 받아들인다. 디지털 시대의 빠른 변화를 따라가는 데 우리의 높은 교육수준도 긍정적으로 작용하고 있다. 아울러 디지털 환경은 진입장벽의 높은 벽을 무너뜨리고 있다. 진입장벽이 낮아진다는 것은 반대로 경쟁이 더 치열해진다는 것을 의미한다.

치열한 경쟁구도는 보편적인 인재의 자질을 점점 더 끌어올린다. 따라서 점점 더 뛰어나고 다재다능한 인재로 스스로를 키워내지 않으면 치열한 경쟁구도에서 살아남지 못한다. 이런 경쟁구도는 비단 특정 국가에서만 일어나는 일이 아니다. 전 세계가 동일한 권역이므로 경쟁구도 또한 국가가 아닌 전 세계가 동일한 무대다.

따라서 애초부터 치열한 경쟁구도에 익숙해진 한국인으로서는 세계 무대가 전혀 두렵지 않다. 경쟁구도에서는 늘 따라잡는 쪽과 따라잡히는 쪽이 있게 마련이다. 디지털 시대의 한국은 여러 면에서 따라잡는 쪽이다. 미국이나 일본을 비롯한 선진국에 비해 몇십 년 뒤져 있던 기술 수준을 우리는 열심히 따라붙었고, 결국 21세기를 맞으면서 기술 격차를 좁히다 못해 오히려 능가한 부분도 있다.

디지털 기술을 우리가 먼저 개발하고 적용한 것은 아니지만 가장 먼저 대중화시키고 확산시킨 덕분에 다음 세대는 디지털 기술개발에 유리한 고지를 점할 수 있다. 결국 치열한 경쟁구도가 우리를 더욱 강하게 만드는 원동력이라 해도 과언이 아니다.

다섯째, 비빔밥문화가 있다. 비빔밥이라는 음식은 무슨 재료와도 어울릴 수 있고 어떤 재료를 가지고도 비빔밥이라는 틀을 깨지 않고 변형된 음식을 만들 수 있다. 가장 한국적이면서 가장 세계적인 음식이 바로 비빔밥이고 세계인들이 주목하는 한국인의 식문화 중에서 으뜸이 바로 비빔밥이다.

비빔밥은 서양의 햄버거를 능가하는 패스트푸드이면서 동시에 건강에도 좋은 채식 위주의 웰빙 음식이다. 패스트푸드와 웰빙이라는 상반되는 지점을 교묘하게 융합시킬 수 있는 것이 바로 비빔밥이다. 비빔밥은 우리 민족이 가진 창의력이나 상상력이 음식문화와 결합한 것으로도 이해할 수 있다. 우리는 예부터 비빔밥이라는 식문화를 가지고 있었고 그 덕분에 다양한 재료를 섞고 붙여서 새로운 것으로 창조하는 탁월한 능력을 가지게 됐다.

비빔밥문화는 우리의 사고방식에서도 융합과 결합의 문화를 심어주고 있다. 이 때문에 식문화뿐 아니라 생활 속에서도 다양한 비빔밥문화가 나타난다. 한복을 만들고 남은 조각천을 붙여 밥상을 덮는 상보를 만들어내는 걸 보고 외국인들은 탄복한다. 밥상을 덮는 보자기에서도 예술혼이 느껴지는 데다 버려지는 짜투리 천을 섞고 붙여서 재창조하는 능력에 놀라는 것이다. 비빔밥이나 조각천 상보는 특별한 누군가가 만드는 것이 아니라 한국인이라면 누구나 만들 수 있을 만큼 보편화돼 있다. 이처럼 섞고 붙이고 결합해 서로 다른 가치와 문화를 새로운 가치와 문화로 만들어내는 것이 한국인에게는 아주 자연스러운 문화로 이어지고 있다.

비빔밥문화를 요즘 말로 표현하면 컨버전스 문화가 될 것이다. 컨버전스는 디지털 시대의 근간이자 성장의 원동력인데, 우리는 이미 오래 전부터 컨버전스 문화를 몸소 익혀왔다. 비빔밥 먹던 민족이다 보니 컨버전스 문화에 대한 응용능력이 남보다 탁월할 수밖에 없다. 디지털 경쟁력은 컨버전스의 능력에서 나온다고 해도 과언이 아닐 만큼 컨버전스는 디지털 시대의 중요한 개념이다.

여섯째, 두레, 계, 품앗이, 향촌 등의 한국식 네트워크 문화가 있다. 디지털 시대에 아주 중요한 키워드는 네트워크다. 우리는 이미 아주 오래 전부터 네트워크의 활용가치를 높게 평가했고 네트워크 연대를 생활화했다. 이런 한국적인 고유의 네트워크 문화가 디지털 시대에 자연스러운 온라인 커뮤니티를 비롯한 디지털 네트워크의 기반인 사회적 연대이자 동지적 연대를 이루는 근간이 되고 있다.

혈연, 지연, 학연이라는 라인워크 중심의 인맥풍토가 가져온 폐해도 많았지만 한국의 인맥문화에서는 라인워크를 넘어선 네트워크 적 속성도 분명 많았던 것이 사실이다. 인맥의 가치는 전 세계 누구나 중요하게 생각하지만 한국에서는 보편적 수준 이상으로 인맥의 가치, 즉 휴먼 네트워크의 가치를 중요하게 생각한다.

한국인에게는 '우리'라는 의식이 있어 '나'보다는 '우리'라는 표현에 익숙하다. 자신의 집을 표현할 때도 '내 집'이 아니라 '우리 집'이고, 자신이 다니는 학교를 지칭할 때도 '내 학교'가 아니라 '우리 학교'다. 심지어 아내를 지칭할 때도 '우리 집사람' 혹은 '우리 아내'라고 서슴지 않고 표현한다. 그만큼 우리는 '우리'라는 말에 익숙하다.

단일민족으로서 혈연과 지연이라는 끈끈한 네트워크 연결고리 덕분에 쉽게 잘 뭉치고 뭉친 후의 연대도 끈끈하다. 네트워크 구성원의 이익을 대변하기 위한 배타성이 나타나긴 하지만 기본적으로 이타적이기보다 상호융합적이고 연결 네트워크 속성이 강하다. 이는 한국인의 정(情)문화와 이웃사촌이라는 문화와도 연결된다. 이웃을 피를 나눈 사촌지간과 비교한다는 것은 그만큼 끈끈한 공간적 네트워크를 유지해왔다는 것과 같다.

개인주의가 심화되면서 상호 고립되는 것이 아니라 개인주의도 네트워크 안에서 구현된다. 즉, 자신에게 필요한 실용적이고 이기적인 네트워크 형성에 관심을 가지며, 개인을 네트워크로부터 이탈시켜 고립화를 추구하는 것은 전자의 시도가 무산됐을 때 이뤄진다. 다시 말해 네트워크 문화를 기본적으로 선호한다는 것이고, 이는 한국의 수많은 네트워크 문화 전통이 자연스럽게 몸에 배어 있기 때문이라고 해석할 수 있다.

아주 오래 전부터 자연스럽게 익혀온 두레, 계, 품앗이, 향촌 등의 문화적 전통이 디지털 시대에 와서도 장점을 계승하면서 발전하고 있다. 이 또한 한국이 가진 디지털 원동력이다.

일곱째, 한국인에겐 뛰어난 손재주가 있다. 한국인의 손재주는 수많은 역사적 유물에서도 증명되었지만, 그 중에서 가장 백미는 젓가락문화다. 아마 쇠젓가락으로 콩을 손쉽게 집을 수 있는 사람은 한국인밖에 없을 것이다. 젓가락문화를 가진 한·중·일 3국 중에서 한국인이 가장 손재주가 뛰어난 것은 한국인이 유일하게 쇠젓가락을 사용한다는 점 때문이다. 일본과 중국의 나무젓가락보다 훨씬 가는 쇠젓가락을 사용하려면 훨씬 많은 근육을 사용해야 하고 정교하고 예민한 손놀림이 필요하다.

젓가락문화는 손재주뿐 아니라 감(感)의 발달로 두뇌계발을 촉진시키기도 한다. 세계 최초로 인간배아 줄기세포를 만든 황우석 교수의 말에 따르면 미세한 난자에서 핵을 꺼내는 일은 굉장히 중요한 일인데 미국인의 경우 땀을 뻘뻘 흘려가면서 한 시간 정도 경과해야 겨우 꺼내는 반면 한국인은 5~10분이면 해낸다고 한다. 바로 젓가락문화를 가진 한국인의 손재주가 큰 경쟁력임을 보여주는 사례다.

젓가락문화 덕분에 한국인이 세계적으로도 손재주 좋은 민족으로 평가받자 외국인에겐 한국의 젓가락이 선물하기 좋은 상품으로 개발됐다. 앨빈토플러 또한 젓가락을 사용하는 민족이 세상을 지배한다는 말을 한 적이 있다. 물론 한국을 지칭해서 한 말은 아니지만 그만큼 젓가락문화는 손재주와 불가분의 관계다.

디지털 시대는 손 중심의 문화라고 해도 과언이 아닐 만큼 손의 쓰임새가 크다. 'digital'이라는 말의 어원인 'digit'은 원래 사람의 손가락을 의미한다. 디지털에 강한 자는 곧 손재주에 강한 자라고 해도 전혀 비약이 아니다.

여덟째, 한국인에겐 무서운 적응력이 있다. 포기할 줄 모르는 은근과 끈기의 적응력이야말로 한국을 디지털 선도국으로 만든 원동력이다. 한국인의 적응력은 세계 최고 수준이다. 수많은 외세의 침략이나 어려운 위기상황에서도 꿋꿋하게 버티고 이겨나갔고 외부의 새로운 환경변화에도 쉽게 도태되지 않고 적응해나간다. 한국전쟁을 겪고 폐허가 된 나라를 다시 일으켜 세운 것도 놀라운 힘이고, 가난의 시대를 이기고 산업화를 이루어 세계 10대 무역국으로 성장한 것도 IMF를 극복해 세계 GDP 11위에 이른 것도 모두 한국인의 놀라운 힘이었다.

전 세계 어느 나라든지 한국인은 이민을 가면 그 사회에 빠르게 적응한다. 한국인은 유약한 민족이 아니었고, 태생적으로 적응력 강하고 도전적인 민족이다. 적응력이 있다는 것은 배타적이지 않다는 의미다. 받아들일 것은 빨리 받아들이고, 그것에 적응해 새로운 것을 창출하는 힘이야말로 디지털 시대에 가장 필요한 요소다.

디지털 시대가 되면서 한국인의 적응력은 디지털화에서도 발휘됐다. PC 보급률, 인터넷 사용률, 이동통신사용률, 초고속인터넷 사용률 등 디지털 미디어 도입 추세에서의 한국인의 적응력은 순식간에 한국을 세계적인 디지털 선도국으로 만들었다.

한국인의 디지털화에 적응하는 능력은 디지털 산업과 디지털 문화에서 경쟁력으로 드러난다. 디지털 기술에서도 미국이나 일본에 비해 후발로 시작했지만, 지금은 반도체나 디지털디스플레이, 이동통신 등을 비롯한 디지털 기술산업 분야에서 세계 선두를 유지하고 있다. 한국인의 적응력은 선두를 따라잡고, 이제는 세계적 선도국으로 부상하는 힘을 보일 정도다.

이는 한국인의 눈썰미와 함께 고유의 창의력에서 나온다. 게임기로 개발된 PSP에 교육용 소프트웨어를 적용해 토익을 비롯한 교육용 목적으로 사용하는 유일한 나라가 대한민국이다. 디지털 기기나 도구의 원래 용도도 한국인의 손과 눈앞에선 새로운 용도로 거듭나며 무한히 확장한다. 이는 디지털에 대한 적응력과 이해력이 있기에 가능한 것이다.

진화론으로 유명한 다윈은 "세상에서 가장 오랫동안 생존하는 종족은 가장 강한 자도 가장 똑똑한 자도 아니고 단지 변화에 가장 빨리 대응하는 자"라고 했다. 한국인을 두고 한 말은 아니지만 한국인처럼 역사적으로 놀라운 적응력을 보여온 이들에게 적용되는 말이다. 디지털 시대의 빠른 변화와 진화속도에 적응하는 능력이야말로 디지털 시대를 앞서가는 데 반드시 필요한 원동력이다.

수백 년, 아니 수천 년 전부터 한국은 디지털화된 미래를 꿈꾸어왔다고 하면 너무 과장되고 비약된 얘기일까?

타고난 디지털 선도국인 대한민국, 이제 디지털 사회의 주도권을 잡을 절호의 기회를 향해 더욱더 전진해야 할 것이다. 일생일대의 기회, 디지털 사회의 세계적 주도권의 싸움에서 한발 더 앞서기 위한 대한민국의 도전은 계속 돼야 한다. 그렇지 않으면 디지털 시대의 단맛이 곧 쓴맛으로 다가올지 모른다.

10년 후에도 디지털 코리아는 장미빛일까

외국인이 가장 쉽게 떠올리는 한국의 이미지는 김치, 한복 등이다. 이젠 그들의 머릿속에서 김치와 한복보다 더 먼저 디지털을 떠올리게 만들어야 한다. 프랑스 하면 와인이 떠오르고 사우디아라비아 하면 석유가 떠오르듯 한국 하면 디지털이 떠오르는 날이 결코 요원한 일은 아니다.

디지털 코리아의 10년 후 모습은 세 가지 시나리오로 그려볼 수 있다. 첫째, 세계적인 디지털 선도국으로 더욱 위상을 드높이며 세계 디지털을 주도해나가는 리더이고, 둘째는 지금 수준의 디지털 산업과 문화를 그대로 유지한 채 다른 디지털 선진국의 근거리에서 어느 정도 성과를 드러내며 발전하는 수준, 셋째는 선진국의 베타테스터로 기능하며 각종 시행착오만 먼저 겪은 후 실속도 못 챙기고 뒤져 과거의 화려했던 영화만 그려보며 아쉬워하는 모습이다. 과연 어느 시나리오가 가장 가능성이 높을까? 첫째 시나리오를 바라지만 최소한 셋째 시나리오만은 피해야 할 것이다.

디지털 코리아를 나이에 비유하면 이제 유아기를 갓 넘어선 단계다. 어릴 적 공부 잘하던 아이가 커서도 공부 잘한다는 보장 없듯이 디지털 코리아는 겨우 어릴 적에 좀 잘하는 것에 불과하다.

어릴 적 영재가 크면서 둔재가 되는 일을 종종 목격했다. 이젠 영민함과 눈치빠름의 힘에만 의존할 게 아니라 좀더 구체적이고 실제적인 노력이 뒷받침돼야 한다. 그리고 그런 노력에 맞게 체계적인 지원과 통합적인 접근이 뒤따라야 한다. 그렇게 해야만 "어릴 적 똑똑하던 그 녀석이 커서도 성공했네"라는 얘기를 들을 수 있다. "한때 잘나가던 디지털 코리아가 결국 세계의 디지털 미래를 장악했네"라는 얘기를 후세에 들을 수 있어야 한다.

게임은 지금부터다. 이제 전 세계의 디지털 전쟁이 본 게임을 맞는다. 초반에 한국이 선전하며 앞서갔다면 이젠 페이스 조절을 하면서 선두권을 이어가는 전략이 필요하다. 갑자기 혼자 튀어나가서 독주를 한다고 되는 게 아니다. 마라톤에서도 초반 페이스가 너무 좋은 선수는 결국 중간에 포기하고 만다.

10년 후, 아니 그 이후에도 디지털 코리아가 장미빛이 되길 바라는 마음이야 누구나 가질 것이다. 필자도 개인적으 장미빛의 연속이 되길 바라고 있다. 하지만 낙관주의의 감상에 빠져선 곤란하다. 장미빛은 결과를 보고 말하는 것이지 피지도 않은 장미를 두고 그림만 그려낼 수 없다. 10년 후에 필자가 다시 대한민국의 디지털 트렌드를 분석하고 정리할 때도 지나온 10년이 장미빛일 수 있기를 간절히 소망한다.

　디지털은 상상력이 현실이 되는 시대다. 바라고 또 바라다 보면 결국 현실이 된다. 물론 두 손 모으고 눈감고 바라는 게 아니라 직접 뛰어다니며 머리 쓰고 땀 흘리며 두 눈 부릅뜨고 바라야 한다. 그러면 결국 우리가 바라는 대로 우리의 상상력의 힘을 디지털 미래에도 구현할 수 있을 것이다.

　한국의 향후 10년에서도 앞서 제시한 33가지의 디지털 트렌드 코드가 여전히 유효할 것이며 일부 코드는 트렌드가 아닌 패러다임으로 자리잡을 것이다. 가장 대두되는 흐름은 개인과 혁명이 될 것이다. 여기서의 혁명은 정치적 혁명이나 기술적 혁명이 아니다. 문화적 혁명이고 그 혁명의 중심에 디지털 기술과 디지털 문화, 디지털 산업, 디지털 경제 등이 녹아들어 있다.

　이전 10년이 디지털을 사회의 일부로 자리잡게 만들었다면 향후 10년은 디지털이 사회적 주도권을 쥐고 놀라운 힘으로 흔들게 될 것이다. 이제까지 변하지 않았던 오랜 관행이나 구시대의 유물 같은 낡은 잔재들은 향후 10년 동안 말끔히 재정비될 것이다. 과거에 미련을 버리지 못하면 도태되고 만다. 새로운 10년을 받아들이려면 버려야 한다. 우리가 가진 소유의 개념도 바뀌어야 한다. 그래야만 급격하고 놀라운 혁명이 우리가 도저히 상상조차 하지 못할 정도로 파급력을 가질 수 있다.

　10년 전에 현재의 모습을 미리 볼 수 있었다면 놀라 기절했을 것이다. 아니, 믿지 않았을 것이다. 오늘을 살아가는 우리에게 10년

후에도 그런 놀라움을 경험할 수 있는 기회가 주어질 것이다. 아니, 10년 전 사람들이 오늘을 보고 놀란 것보다 훨씬 더 많이 놀랄 준비를 앞으로 10년간 해야 할 것이다. 10년은 디지털이 사회를 송두리째 바꿔놓을 충분한 시간이다. 디지털의 놀라운 확대재생산과 반작용에 따른 진화속도는 우리의 예상보다 빠르다.

향후 10년 디지털 사회의 흐름을 주도할 5가지 키워드는 개인주의, 권력이동, 다양성, 양극화, 상상력이다. 이들 5가지 키워드의 조합을 통해 무수한 세부적인 트렌드가 생성될 것이다. 현재의 기준으로 제시한 33가지 디지털 트렌드 또한 이들 5가지 키워드의 축과 상호 연결되며 흐름을 같이하고 있다. 연관의 고리는 이미 지난 10년에서부터 시작되었고 앞으로의 10년에서도 5가지 키워드로 이뤄진 중심축은 유효할 것이다.

5가지 키워드 중 첫째가 개인주의(individualism)다. 역사상 유래를 찾아보기 힘든 개인의 파워 시대를 맞이한다. 개인주의의 심화도 예견되며 개개인에 대한 개인화와 개별화도 강화될 것이다. 개인과 관련한 산업은 점점 커질 것이며 새로운 틈새영역도 계속 만들어낼 것이다. 아울러 개인이 생산주체이자 사회여론주체로 자리잡을 것이다. 지금은 개인이 힘을 얻는 전조를 보이는 시기라면 향후 10년은 개인의 힘이 안정적으로 자리를 잡아가는 시기다. 그리고 더 치열한 경쟁구도 속에 직면할 것이다. 극단적인 개인주의 현상도 점점 증가할 것이며 개인의 가치가 우선이 되는 이기적인 마인드도 확산될 것이다.

둘째는 권력이동(power shift)이다. 세상의 모든 권력의 중심이 본격적으로 이동하는 시기다. 조직에서 개인으로, 생산자에서 소비자로, 남성에서 여성으로의 이동이 보다 구체화되는 시기가 앞으로 펼쳐질 것이다. 권력이동의 중심에는 디지털이 바꿔놓은 사회문화 환경이 존재한다. 디지털 시프트가 파워시프트를 주도하는 셈이다. 디지털화가 의사소통의 무한자유와 개인의 영향력 극대화, 수평구조화 등을 이뤄낸 배경이라면, 그 배경을 동력삼아 사회 전반에서 새로운 권력의 재구성과 해체 작업이 활발하게 이뤄질 것이다. 원래 인간은 권력 지향적이지 않았던가. 역시 디지털 세대들도 권력 지향성을 그대로 드러낼 것이고 디지털 세대가 주도하는 권력이동이 전방위적으로 이뤄질 것이다.

권력이동의 흐름을 잘 타야지 그렇지 못하면 권력이동의 소용돌이 속에 사라질 수 있다. 새로운 시대에 잘 조응하고 적응하기 위해서는 변화하는 권력이동의 흐름을 잘 읽어야 하며, 과거로 저무는 권력에 미련을 가지다가는 결국 역사 속으로 함께 도태될 것이다.

따라서 과거와의 결별, 새로운 시대와의 조우가 관건이다. 말을 갈아탈 시기이고, 어떤 말을 타야 할지가 중요한 시기다. 눈을 크게 뜨고 새로운 변화의 조짐을 빨리 읽어내고 빨리 몸을 던져야 한다.

셋째는 다양성(variety)이다. 이미 지금도 획일화된 가치기준이 사라지고 있는 중이다. 향후에는 획일적 가치기준이 사라지거나 사회적 저항을 크게 받는 일이 더 늘어날 것이다. 이로 인한 일시적인 혼란과 과도기적 손실은 감수해야 한다. 획일적 가치기준에 적용된 기득권에서는 큰 저항을 할 것이나 점차 다양성의 확산으로 모든 개인의 다양한 가치와 개성이 발현되는 시기가 다가올 것이다.

지금의 국가나 정부, 조직이 가진 가치에도 변화가 생길 것이다. 다양성 수준이 높아질수록 그 사회의 자유와 건강성은 높아진다. 획일성의 오랜 고리를 다양성의 힘으로 바로 끊어내진 못하겠지만 향후 다양성의 가치가 점점 높아짐을 경험할 것이다. 다양성을 받아들이지 않으면 사회적 경쟁력에서도 손해를 볼 것이고, 미래를 준비하는 시간에서도 몇 년 뒤질 수 있다. 그동안 고수하던 획일적 가치와 일등주의에 대한 마인드 변혁이 요구된다.

넷째는 양극화(polarization)다. 좋거나 나쁘거나가 명확하게 구분되는 이중성을 모든 영역에서 동시에 가질 것이다. 절대선과 절대악이 사라지고 이중성이 부각된다. 사회구조는 점점 양극화되고 심각한 사회문제가 될 것이다. 양극화는 디지털 시대의 소산은 아니다. 이미 오랜 역사 속에서 양극화는 진행됐고 그것이 디지털 시대를 맞아 좀더 극명하게 드러날 뿐이다. 양극화의 격차 수준이 가장 많이 벌어지는 시기가 바로 디지털 시대다.

향후 디지털 격차를 더욱 실감하게 될 것이며 빈부의 격차가 정보의 격차로, 정보의 격차가 사회적 지위의 격차로 이어지면서 한번 벌어진 격차를 좁히기 어려운 시대를 맞이할 것이다. 이제 중간은 사라진다. 양극화가 해소되길 바라는 마음이야 누구나 간절하겠지만 현실은 우리의 바람을 들어줄 것 같지는 않다. 이제 양극화된 시대를 대비해야 하고 이왕이면 양극의 상위 극단에 설 수 있길 기대하며 노력하는 수밖에 없다.

다섯째는 상상력(imagination)이다. 이미지로 그려낼 수 있는 모든 것이 이미지네이션(상상력)으로 드러난다. 기술의 고도화와 인간중심의 기술은 인간의 상상력을 현실화시키고 또 상상력을 극대화시킨다. 상상력의 힘을 보다 더 실감할 것이다. 지난 10년간 우리가 가진 상상력의 힘에 놀라워했다. 수많은 새로운 디지털 기술이 우리의 삶을 송두리째 바꿔놓았다. 앞으로 다가올 10년에는 이전 10년보다 더 많은 놀라움 속에 상상력의 힘을 맞이할 것이다. 그리고 상상력의 힘을 더 많이 가진 개인, 더 많이 가진 국가가 새로운 권력으로 부상할 것이다. 상상력지수(Imagination Quotient)가 중요한 가치기준이 될 수도 있다.

트렌드는 노스트라다무스의 예언이 아니다. 트렌드로 보는 미래는 어렴풋하게 보이는 원경이지 코앞에 선명하게 드러나는 근경이 아니다. 당연히 어렴풋하고 흐릿할 수밖에 없다. 눈으로 구분할 수 있는 형체를 끄집어내는 것이 트렌드가 가진 힘이다. 방향을 알면 길을 잃지는 않는다. 트렌드 예측은 방향을 제시하는 것이고 그 방향을 따라서 눈앞에 펼쳐진 길들에서 수많은 것을 확인하고 발견해야 하는 건 본인의 몫이다.

앞서 제시한 33가지 트렌드 코드는 현실을 설명하고 있지만 동시에 앞으로 펼쳐질 미래를 예측하는 가늠자이기도 하다. 지금까지 제시한 33가지 디지털 트렌드를 이해하면 자연스럽게 향후의 미래 트렌드는 머릿속에 그려질 것이다.

이제 앞으로 다가올 세부적이고 구체적인 미래는 각자의 눈으로 보면서 대응해야 한다. 미래는 결국 현실에서 출발하게 마련이다.

그러니 현실 속에서 미래의 단서를 찾아야 한다. 미래를 보는 눈보다 더 재미있는 건 자신이 그려본 미래를 현실에서 하나하나 확인하는 일이다. 그 놀랍고 즐거운 경험을 지금부터 시작해보라!

1995~2005년 국내 주요 디지털 이슈

1995

- 본격적인 인터넷 접속 서비스 회사인 INET 등장
- NOWCOM, HITEL을 통한 인터넷 접속 서비스 개시
- KIX(인터넷 교환 시스템) 서비스 개시
- 케이블TV 방송 개시
- 인터넷 신문(초기적) 서비스 등장
- 인터넷 방송(초기적) 서비스 등장
- 홈페이지 개설 확대
- 인터넷카페(PC방 전신) 등장

1996

- 인터넷 PPP서비스 유료화
- 주요 기업, 기관 및 개인의 홈페이지 개설 붐 조성
- 인터넷에 대한 교육 본격화(인터넷 입문교육 및 직업교육)
- 인터넷정보사냥대회 확산
- 정보 EXPO 개최
- VOD와 웹캐스팅 서비스 시작(KBS, MBC)
- 전화망 정체현상(전화모뎀 사용자 증가 영향)
- 인터넷 관련 직종이 유망직업으로 선보이기 시작
- 인터넷 쇼핑몰 등장
- 웹진 등장

1997

- 무료 웹메일 서비스 등장
- 포털서비스 시작
- 인터넷 주식거래 시작
- 인터넷 폰, 인터넷 팩스 등장
- PCS 서비스 개시
- 인터넷 쇼핑몰 급증
- 웹진 활성화
- 전문 인터넷 방송국 등장
- 배너 광고 본격화
- 웹사이트 회원 신규가입 이벤트 활성화
- 온라인 경품 대형화
- 초고속 국가망 인터넷 서비스 시작

1998

- 리눅스 돌풍
- 두루넷 케이블모뎀으로 초고속 인터넷서비스 개시
- Y2K문제에 대한 인식과 해결책 관심 집중
- 인터넷 사용자 300만 명 돌파
- 이동전화 가입자 1,000만 명 돌파(6월)
- IMF 극복 벤처기업 붐 조성
- 패러디 신문 〈딴지일보〉 등장
- 스타크래프트 국내 출시
- ATM 시범 서비스

1999

- KT ADSL서비스 개시
- 인터넷 사용자 600만 명 돌파
- O양 비디오 인터넷 유포
- 연예인 합성 누드 사진 등장
- 인터넷 벤처 열풍과 코스닥 열풍
- 인터넷 신문 창간 활성화
- 전문 인터넷 방송 급증
- 도메인 등록 경쟁 및 도메인 관련 분쟁 급증
- 인터넷 관련 특허출원 급증
- 인터넷 광고시장 급성장
- 온라인쇼핑몰, 경매사이트 인기
- PC방 열풍
- 온라인 게임포털 등장

2000

- 인터넷 사용자 수 2,000만 명에 육박
- 벤처 거품론 대두
- 인터넷 기업의 도산 확대
- 벤처 금융 졸부의 퇴출
- 도서정가제 공방
- 인터넷 기업의 글로벌화 박차
- 한글 도메인 등록 서비스 개시
- 무선 인터넷 시장 활성화

- 여성 포털사이트 개설 활성화
- 벤처 특구 확산
- 정보통신기반보호법 의결

2001

- 인터넷 업계 M&A 붐
- 콘텐츠 유료화 본격화
- 인터넷뱅킹 등록자수 1,000만 명 돌파
- IPv6 주소배정 및 서비스 개시
- 모바일 인터넷 단말기 보급수 2,000만 대 돌파
- 유무선 결재 시장의 급신장
- 사이버 캐릭터 열풍
- 사이버 교육시장의 도약
- E마켓플레이스의 성장
- 닷컴 1세대 CEO의 잇단 퇴진
- 다음의 대량 메일 과금제 발표
- 불법 소프트웨어 단속 확산
- 님다 바이러스 강타

2002

- 초고속 인터넷 가입자 1,000만 가구 돌파
- 인터넷에서 콘텐츠 유료화 확산
- 소리바다의 온라인콘텐츠 저작권 분쟁
- 수익 모델과 실적 호전으로 닷컴 부활
- 리니지 18세 이용가 판정 논란
- 민주당 경선에서 세계 최초 인터넷 투개표 시스템 도입
- 노사모의 인터넷 선거전이 대선 향방에 영향
- 스팸메일에 대한 과태료 부과
- 전자정부 개막으로 인터넷으로 민원서류 열람과 발급 개시

2003

- 초고속 인터넷 가입 1,000만 가구 돌파
- 유비쿼터스 기술 개념 확산
- 1.25 인터넷 대란

- 온라인게임 종주국으로 부상
- 지식검색 서비스 활성화
- 블로그 열풍
- 키워드 검색광고가 새로운 수익 모델로 정착
- 인터넷 기업 코스닥의 주도주로 활약
- 벅스뮤직의 음악 저작권 분쟁
- 인터넷에서 얼짱문화 열풍
- 플래시몹 등장
- 인터넷 소설 활성화

2004

- 인터넷 사용자수 3,000만 명 돌파
- 싸이월드 미니홈피 열풍
- 대기업 포털과 기존 포털의 대결
- 인터넷쇼핑몰 성장세 지속
- 무선 인터넷망 개방 정책 공론화
- 인터넷 주소자원에 관한 법률 제정
- 온라인 음악 지적재산권 확보 경쟁
- 인터넷 실명제 논쟁
- IT389 정책 추진
- 탄핵정국, 총선에서 네티즌 힘 발휘
- 인터넷 패러디 문화 활성화
- 디카족, 폰카족 확산
- 펌족 확산
- 인터넷 소설의 영화화 확산

2005

- 연예인 X파일 인터넷 유포 파문
- 개똥녀 사건 사이버 이슈로 부각
- DMB(지상파, 위성) 서비스 개시
- 저작권법 강화
- 소리바다 서비스 중단
- 이동통신사의 온라인 음악시장 진출 확산
- 인터넷 실명제 논쟁 확산

- 오픈마켓(옥션, G마켓 등) 트렌드 강세
- 포털 3강(네이버, 다음, 네이트) 체제 구축
- 인터넷 종량제 논란
- 코스닥 열풍 부활(닷컴의 새로운 부흥기 도래)
- 인터넷 전화의 부활
- 네티즌 70% 이상이 1인 미디어 이용
- 네티즌 여론주도 세력으로 정착
- 포털사이트의 권력화 심화
- 온라인게임사, 포털사의 해외진출 가속
- 인터넷을 통한 기부, 봉사 등 사회공익 활동 확산

대한민국 디지털 트렌드

지은이 | 김용섭
펴낸이 | 김경태
펴낸곳 | 한국경제신문 한경BP

제1판 1쇄 발행 | 2006년 1월 15일
제1판 2쇄 발행 | 2006년 1월 20일

주소 | 서울특별시 중구 중림동 441
기획출판팀 | 3604-553~6
영업마케팅팀 | 3604-561~2, 595 FAX | 3604-599
홈페이지 | http://bp.hankyung.com
전자우편 | bp@hankyung.com
등록 | 제 2-315(1967. 5. 15)

ISBN 89-475-2552-9
값 12,000원